suhrkamp taschenbuch
wissenschaft 534

D1869843

Gegen das ego- und ratiozentrische Selbstverständnis des Menschen, wie es in der europäischen Philosophie der Neuzeit vorherrschend war und in unserem Jahrhundert noch einmal von der Husserlschen Phänomenologie bekräftigt wurde, arbeitet Holenstein in diesen Studien – auf unterschiedlichen theoretischen Ebenen – an der »Dezentrierung« des Selbstbewußtseins. Weder kann das Ich im Wahrnehmungsraum als »Nullpunkt der Orientierung« gelten, da dieser Raum vielmehr polyzentrisch organisiert ist, noch rechtfertigt die »eigentümliche Grammatik des Wortes ›ich‹« die Vorstellung, die im Ichbewußtsein den sicheren Ausgangspunkt von Erkenntnis sieht; mit dem Gebrauch des Wortes ›ich‹ bezeugt der Sprecher vielmehr seine eigene Relativität und siedelt sich in einem komplexen Rollenspiel zwischen ›Subjekt des Sprechakts‹ und ›Subjekt der Aussage‹ an.

Die Idee eines polyzentrischen Raumes liefert auch die Folie für einen umfangreichen Artikel über »interkulturelle Beziehungen«, den Holenstein – ausgehend von Pressereaktionen auf die wirtschaftliche Herausforderung Japans – während eines längeren Aufenthaltes in Ostasien geschrieben hat. In jenen Presseberichten herrscht ein wissenschaftlich obsolet gewordener Kulturrelativismus, der Kulturen als Produkt unabhängiger Traditionen betrachtet, die voneinander auch nichts lernen können (»Von Japan lernen? Nein!«). Verschiedene Kulturen sind aber keine einander ausschließenden Gegensätze, sondern kontinuierlich ineinander übergehende Typen.

Elmar Holenstein ist Professor für Philosophie an der Universität Bochum. Veröffentlichungen im Suhrkamp Verlag: *Roman Jakobsons phänomenologischer Strukturalismus* (1975); *Linguistik Semiotik Hermeneutik* (1976); *Von der Hintergehbarkeit der Sprache* (1980); zusammen mit Hans-Georg Gadamer und Roman Jakobson: *Das Erbe Hegels II* (1983). Herausgeber von Roman Jakobson, *Hölderlin Klee Brecht* (1976) und, zusammen mit Tarcisius Schelbert, von Roman Jakobson, *Poetik. Ausgewählte Aufsätze* (1979).

Elmar Holenstein

Menschliches Selbstverständnis

Ichbewußtsein – Intersubjektive Verantwortung
Interkulturelle Verständigung

Suhrkamp

CIP-Kurztitelaufnahme der Deutschen Bibliothek
Holenstein, Elmar:
Menschliches Selbstverständnis :
Ichbewußtsein –
intersubjektive Verantwortung –
interkulturelle Verständigung /
Elmar Holenstein. – 1. Aufl. – Frankfurt am Main :
Suhrkamp, 1985.
(Suhrkamp-Taschenbuch Wissenschaft ; 534)
ISBN 3-518-28134-8

suhrkamp taschenbuch wissenschaft 534
Erste Auflage 1985
© Suhrkamp Verlag Frankfurt am Main 1985
Suhrkamp Taschenbuch Verlag
Alle Rechte vorbehalten, insbesondere das
des öffentlichen Vortrags, der Übertragung
durch Rundfunk und Fernsehen
sowie der Übersetzung, auch einzelner Teile
Satz: Wagner GmbH, Nördlingen
Druck: Nomos Verlagsgesellschaft, Baden-Baden
Printed in Germany
Umschlag nach Entwürfen von
Willy Fleckhaus und Rolf Staudt

1 2 3 4 5 6 – 90 89 88 87 86 85

Inhalt

Vorwort

Für die in der europäischen Neuzeit vorherrschende Philosophie war das Ichbewußtsein des einzelnen Menschen der sichere Ausgangspunkt der Erkenntnis und seine Vernunft der ausschließliche Maßstab ethischer Entscheidungen. Im Verlauf des zwanzigsten Jahrhunderts kam es zu einer vielfältigen Korrektur dieses ego- und ratiozentrischen Selbstverständnisses des Menschen. Das Ichbewußtsein ist abhängig von intersubjektiven Erfahrungen, die der Reflexion auf sich selbst vorausgehen und sie leiten. Rationale Überlegungen gründen teils auf intuitiven, teils auf unbewußten Vorgaben, die zugleich eine empfindliche Beschränkung und ein heuristisches Potential bedeuten. Ohne sie vermöchte sich der Mensch (wie Erfahrungen mit konkurrierenden Computern lehren) in seiner Welt nicht auf die für ihn typische Weise kreativ handlungsfähig zu orientieren.

Man ist geneigt, egozentrische Verengungen in der Wahrnehmungs- und Sprachanalyse als relativ harmlos und als innerakademische Angelegenheit zu behandeln, bis man wiederholt darauf stößt, wie die Annahmen der Zurückgebundenheit von Erkenntnis und Sprachgebrauch an den je eigenen Ausgangspunkt kontinuierlich in ethnozentrische Positionen übergehen. Solche Positionen sind weithin im Schwange, obschon sie seit Jahren nicht mehr dem internationalen Stand der Forschung in den Kulturwissenschaften entsprechen. In Deutschland sind Hermeneutik und praktische Philosophie blühende Disziplinen. Einen über die Schulmeinungen aus der ersten Hälfte des Jahrhunderts hinausreichenden Diskurs zu den Problemen, die sich mit wachsenden interkulturellen Beziehungen und mit multikulturellen Verhältnissen, wie man sie in Westeuropa seit Jahrhunderten nicht mehr gewohnt ist, stellen, findet man in ihnen jedoch nicht. Jeder Neuversuch, so auch der Hauptessay dieser kleinen Sammlung, bewegt sich hier in einem brach gelassenen Stoppelfeld.

1.

Die Richtung der phänomenologischen Bewegung

Von der reinen Logik zur Menschlichkeit

Der Philosoph Edmund Husserl ist sicher ein weniger profunder Kenner der Geschichte der abendländischen Philosophie gewesen als sein bedeutendster Schüler Martin Heidegger. In einem Punkt jedoch dürfte Husserl ein zutreffenderes Urteil gefällt haben. Heidegger vermochte im Anliegen der neuzeitlichen Philosophie, alles vollständig und letztlich zu begründen, nur den Durchbruch einer technischen Mentalität zu sehen, die alles berechenbar und damit beherrschbar machen will. Husserl vertrat, aus eigener Erfahrung, eine andere Interpretation. Das philosophische Streben nach Letztbegründung hat sein Motiv im Verantwortungsbewußtsein des vernünftigen Menschen, der über sein Tun und die Möglichkeiten, die ihm geboten sind, Rechenschaft ablegt.
1900 und 1901 erschienen in zwei Bänden Husserls *Logische Untersuchungen*, der zweite Band mit dem Untertitel »Untersuchungen zur Phänomenologie und Theorie der Erkenntnis«, an denen der kaum bekannte und beruflich erfolglos gebliebene, nunmehr 42jährige Hallenser Privatdozent zehn Jahre fast ausschließlich gearbeitet hatte. In einem Brief drei Jahre zuvor an seinen Kollegen Natorp beklagte er sich über seine Einsamkeit »bei dem verzweifelten Ringen nach sicheren Grundpunkten für eine rationale Weltanschauung«. Etwas früher hieß es in einem Brief an einen Schulkameraden:

Dieses zähe Ringen nach festen Haltepunkten, nach einer sicheren Basis, nach einem Stück echter Wissenschaft, dieser Kampf gegen all die Standpunkte und Quasi-Theorien, die sich im Grunde selbst nicht objektiv bindend ausgeben – da liegt die Entscheidung über Erfolg und Mißerfolg, Glück und Unglück meines Lebens.

Mit dem alsbald einsetzenden Erfolg wuchs Husserls Anspruch. In seiner letzten Schrift, 35 Jahre später, sah er den Philosophen nicht mehr als ein Individuum, das nur für sein persönliches Leben verantwortlich ist, sondern als »Funktionär der Mensch-

heit«, zur »Verantwortung für das wahre Sein der Menschheit« berufen.
Man pflegt in der Wissenschaft zweierlei Meisterwerke zu unterscheiden: solche, die Tendenzen einer Zeit, die ›in der Luft liegen‹, die hier und dort virulent sind, jedoch immer nur fragmentarisch und zusammenhanglos formuliert werden, in einem kompakten, systematisch durchstrukturierten Kompendium zusammenfassen, und solche, die neue Perspektiven und Schwerpunkte der Forschung zu setzen vermögen.
Husserls *Logische Untersuchungen* vereinigen beide Typen von Meisterwerken. Mit dem ersten Band, den »Prolegomena zur reinen Logik«, hat er den Bann des Psychologismus in der Logik definitiv gebrochen. Die Gesetze der Logik sind keine psychologischen Denkgesetze, die sich aus der faktischen Beschaffenheit des menschlichen Geistes ergeben, sondern an sich gültige Gesetze, die in der Bedeutung der logischen Kategorien gründen. Das war nicht neu. Lotze, die Neukantianer, Frege, sein eigener Lehrer Stumpf hatten die gleiche Linie eingeschlagen. Es war nur durchschlagend konzipiert. Noch 1914 zitierte der damals dem Neukantianismus anhängende Heidegger das Wort Natorps, daß den Neukantianern »von Husserls schönen Ausführungen doch nicht gar viel erst zu lernen übrigblieb«. Von mehr als nur zeitgenössischer Relevanz ist, daß der ungeheure Aufbruch der mathematischen Logik, die Erneuerung von Leibnizens Programm einer *mathesis universalis*, als deren Prolegomena Husserl sein Buch verstanden hatte, nicht von ihm und seinen Nachfolgern geleistet worden war, sondern von Frege, Russell, Carnap und polnischen Logikern ausging, wobei man nur von Carnap und einigen polnischen Logikern (Ajdukiewicz, Leśniewski) sagen kann, daß Husserl mit seiner Grundlegung einer reinen oder kategorialen Grammatik von nachweisbarer Anregung war.
Husserl verstand unter der reinen Grammatik eine universale Grammatik, die die Regeln der Kombination und der Transformation (dieser mathematische Begriff wird erstmals von Husserl sprachtheoretisch verwendet) enthält, die *apriori* für alle Sprachen Geltung haben. Damit wurde Husserl zusammen mit Anton Marty, der eine empirische Erklärung der Universalien vertrat, zum Brückenpfeiler zwischen der traditionellen und der modernen Universalienforschung in der Linguistik. Auch in sachlicher Hinsicht nimmt er eine merkwürdige Zwischenstellung ein. Ei-

nerseits bleibt er der klassischen Konzeption verhaftet, nach der nur Bedeutungskategorien (»Ideen«) universal sind, Ausdruckskategorien (»Wörter«) dagegen variabel, während die neuere Universalienforschung ihren Ausgang gerade vom Nachweis universaler Gesetzmäßigkeiten auf der Ausdrucksebene der Sprache, der Ebene der Phono- und Morphologie, nahm. Anderseits wurde die vielleicht originellste Neuerung dieser Forschung, Jakobsons Statuierung von implikativen Universalien (z. B.: keine Sprache hat einen Dual, die nicht auch einen Plural hat), am Leitfaden von Husserls Fundierungsgesetzen in der III. Logischen Untersuchung formuliert.

Husserl selber glaubte, mit den *Logischen Untersuchungen* noch mehr in die Wege geleitet zu haben, über Grammatik und Logik hinaus die Rehabilitation der »sehr verpönten Idee einer apriorischen Ontologie«. Heute muß man sagen, daß er die Forschung in der Königsdisziplin der Philosophie nur für drei Jahrzehnte zu prägen vermochte. Hier wurde er einerseits von Heideggers neuartiger Konzeption der spezifischen Ontologie des Menschen, der sich in seinem Sein um sein Sein zu »sorgen« hat, anderseits von einem Neuaufbruch nominalistischer Konzeptionen (Quine) abgelöst, deren sprachanalytisches Vorgehen deutlichere Fortschritte zeitigt. Wiederum kann man nur für Heidegger sagen, daß Husserl ein Wegbereiter war, unmittelbar methodisch, mittelbar über einen seiner ersten Gefolgsleute und Popularisatoren, Max Scheler, auch inhaltlich.

Das Vorhaben des zweiten Bandes bestand nicht im systematischen Aufbau der formalen Logik, sondern, nachdem die apriorische Geltung der logischen Gesetze gesichert war, im Nachweis wie ein *Subjekt* zu Erkenntnissen mit *objektiver* Geltung kommt. Bei dieser transzendentallogischen Fragestellung fand Husserl weder bei Bolzano noch bei Frege, die ihm zur Überwindung des Psychologismus verholfen hatten, einen Anhalt, sondern unter seinen Zeitgenossen allein beim Neukantianer Natorp. Das Resultat, über die *Logischen Untersuchungen* hinausführend, war eine eigenartige Renaissance von Kants Synthese des englischen Empirismus und des deutschen Rationalismus, nur daß jetzt auf der Seite der deutschen Philosophie nicht Leibniz und Wolff standen, sondern Kant selber. Die Begriffe der phänomenologischen Transzendentalphilosophie sollen nicht spekulativ konstruiert, sondern in positiver und genetisch auf die (»lebensweltliche«) Erfahrung zurückgehender Anschauung, in der sogenannten Wesensschau, ausgewiesen werden: »Wir sind die echten Positivisten!«

Husserl war jedoch nicht nur ein teils zeitgebundener, teils in die Zukunft weisender Rehabilitator und Vermittler traditioneller philosophischer Programme, insbesondere von Leibniz und Kant und mit der dabei verfolgten Radikalität auch von Descartes. Er wurde auch zum Promotor einer bedeutenden zeitgenössischen methodologischen Neuerung. Um die Jahrhundertwende kam es auf breitester Front, in den Natur- wie in den Geisteswissenschaften, zu einer Abkehr von einseitigen kausalmechanischen Erklärungen und zur Entwicklung neuer Erklärungsmodelle mehr strukturaler und funktionaler Art. Ein Phänomen wird nicht mehr allein erklärt, indem es auf ein vorangehendes Ereignis zurückgeführt wird, dessen mechanische Wirkung es ist, sondern durch die *Funktion*, die es in einem *System*, bzw. durch den *Sinn*, den es für ein *Subjekt* hat. Dank der Prägnanz und der Eindringlichkeit von Husserls Beiträgen in diese Richtung bleiben die diesbezüglichen Tendenzen innerhalb der Humanwissenschaften, bis heute, wenn nicht mit seinem Namen, so doch mit dem seiner Philosophie, der Phänomenologie, verbunden.

Es wurde auf das Paradox hingewiesen, daß Husserl zwar die psychologischen Hindernisse der Entwicklung einer reinen Logik aus dem Weg geräumt hatte, der Aufbau dieser Logik dann aber von andern, der Phänomenologie kritisch gegenüberstehenden analytischen Philosophen geleistet wurde. Husserls Psychologismuskritik hatte aber eine reinigende Wirkung, die weit über das abstrakte Gebiet des Logischen hinausreichte und innerhalb der phänomenologischen Philosophie viel früher und noch immer umfassender als in der sprachanalytischen Philosophie zur Anerkennung der Eigengesetzlichkeit auch anderer Werte, ethischer, religiöser, ästhetischer Art, führte, kurz: all jener Phänomene, die einen Menschen (noch immer) von einem Computer unterscheiden. Geistige und mentale Phänomene haben zwar ihre physiologischen und letztlich physikalischen Voraussetzungen, sind aber nicht auf diese Voraussetzungen reduzierbar. Sie haben einen Eigenwert.

In dieser Hinsicht ist Husserl, zusammen mit seinem brillanten französischen Nachfolger Merleau-Ponty, hauptsächlich in angelsächsischen Ländern zu einer kulturellen Wirkung gekommen, die ihren Ausgangspunkt in diversen (nicht fachphilosophischen) humanwissenschaftlichen Instituten hatte, denen das Instrumentarium und die Ontologie der analytischen Philosophie zu restriktiv waren. In einer solchen Situation hat die Phänomenologie den Wert und das Ansehen (auch die Überschätzung) einer *Alternative* gewonnen. Ein aus dem M. I. T. zur Phänomenologie gestoßener Philosoph (D. M. Levin) formulierte es so: »Phenomenology is a guardian of philosophical humanism.«

2. Der Nullpunkt der Orientierung

Die Plazierung des Ich im wahrgenommenen Raum

Der objektive Raum der euklidischen Geometrie ist isotrop. Alle Stellen sind gleichwertig. Der subjektive Raum der menschlichen Wahrnehmung ist anisotrop. Nach einer gängigen Auffassung hebt er sich vom euklidischen Raum dadurch ab, daß er einen Nullpunkt der Orientierung aufweist, der vom jeweiligen Wahrnehmungssubjekt zugleich gestiftet und eingenommen wird. In Wirklichkeit ist der Wahrnehmungsraum nicht einfachhin egozentrisch, sondern polyzentrisch. Gegebenheiten, die sich durch ihre Gestalt oder Bedeutung auszeichnen, wirken zentrierend. Das Wahrnehmungssubjekt ist nur eine von mehreren solcher Gegebenheiten. Infolge der faktischen Vielzahl und des Wechsels der Gegenstände, die dank ihrer Gestalt oder Bedeutung die Ausrichtung auf sich zu ziehen vermögen, ist die Orientierung im Wahrnehmungsraum labil, konfliktgeladen und immer nur relativ. Der Fehler hinter der Annahme eines einzigen und im jeweiligen ›Ich‹ verankerten Nullpunkts der Orientierung ist eine voreilige Gleichsetzung des Ausgangspunkts der Wahrnehmung und des Mittelpunkts des Wahrgenommenen. Die Wahrnehmungswelt hat dem Wahrnehmungssubjekt gegenüber eine gewisse Eigenmächtigkeit, eine relativ autonome Struktur.

1. Die herkömmliche phänomenologische These

In Husserls Beschreibungen des Wahrnehmungsraumes wird der eigene Leib des Wahrnehmenden als Nullpunkt der Orientierung proklamiert. Alles, was räumlich wahrgenommen oder auch nur vorgestellt und phantasiert wird, gibt sich nach ihnen als auf den eigenen Leib hin ausgerichtet. Die verschiedenen räumlichen Bestimmungen, Richtungen, Qualitäten und Valenzen, nah und fern, oben und unten, rechts und links usf., haben in ihm ihren Bezugspol (1952: 56, 109f., 158f.; 1966: 297ff. usw.).

Diese These vom Leib als dem Nullpunkt der Orientierung wird von Husserl nie, weder aus methodischen noch aus sachlichen Gründen, in Zweifel gezogen. Sie erscheint ihm unmittelbar aus der ›Sache‹, der Wahrnehmungssituation, ablesbar. Entgegengesetzte Beobachtungen werden nicht registriert. Ebensowenig wird auf eine mögliche theoretische oder dogmatische Abkunft reflektiert, obwohl die Bedeutung der These über den Bereich der bloßen Wahrnehmung hinaus Verdacht erregen müßte. Schließlich kümmert sich Husserl auch nicht um eine intersubjektive, d.h. in diesem Fall eine interdisziplinäre Bestätigung.
Die These wurde, mit einer Ausnahme[1], von der gesamten phänomenologischen Bewegung übernommen, von ihren philosophischen Vertretern, Heidegger (1927), Sartre (1943), Merleau-Ponty (1945), wie von ihren psychologischen Anhängern, Binswanger (1932) und Graumann (1960). Dabei wurde ihr absoluter Anspruch schon zu Lebzeiten Husserls, im Umkreis der Gestaltpsychologie, spätestens aber durch die sorgfältigen Untersuchungen Kleints (1936-40) deskriptiv wie experimentell der Unhaltbarkeit überführt. Der Leib des wahrnehmenden Subjekts verhält sich, was seine Lokalisation angeht, nicht anders als irgendein wahrgenommenes Objekt.
Das Arbeitsziel ist bei diesem Stand der Forschung die motivationale Aufklärung der Orientierung in verschiedenen Wahrnehmungssituationen (Abschnitt 3-8) sowie die Aufdeckung der unreflektierten Voraussetzungen der Husserlschen These (Abschnitt 9). Nach einem Hinweis auf den Ursprung der Konstitution von Objektivität aus der in jeder Wahrnehmung aufbrechbaren Divergenz zwischen subjektbezogener und sachlich fundierter Orientierung wird im letzten Abschnitt (10) das Ergebnis kurz zusammengefaßt.

2. Methodische Abklärungen

Die nachfolgenden Untersuchungen stützen sich sowohl auf die Alltagserfahrung, wie sie jedermann machen kann, als auch auf Experimente, wie sie von der Fachpsychologie angestellt wurden. Wie eine Theorie durch ihre Übersetzung in eine andere Theorieform bestätigt, erweitert und korrigiert werden kann, so auch eine Erfahrung durch ihre Übersetzung in eine andere Erfahrungsform. Die Enthüllung der geheimen Voreingenommenheiten der sich voraussetzungslos rühmenden empiristischen Psychologie ließ viele Phänomenologen zu Verächtern der experimentellen Methode werden. Sie versuchten, die Alltagserfahrung als den ursprünglichen und durch keine Theorien verfälschten Ort der Offenbarung zu rehabilitieren. Ein genaueres Hinsehen ergibt jedoch, daß weite Strecken der Alltagserfahrung nicht weniger von anderswo erworbenen, verfestigten und ungerechtfertigt extrapolierten Annahmen geprägt sind als manches wissenschaftliche Experiment.

Es soll versucht werden, die unvoreingenommene Orientierung in unterschiedlichen Wahrnehmungssituationen in einem Gegeneinanderhalten und Gegeneinanderausspielen der beiden Erfahrungsweisen aufzuspüren. Gerade abstrakte Experimente lassen oft zur Gewohnheit gewordene und für ursprünglich angesehene Erfahrungsschemen unerwartet zusammenfallen und bieten die Gelegenheit, ihre Erwerbung etappenweise zu verfolgen.

Auf der andern Seite ergibt ein Vergleich der beiden Erfahrungsarten, daß die experimentelle Erfahrung einem spezifischen Erfahrungstyp entspricht, zu dem sich im Alltag noch andere Typen gesellen. Künstlich arrangierte Experimentsituationen erzeugen bei den Versuchspersonen fast unweigerlich eine kontemplative, desengagierte Einstellung. Zu Experimentzwecken konstruierten Apparaturen und erst recht auf einen Bildschirm projizierten Gegenständen fehlt die praktische Bedeutung für den Beobachter. Was sich im Experiment abspielt, bleibt ohne Konsequenz für ihn. ›Abspielt‹ ist das richtige Wort. Die Versuchspersonen erleben die Experimente in der Regel wie ein Spiel. Die Welt der Experimente wird von der ›wirklichen‹ Welt mit ihren vitalen Implikationen ebenso getrennt aufgefaßt wie eine Spielwelt.

Diese Beschränkung der Experimentalerfahrung muß bei der Auswertung der Resultate in Rechnung gezogen werden. Sie ist aber keineswegs nur negativ zu veranschlagen. In einem (Schau-) Spiel sind Dinge möglich, die im Alltag nicht gelten gelassen werden. Experimentellen Vorführungen begegnen darum viele Versuchspersonen vorurteilsfreier, ohne ›unmögliche‹ Vorkommnisse der Erwartung gemäß von Anfang an ›richtig‹ wahrzunehmen. Das praktische Desengagement ist ferner als eine

Reduktion zu werten, die wie jede Reduktion in den Dienst einer Analyse gezogen werden kann, die es auf unterschiedliche Bewußtseinseinstellungen abgesehen hat.
Gerade für unser Problem ist die Reduktion des praktischen Engagements interessant. Diesem wird verschiedentlich eine ausschlaggebende Rolle für die Zentrierung der Wahrnehmung zugeschrieben. Seine Ausschaltung verspricht daher, Motivationen für die Orientierung ans Licht zu heben, die in der konkreten Erfahrung leicht verdeckt werden, Motivationen, die ihre Quelle nicht in der Bedeutung der Gegenstände für den Beobachter, in ihrer praktischen Funktion, sondern in formalen Strukturen und Verhältnissen des Wahrgenommenen haben. Solche formale Strukturen und Verhältnisse sind z. B. Ähnlichkeit und Kontrast, Größe und Gestalt, kurz, assoziative und figurative Faktoren. In ihrer subjektiven Genesis unterscheiden sich diese wesentlich von den eigentlichen Sinn-Faktoren, mit denen sie in der Konstitution in einem nur schwer fixierbaren Verhältnis – im Doppelsinn des Verbes – konkurrieren.[2]

3. Das dominierende Wahrnehmungsgefüge als Orientierungszentrum

Lassen wir uns nach diesen methodologischen Vorbemerkungen durch schlichte Beobachtungen in die Problemlage einführen.
3.1. Wenn ich Seite an Seite mit einem Freund spaziere, fühle ich mich unwillkürlich als Glied eines Paares, d. h. einer Ganzheit. Die Ganzheit weist mir als einem ihrer Teile einen untergeordneten Standort zu. Marschiere ich in einer größeren Kolonne, erfahre ich die Platzzuweisung noch ausgeprägter. Die Kolonne gibt sich mir als dominierende Ganzheit, deren Mittelpunkt, von dem aus sie sich aufteilt, höchstens zufällig mit meinem Standort zusammenfällt. Ich kann mich, ebensogut wie in der Mitte, vorne oder hinten, links oder rechts befinden. Die Kolonne steht z. B. nicht links um mich, sondern ich stehe rechts in ihr.
Ein orthodoxer Husserlianer wird einwenden, daß hier mehrstufige Prozesse der Appräsentation, der Fremderfahrung im Spiele sind. Ich appräsentiere oder vergegenwärtige mir, mag er sagen, meine Partner mit ihren je eigenen, individuellen Nullpunkten der Orientierung. Bei der spontanen Intention, die verschiedenen

Nullpunkte miteinander in Deckung zu bringen, kommt es sekundär zur Konstitution eines gemeinsamen Zentrums, das mit dem Mittelpunkt der Gruppe zusammenfällt. Es könnte auch argumentiert werden, daß die Gruppe personifiziert, als eine Art kollektive Quasi-Person aufgefaßt wird, von der aus dann jeder Einzelne zentriert gesehen wird. Jedenfalls wäre das Gruppenzentrum und die Hinordnung auf es eine abgeleitete und keine primordiale Gegebenheit. Ursprünglich bildete jeder Einzelne für sich sein eigenes Zentrum.

Solche oder ähnlich zu konzipierende Prozesse der intersubjektiven Erfahrung sind zweifellos bei der Instauration des Nullpunktes mitbeteiligt. Aber es handelt sich dabei um sekundäre Prozesse, deren Wege durch Motivationen gebahnt und vorkonstituiert sind, die das einzelne Ich schon auf primordialer Ebene, vor aller Fremderfahrung, dezentrieren. Das zeigt sich in Situationen, in denen keine fremden Subjekte auftreten.

Stehe ich auf dem Marktplatz einer alten Stadt, der ringsum von Häusern eingefaßt ist, dann bin ich auf den Platz, auf seinen Mittelpunkt, der durch ein Monument vielleicht noch zusätzlich akzentuiert wird, hin ausgerichtet und nicht er auf mich hin. Gehe ich am Rand einer doppelreihigen Allee, so fühle ich mich ebensowenig als Nullpunkt der Orientierung. Die zwei Baumreihen beherrschen den Raum. Ihre Anordnung ist es, die sein Zentrum bestimmen. Hält man Bäume und vielleicht auch Häuser für Gegenstände, die leicht eine Personifikation insinuieren und entsprechend wie echte Personen die Appräsentation einer überindividuellen Mitte nach sich ziehen, kann man eine Situation wählen, die eine Personifikation unwahrscheinlich macht, eine Wahrnehmung z. B., die von einem Schienenweg oder einer kahlen Mauerflucht dominiert wird.

3.2. In der konkreten Wahrnehmung, so erfahren wir in den angeführten Situationen, bestimmt das dominierende Wahrnehmungsgebilde – eine Kolonne, ein Marktplatz, eine Allee – die Zentrierung des Raumes und damit die Lokalisierung der einzelnen Gegenstände. Der Leib des wahrnehmenden Subjektes macht keine Ausnahme. Von einer privilegierten Lokalisation des eigenen Leibes und ebenso von einer ihm zukommenden die Orientierung des Raumes konstituierenden Funktion kann – wenigstens vorderhand – keine Rede sein. Das objektiv erscheinende Wahrnehmungsgefüge errichtet sich sein Zentrum selber.

3.3. Wir können aber auch Situationen ausfindig machen, in denen doch der eigene Leib raumzentrierend auftritt, Situationen also, die auf den ersten Blick Husserls These Recht zu geben scheinen. Bei einer differenzierteren Umsicht bestätigen sie jedoch die Gegenthese. Der Leib zentriert allein dann, wenn er zufällig das dominierende Wahrnehmungsgefüge darstellt. Der Leib verhält sich nicht nur als untergeordnetes Wahrnehmungsgebilde wie ein beliebiger Dingkörper, sondern ebenfalls als hervorragendes Wahrnehmungsgebilde. Im ersten Fall erscheint er auf anderes hin zentriert, im zweiten dagegen als anderes zentrierend. – Ich führe zwei Beispiele an, die zur Einführung der beiden Motivationsfaktoren der Orientierung dienen, deren Gegenüberstellung der nächste Abschnitt gewidmet ist, und überdies gewisse von Husserl nicht reflektierte Bedingungen seiner These verraten können.

Das erste Beispiel liefert die experimentelle Psychologie. In einem Dunkelraum, in dem keine Gegenstände wahrnehmbar sind, wird eine senkrechte Linie an die Wand projiziert. Eine Kopfneigung der Versuchsperson induziert nun die Neigung der objektiv vertikalen Linie auf die Gegenseite. Der eigene Leib tritt in dieser Situation als richtungsbestimmend auf. Die Linie ordnet sich ihm unter und erhält von ihm ihre Lage zugewiesen.

Bei der Auswertung dieses Experiments ist zu berücksichtigen, daß der Beobachter kein komplexes Wahrnehmungsgefüge vor sich hat, sondern eine isolierte Linie in einem leeren, ungegliederten, homogenen Raum. In einem solchen, speziell eingerichteten oder vielmehr entleerten Raum, den uns die natürliche Erfahrung höchst selten bietet, bildet der eigene Leib selbstverständlich das dominierende Wahrnehmungsgebilde und bestimmt als solches die Ausrichtung der vereinzelt aufleuchtenden Wahrnehmungsobjekte. Die gleiche Wirkung wie der eigene Leib vermag auch eine größere, stärkere Linie zu zeitigen, die schräg neben die erste, kleinere und schwächere projiziert wird. Von jeder Linie erfolgt eine Induktion auf jede andere Linie. Das Ausmaß der Induktion hängt vom Größenunterschied der beiden Linien ab.

Das zweite Beispiel kommt aus der Alltagserfahrung. Vor einem festlich gedeckten Tisch rücken gewisse Gäste ihren Teller, wenn er nicht in der geraden Linie vor ihnen auf dem Tisch liegt, zurecht. Andere Gäste rücken dagegen sich und gegebenenfalls sogar ihren Stuhl zurecht, um sich gerade vor dem Gedeck zu plazieren. Für die ersten sind sie selber und ihr Standort maßgebend, für die zweiten besitzt die vorgefundene Anordnung des Gedeckes stärkeren Normwert. Man wird den Grund für dieses unterschiedliche Verhalten intuitiv in der psychischen Verfassung der betreffenden Personen suchen und derartige Situationen für Tests ausnützen. Eine starke und selbstbewußte Persönlichkeit wird sich eher im Zentrum und damit als Ausgangspunkt der Orientierung sehen als ein schwacher und serviler Mensch.

4. Gestalt- und Sinn-Faktoren

4.1. Im vorletzten Beispiel drängte sich die Größe als bestimmender Faktor der Dominanz und damit der zentrierenden Wirkung gewisser Wahrnehmungsgefüge auf. ›Das größere Objekt subordiniert sich das kleinere.‹ So scheint der Satz lauten zu müssen, den man diesem Beispiel entnehmen kann. Beim letzten Beispiel stellten wir dagegen fest, daß auch die Bedeutung, die man unabhängig von seiner körperlichen Größe dem Ich zugesteht, zentrierend wirkt. Wenn man sich näher auf die Literatur zu unserem Thema einläßt, stellt man bald fest, daß Größe und Ichbedeutung nur zwei besonders auffällige Varianten der beiden Hauptklassen von raumorientierenden Faktoren, Gestalt und Sinn, darstellen.
Als weitere Gestaltfaktoren für die Raumausrichtung lassen sich neben der Größe z.B. Solidität und Umschließungsfaktor ausfindig machen. Ein luftig wirkendes Gebilde wie ein Ballon scheint ›neben‹ dem massigen Gefüge eines Metallkörpers zu liegen oder zu schweben, auch wenn sein Volumen das des Metallkörpers um das Mehrfache übertrifft. Bei gleicher Beschaffenheit lokalisiert sich die umschlossene Figur in der umschließenden. Wirkt die umschlossene Figur dagegen farbiger und massiger als die umschließende, läßt sie diese auf sich ausgerichtet erscheinen. Schon aus diesen Beispielen geht deutlich hervor, daß die verschiedenen Gestaltfaktoren nicht gleichwertig nebeneinandergestellt werden können. Sie rufen nach einer wertenden Ordnung.
Für die Sinnfaktoren ergab sich bereits aus dem letzten Beispiel des vorigen Abschnittes, daß das eigene Ich keineswegs unter allen Umständen die dominierende Rolle spielt. Irgendwelche objektive Gegebenheiten, die für den Wahrnehmenden von gro-

ßer praktischer oder gefühlsmäßiger Bedeutung sind, vermögen die Orientierung ebensogut auf sich zu ziehen.

4.2. Wie stehen Gestalt- und Sinnfaktoren zueinander? Gestaltpsychologie und Phänomenologie sind sich über ihr Verhältnis strittig. Die Gestaltpsychologie tendiert danach, das Sinnproblem dem Gestaltproblem unterzuordnen. Sinnhaftigkeit wird auf gestaltliche Gefordertheit zurückgeführt, und Sinnzusammenhänge, selbst logische Beziehungen, werden aus der dynamisch aufgefaßten Gestaltstruktur der in Frage stehenden Phänomene abgeleitet.

Von der phänomenologischen Psychologie wird dieser Konzeption im wesentlichen zweierlei entgegengehalten. Zum ersten wird auf der Unableitbarkeit, Ursprünglichkeit und Eigengesetzlichkeit von Sinn und Bedeutung insistiert. Wahrnehmungen geben sich uns als sinngeladen, als von irgendeiner vitalen, praktischen oder ästhetischen Bedeutung, oft schon, bevor sich ihre Gestalt herauskristallisiert hat. Farbgebilde wirken auf uns, schon bevor wir sie in ihrer anschaulichen Qualität und Struktur erfassen, als anziehend oder abstoßend, als freundlich oder schrecklich. Es ist nicht nur so, daß eine bestimmte Gestalt einen bestimmten Sinn insinuiert. Oft ist es gerade umgekehrt. Eine bestimmte Sinnerwartung führt erst zur Gestaltung der Wahrnehmung. Wenn wir von einer sinnvollen Wahrnehmung sprechen, haben wir gut zu unterscheiden zwischen der ›Sinnhaftigkeit‹, die in ihrem gestaltlichen Verhalten, in ihrer Gefügigkeit gegenüber den von der Gestaltpsychologie herausgestellten Faktoren der prägnanten Gestalt, und der Sinnhaftigkeit, die z.B. in ihrer praktischen Funktion liegt.

Zum andern macht die Phänomenologie geltend, daß es Sinnhaftigkeit immer nur für ein Subjekt gibt, und zwar nicht nur Sinnhaftigkeit in der spezifischen phänomenologischen Bedeutung des Wortes, sondern auch schon Sinnhaftigkeit in der Form einer guten oder prägnanten Gestalt. Ein Ding ist nur ein Werkzeug, wenn es als solches aufgefaßt wird. Ebenso ist es gestaltlich prägnant nur für ein wahrnehmendes Subjekt. Das Subjekt aber, so die phänomenologische Beanstandung, wird in den gestaltpsychologischen Untersuchungen nicht als solches thematisiert. Es wird nur als ein Objekt neben den andern behandelt. Die Beziehung der gegenständlichen Wahrnehmung auf ein wahrnehmendes Subjekt, die nach phänomenologischer Ansicht mit zur

Wahrnehmung gehört, wird unterschlagen (Merleau-Ponty 1945: 23f., 117; Linschoten 1952: 40f., 71; Graumann 1960: 103).
In der kritischen Auseinandersetzung mit der Gestaltpsychologie verfiel die phänomenologisch orientierte Psychologie leider in nur zu bekannter Reaktion dem anderen Extrem. So booteten Merleau-Ponty und Graumann die figurativen Faktoren nicht weniger als die klassischen assoziativen, die sich in phänomenologischer Fassung teilweise mit den ersten decken, zugunsten von allein anerkannten Sinn-Motivationen aus.[3] Etwas vorsichtiger bemühte sich Linschoten (1952) um eine genau definierte Unterordnung und Degradierung der Gestaltfaktoren. Er formulierte seine Kritik anhand seiner Untersuchungen zur sogenannten induzierten Bewegung. Seine Untersuchungen können dazu dienen, nicht nur die Unstatthaftigkeit der Nichtberücksichtigung, sondern ebenso die der einsinnigen Unterordnung der Gestaltfaktoren unter die Sinnfaktoren bei der Aufklärung von Wahrnehmungsphänomenen wie der Orientierung und der Verteilung von Ruhe und Bewegung, zwei Phänomene, die eng zusammenhängen[4], aufzuzeigen.
4.3. In einer Reihe von Experimenten kam Linschoten zum Ergebnis, daß nicht die den Wahrnehmungsgegenständen eigene Gestalt, sondern vielmehr ihr Sinngehalt, die Funktion, die sie von den Beobachtern zugewiesen erhalten, für die Verteilung von Ruhe und Bewegung ausschlaggebend ist. Wird ein dunkler Punkt neben einem rechteckigen, rahmenartigen Gebilde als Nagel gesehen, gleitet bei einem Experiment, bei dem eine der Figuren (Punkt oder Rechteck) in senkrechter Richtung in Bewegung gesetzt wird, das weit umfangreichere Rechteck am kleinen Punkt entlang. Diese Bewegung des Rechtecks muß nach Linschoten von der Gestaltpsychologie her als ›gesetzwidrig‹ taxiert werden. Sie widerspricht dem Gestaltgesetz, nach dem sich das kleinere Objekt dem größern subordiniert, und dem gemäß sich das kleinere Objekt in bezug auf das größere bewegt zeigen sollte und nicht umgekehrt. Sie ist aber keineswegs ›sinnwidrig‹, wenn man den Punkt als einen in die Wand geschlagenen, fixierten Nagel und das Rechteck als einen verschiebbaren Rahmen auffaßt (1952: 41).
Mit der Berücksichtigung der subjektiven Sinngebung zur Erklärung der untersuchten Phänomene legt Linschoten den Finger zweifelsohne auf einen richtigen und wichtigen Faktor. Kritika-

bel ist hingegen die Auswahl seiner Experimente. Nach der Entdeckung, daß sich vereinzelt doch auch ›sinnwidrige‹ Wahrnehmungen einstellen, hätte er sich vermehrt auf die Suche nach Gegenbeispielen machen müssen, um die Motivationslage doch differenzierter abklären zu können. Gegenbeispiele braucht man in diesem Falle nicht erst experimentell zu konstruieren. Die ›natürliche Erfahrung‹ kennt zur Genüge. Das Phänomen der induzierten Bewegung wurde wohl nicht nur darum zu einem bevorzugten Untersuchungsobjekt, weil in gewissen Situationen Objekte ruhend oder bewegt erscheinen, die es faktisch nicht sind (ein anfahrender Zug gegenüber dem stehenden, in dem wir sitzen), sondern weil zu unserer Verblüffung gerade solche, die ihrem Sinn nach sich gegenteilig verhalten sollten, ruhend bzw. bewegt erscheinen. So sehen wir am nächtlichen Himmel den Mond oft in großer Geschwindigkeit hinter Wolkenfeldern dahinfahren. Diese Wahrnehmung widerspricht unserer Sinn-Auffassung, daß der Mond stillsteht und daß vielmehr die Wolken vom Wind vor ihm vorbeigetrieben werden. Die Gestaltfaktoren sind hier offensichtlich stärker als der ›Sinnentwurf‹, den Linschoten zitiert.

Vor allem aber ist Linschotens theoretische Auswertung der Resultate seiner Experimente unzulänglich, zum Teil falsch. Gemeint sind folgende Thesen, auf die seine Untersuchung allem Anschein nach von Anfang an abzielte: 1. Die Wahrnehmung kann nicht als ein Spiel von psychologischen Vektoren oder Faktoren beschrieben werden (1952: 41, 71). 2. Die Gestaltgesetze sind keine eigentlichen Gesetze, denen ein Charakter der Absolutheit und der Notwendigkeit zukommt. Sie liefern bloß eine ›statistische Norm‹, die *ex post*, induktiv gewonnen wird (40f., 64). 3. Der figurale Faktor ist »kein bestimmender Faktor der Bewegungsverteilung, sondern ein Maß der Verteilung einer Bewegungsverteilung« (64).

ad 1. Die Wahrnehmung ist, wie eine phänomenologische Analyse ergibt, keine fertige Vorgegebenheit, sondern ein Ereignis, das sich fortwährend ›vor unsern Augen‹ abspielt. Sie ist im wahrsten Sinne ein Schauspiel. Fortwährend fallen neue Affektionen ein, welche die bereits gebildeten Zusammenhänge und die bereits gestifteten Auffassungen (Orientierungsverhältnisse) ebensogut hemmen, verdrängen und umstürzen wie bestätigen und bekräftigen können. Immerfort erhebt sich Motivation gegen

Motivation, wobei die stärkere und vom Fortgang der Wahrnehmung bestätigte schließlich obsiegt. Die Formen der Modalisierung, die Modi der Gewißheit, der Möglichkeit, der Zweifelhaftigkeit und der Negation oder Durchstrichenheit, mit denen unsere perzeptiven Gegebenheiten ausgezeichnet werden, verdanken wir diesem Spiel der sich teils deckenden, teils widerstreitenden Motivationen (Husserl 1966: 25 ff.). Was die Phänomenologie in Abrede stellt, ist nicht die Behauptung, daß jede zu einem relativen Abschluß gelangte Wahrnehmung »das Resultat eines Faktorenspiels« ist, sondern 1. daß das Faktorenspiel nicht in der Wahrnehmung – auf phänomenologischer Ebene – selber, sondern in einem ihr substruierten physiologischen Feld ausgetragen wird, dessen Resultat sich dann isomorph auf der Ebene der Wahrnehmung widerspiegelt, und 2. daß es sich ausschließlich um ein Spiel zwischen Gestaltfaktoren handelt. An der Genesis der konkreten Wahrnehmung sind Gestalt- und Sinn-Faktoren beteiligt.

Linschotens Unterlassungssünde besteht darin, daß er in den Fällen, in denen die Versuchspersonen in ihren Antworten schwankten, weil ihnen die Verteilung von Ruhe und Bewegung anfänglich labil und ambivalent oder sogar sinnwidrig erschien, die Ursache dafür ausschließlich in der psychischen Struktur der Personen, z. B. in der Charaktereigenschaft der Unentschlossenheit, und nicht in den Komponenten der werdenden Wahrnehmung selber sucht (1952: 76 ff.).

ad 2. Aus der unbestreitbaren Tatsache, daß sich gewisse Verteilungen von Ruhe und Bewegung nicht den Gestaltgesetzen gemäß einstellen, schließt Linschoten, daß diesen der in Anspruch genommene Charakter der Notwendigkeit abgeht. Hätte er sich auf die labilen und ambivalenten Wahrnehmungen eingelassen, wäre er darauf gestoßen worden, daß die Gestaltfaktoren in diesen Fällen wohl wirksam, in ihrer Wirksamkeit jedoch durch ihnen überlegene Sinnfaktoren gehemmt werden. In Fällen, in denen eine solche gehemmte Wirksamkeit jedoch nicht festgestellt werden kann, wäre noch abzuklären, ob die Gestalt, die vom objektiven, d. h. physikalischen Standpunkt aus vorzufinden ist, für den Beobachter auch subjektiv gegeben ist. Es ist ja durchaus möglich, daß bei einer bestimmten Sinnauffassung eine Gestalt, die, was das physikalische Reizmaterial angeht, vorhanden ist, nicht gesehen wird. Motivational wirksam kann nur sein, was gesehen wird. Die Tatsache, daß eine Wahrnehmung nicht Gestaltgesetzen folgt, besagt nicht ohne weiteres etwas gegen die Notwendigkeit der Gestaltwirkung. Sie gibt nur Auskunft über die Stärke und Durchschlagskraft der Gestaltfaktoren gegenüber möglichen anderen Faktoren.

Die Wirksamkeit der Gestaltfaktoren ist ebenso phänomenal aufweisbar wie die von Sinnfaktoren. Dazu genügt ebenfalls »prinzipiell die Analyse eines einzelnen Falles« (1952: 64). Daß darüber hinaus die prozentuale Wahrscheinlichkeit einer bestimmten Verteilung von Ruhe und Bewegung bei der Gegebenheit von bestimmten Gestaltqualitäten bei bestimmten Individuen oder Gruppen statistisch erfaßt werden kann, bleibt unbestritten. Wir bestreiten allein, daß die Gestaltfaktoren ausschließlich statistisch eruiert werden können, Sinnfaktoren dagegen sich jeder statistischen Erfassung entziehen. Mit Erfolg hat man die Sinnverteilung bei gewissen ›Reizwörtern‹ für bestimmte Individuen und Gruppen statistisch errechnet (Osgood 1957). Warum sollte man nicht auch »das besondere Verhältnis des Subjekts zur Welt«, die Sinnauffassung, die sich in der Verteilung von Ruhe und Bewegung äußert, für verschiedene Menschen und Menschentypen bei einer vorgegebenen ›Reizlage‹ errechnen und in der Folge voraussagen können?

ad 3. Die Tatsache, daß wenigstens für die von den Gestaltisten eruierten Faktoren der Haupterstrecktheit und der Intensität eine mindestens 65%-Bestätigung festgestellt werden konnte, interpretiert Linschoten dahin, daß die figuralen Faktoren doch ein Maß für die Verteilung von Ruhe und Bewegung abgeben können. Wie etwas, das in keinem ursächlichen, kausalen oder motivationalen Zusammenhang mit etwas anderem stehen soll, für dieses als Maß dienen kann, bleibt uneinsichtig.

Wenn Linschoten (1952: 91) zum Abschluß von den figuralen Eigenschaften schreibt, daß sie »nicht als ursächliche Faktoren wirksam sind, sondern nur als Motive«, muß man ihm mit dem gleichen Vorwurf antworten, den er den Gestaltisten entgegenhält: »Begriffsverwirrung« (63). Nachdem den Gestalten eben erst jede bestimmende Wirkung abgesprochen wurde, werden sie doch wieder als Motive anerkannt. Was ist ein motivationales Verhältnis anderes denn ein ursächliches Verhältnis zwischen phänomenalen Gegebenheiten?

4.4. Ist anerkannt, daß bei der Orientierung der räumlichen

Wahrnehmung verschiedene Faktoren intervenieren, stellt sich die Frage nach ihrer Hierarchie, ihrer zeitlichen und stärkemäßigen Reihen- und Rangfolge. Die Beantwortung dieser Frage übersteigt das Vermögen eines einzelnen Forschers, der es darauf abgesehen hat, seine eigene Erfahrung rein phänomenologisch auszubeuten. Sein Erfahrungsfeld ist beschränkt. Es ist die ›natürliche Erfahrung‹ eines Erwachsenen, eine in genetischer Hinsicht längst ausgebildete und verfestigte Erfahrung. Desgleichen ist sein Erfahrungsmittel beschränkt. Es ist die mit ihren Tücken und Schranken nur zu bekannte Selbstbeobachtung. Zur Aufdeckung komplexerer Verhältnisse, wie des prozentualen Anteils eines einzelnen Faktors an einer bestimmten Zentrierung, bedarf es wissenschaftlicher Hilfsmittel, Experimente, Testverfahren und dergleichen.

4.4.1. Bezüglich der Rangordnung der Gestaltfaktoren unter sich gibt es verschiedentliche experimentelle Untersuchungen, was ihre Rolle bei der Verteilung von Ruhe und Bewegung angeht. Ein Anliegen der zitierten Untersuchung Linschotens war gerade die kritische Überprüfung der diesbezüglich aufgestellten Hierarchien (1952: 39ff.). Linschoten kam zum Ergebnis, daß die Faktoren der Haupterstrecktheit und der Intensität die stärksten darstellen, während ausgerechnet die von der Gestaltpsychologie hervorgehobenen Faktoren der Fixation und der Umschlossenheit eine weit geringere Mächtigkeit zeigten. Für unser Problem der Orientierung, das, wie gesagt, mit dem der Verteilung von Ruhe und Bewegung verwandt ist, und für unsere spezifische Fragestellung nach der Bedeutung des Ich dürfte besonders bemerkenswert sein, daß die Fixation, d.h. ein Faktor, der subjektiv gelenkt ist, von bedeutend minderer Potenz als erwartet und geschätzt zu sein scheint.

Von seinem Anliegen geleitet, die Bedeutung des Subjekts gegenüber der gestaltpsychologischen Wahrnehmungslehre aufzuzeigen, hatte Merleau-Ponty im Anschluß an Dunckers Hervorhebung der Fixation in seiner Analyse der Relativität der Bewegung diesem subjektiven Faktor die entscheidende Rolle zugeschrieben. Er interpretierte die Fixierung als die alles tragende und orientierende Verankerung des Subjektes in seiner Welt, d.h. als fundamentale und transzendentale Bedingung der Möglichkeit von räumlicher Wahrnehmung überhaupt (1945: 320ff.).

Dagegen läßt sich zeigen, daß die orientierende Verankerung des

Subjekts und seiner Gegenstände in der ursprünglichsten Wahrnehmung nicht einem »uns eigenen Vermögen« anheimgestellt ist. Unsern Standort erhalten wir, bevor es uns gelungen ist, uns und unsere psychischen Fähigkeiten in den Griff zu bekommen, von einer Welt zugewiesen, die sich vor aller ichlichen Aktivität in unserer Sinneswahrnehmung konstituiert. Die Achse, in der die Welt verankert ist und um die sie sich samt uns, ihrem anonymen Entwerfer, dreht, ist keine von uns, den Wahrnehmenden, ausgehende subjektgelenkte Fixierung, sondern eine objektgelenkte Verweisung, die sich in der lebendigen Ausgestaltung unserer sinnlichen Affektionen selber zur tragenden Achse verdichtet und verfestigt hat.

4.4.2. Bezüglich der Hierarchie der Sinnfaktoren ist die bereits hervorgehobene Tatsache zu respektieren, daß die Ich-Bedeutung sich nicht einfachhin und absolut alle gegenständlichen Bedeutungen unterordnet. Die Dominanz einer bestimmten Bedeutung hängt an den jeweiligen Bedürfnissen, Interessen und Einstellungen des Wahrnehmenden. Da diese bekanntlich relativ, labil und polyvalent sind, ist zu erwarten, daß die von ihnen abhängige Orientierung ebenfalls relativer, labiler und polyzentrischer Natur ist (vgl. Abschnitt 8.1.).

4.4.3. Wie steht es mit dem Verhältnis der beiden Gruppen, der Gestalt- und der Sinnfaktoren, zueinander? Der klassischen Ordnungsauffassung würde es am besten entsprechen, wenn die Gestalt-Motivationen in genetischer wie in stärkemäßiger Hinsicht den Sinn-Motivationen vor- und untergeordnet wären. Der genetischen Vorordnung widerspricht jedoch die Entdeckung, nach denen unsere Wahrnehmungen, noch bevor sich eine optische Gestalt herausbildet, schon sinngeladen, von irgendeiner unmittelbar vital ansprechenden, stets stark emotional getränkten Bedeutung sind. Der stärkemäßigen Unterordnung widerspricht die alltägliche Erfahrung, daß eine bestimmte Anordnung oder Gestaltung von Wahrnehmungsgegenständen einen als objektiv gültig zuerkannten oder nur traditionell überkommenen Sinn umzustoßen oder ›empfindlich‹ zu stören vermag oder überhaupt gar nicht länger aufkommen läßt.

Die von der Kopernikanischen Astronomie geforderte Ausrichtung der Erde auf die Sonne vermag sich in unserer sinnlichen Wahrnehmung nicht durchzusetzen. Sehen wir einen Schüler im Gespräch mit seinem Lehrer, bildet dieser sinngemäß den Bezugspunkt der Orientierung. Wir sehen den Schüler ›vor‹ oder ›bei‹ seinem Lehrer stehen und nicht umgekehrt. Überragt indessen der Schüler seinen Lehrer beträchtlich an Körperwuchs, so erfährt diese Lokalisation eine merkliche Störung. Die durch das gestaltliche Verhältnis gestörte Überordnung des Lehrers wirkt unglaubwürdig und unter Umständen lächerlich.

Den durch Gestaltfaktoren provozierten Umschlag einer Orientierung erfahren wir anschaulich, wenn wir einen unscheinbaren, schmalen Rahmen eines Bildes gegen einen farbprächtigen und breiten austauschen. Die Auffassung ›Rahmen um das Bild‹ schlägt in diesem Fall leicht um in die Auffassung ›Bild im Rahmen‹. Wird ein Haus von einem schmalen Gartenstreifen umgeben, bildet das Haus den Bezugspunkt der Orientierung. Der Garten erscheint symmetrisch oder asymmetrisch um das Haus angelegt. Steht das Haus hingegen in einer riesigen Gartenanlage, so dominiert diese als Bezugssystem und läßt das Haus je nachdem in seiner Mitte oder in irgendeinem seiner Teile plaziert erscheinen.[5]

Der gemeinsame Nenner, auf den die orientierenden Gestalt- und Sinnfaktoren gebracht werden können, heißt ›Mächtigkeit‹. Die Mächtigkeit eines Gegenstandes kann sowohl in seiner Gestalt wie in seinem Sinn oder seiner Bedeutung gründen. Nicht umsonst enthält das Wort ›Bedeutung‹ die Konnotation ›gewichtig‹. Die Mächtigkeit ist als das eigentliche Orientierungsprinzip der räumlichen Wahrnehmung anzusprechen.

5. Handlungsraum contra Anschauungsraum?

Haben wir uns bis jetzt nicht in ungerechtfertigter Weise ausschließlich an den Anschauungsraum gehalten und den Handlungsraum vernachlässigt? Ist nicht der Handlungsraum des engagierten Menschen dem rein optischen Raum des kontemplativen Beobachters vorgängig? Und ist nicht wenigstens dieser genetisch frühere Raum wesentlich ichorientiert? Im Sehen bleibt mir der eigene Leib fremd. Von Sartre haben wir gelernt, daß der Blick objektiviert – auch den eigenen Leib. So wäre es verständlich, daß sich dieser in der optischen Wahrnehmung als ein Ding unter andere Dinge reiht. In der Aktion hingegen, beim Tasten und Greifen, werden mir die Organe des Leibes auf eine ausgezeichnete Weise gegenwärtig. Ich erfahre sie als »meine« (Straus 1935: 391).

5.1. Bei der These der Ichorientierung des Handlungsraumes scheint man sich auf Heidegger berufen zu können. Heidegger unternahm in *Sein und Zeit* (1927: 101 ff.) eine Ableitung der Kategorien der Räumlichkeit aus dem umsichtig besorgenden Tun des Daseins, des Subjekts. Das dem Subjekt unmittelbar Zuhandene hat den Charakter der Nähe. Es verweist auf weiteres Zeug, das erst in die Nähe gebracht werden muß, damit mit ihm handlich umgegangen werden kann. Diese Näherung bezeichnet Heidegger mit einem Wortspiel als Ent-fernung. Ent-fernung, im aktiven und transitiven Sinn verstanden, bedeutet soviel wie Verschwindenmachen, Aufhebung der Ferne. Im aktiven Ent-fernen entdeckt das Subjekt die Raumbestimmtheiten der Entferntheit und des Abstandes. Die Ent-fernung ist der erste Modus der Raumkonstitution. Ein zweiter, der sich aus ihr ergibt, ist die Ausrichtung. Jede Ent-fernung weist eine Richtung auf, aus der sich das Entfernte nähert. So entspringen aus ihr die Grundrichtungen nach rechts und links.

Der Bewandtniszusammenhang, der dem Zuhandenen, dem Zeug, den ihm eigenen Sinn zuweist, hat seinen Ursprung und sein Ziel im Subjekt, das sich in seinem Sein um sich selber sorgt. Sein Tun ist auf es hin ausgerichtet, damit aber auch der Raum, der diesem Tun als einem Ent-fernen entspringt. In seinem Hantieren nimmt das Subjekt Ent-fernung und Ausrichtung, die nichts anderes als seine Seinsweisen darstellen, ständig mit sich. Die Welt erscheint als eine Um-welt, ausgerichtet auf die besorgte Handhabung durch das Ich.

Aber Heidegger ist ein zu umsichtiger Phänomenologe, um die Relativität des subjektiven Hier zu übersehen und es geradenwegs als in sich selbst verankerten und absoluten Quellpunkt der Orientierung zu beschreiben, wie das dann kurzsichtiger in seiner Gefolgschaft geschieht (vgl. Binswanger 1932: 173 ff.). »Sein Hier versteht das Dasein aus dem umweltlichen Dort ... Das Dasein ist gemäß seiner Räumlichkeit zunächst nie hier, sondern dort, aus welchem Dort es auf sein Hier zurückkommt und das wiederum nur in der Weise, daß es sein besorgendes Sein zu ... aus dem Dort-zuhandenen her auslegt« (Heidegger 1927: 107 f.). Freilich unterläßt es Heidegger – wenigstens in *Sein und Zeit* –, die grundsätzlichen Konsequenzen, die sich aus diesem Befund für die Analytik des Subjekts und seines »In-der-Welt-seins« ergeben, zu ziehen.

5.2. Wenn das Verstehen des jeweiligen Hier von einem Dort her erfolgt, dann ist das erste, in dem sich Räumlichkeit konstituiert, nicht ein Ent-fernen von Zeug, sondern ein Sich-entfernt-finden von dem, was ich zu meiner Existenz brauche, von einer Nahrungsquelle, einer Wohnung, einer Zufluchtsstätte und dergleichen, und dann ein Sich-ent-fernen (Sich-nähern) in Richtung auf solche angestrebte Zentren. Die Freigabe einer Bewandtnisganzheit ist nicht gleichursprünglich »ein ent-fernend-ausrichtendes Bewendenlassen« des Zuhandenen bei einer Gegend, sondern ein sich ent-fernendes Sich-ausrichten auf diese Gegenden. Das Subjekt findet sich immer schon in ein Netzwerk von Bedürfnissen eingespannt, die es bald dahin, bald dorthin ziehen.
Die Nutzanlagen und Gebrauchsgüter, die mir meine Bedürfnisse und Interessen entdecken und auf die mein Tun und Trachten gehen, bilden die Zentren, von denen her der Raum sich aufrichtet, und nicht ich, von dem Tun und Trachten ausgehen. Angeregt von Heideggers zitierter Interpretation des subjektiven Hier aus einem umweltlichen Dort hat Zutt in einer treffenden Analyse den Ursprung der Raumgestaltung vom Gegenstandpol des Wahrnehmens und Handelns her beschrieben (1953: 347f.). »Dort, an der Stelle, auf der mein Blick ruht, entsteht vielmehr ein ›Mitte‹ ... Mitte heißt, daß an der Stelle, auf der mein Blick ruht, eine Raumgliederung entsteht, eine dreidimensionale Raumgliederung, mit einem davor-dahinter, rechts-links, darüber-darunter ... Die dreidimensionale Raumgliederung als solche ist aber nicht etwa die Folge eines nachträglichen, sekundären Urteilens, sondern sie ist im Erblicken ebenso mitgegeben wie die Exteroqualität ... Von dort aus erlebe ich den Raum, und nicht aus dem dunklen Inneren meines Leibes. Daß ich dort, draußen, bei den erblickten Dingen bin, ist der Grund, warum ich nicht erlebe, aus meinem dunklen Leib hinauszuschauen wie ein Leuchtturmwärter, sondern in einem allseitig offenen Raum zu sein, dort, wo mein Blick ruht, wo ich eben auch bin.«[6] Ein Beispiel: Möchte ich über einen Bach springen, so wird entweder der Absatz am andern Ufer, den ich unbedingt erreichen muß, oder der Absatz, von dem ich abspringen muß, zum Zentrum, von dem aus sich mein Handlungsraum aufteilt und auf den mein gegenwärtiger Standort und die Anlaufstrecke, die ich wähle, ausgerichtet werden.
Natürlich können wir Situationen finden, in denen das Ich selber

das Zentrum seiner Tätigkeit bildet, wenn es z.B. seine persönlichen Effekten, die es zu verlieren droht, ängstlich an sich rafft. Es geht hier allein um die Feststellung, daß das Ich auch im Handlungsraum nicht ausschließlich und notwendig den Nullpunkt der Orientierung verkörpert.

5.3. Liegt der Ursprung der Raumkonstitution überhaupt in der Praxis, im handelnden Umgang mit Zuhandenem? Vor einem endgültigen Urteil sind hier mehrere Punkte in Betracht zu ziehen.

5.3.1. Es sollte nicht aus dem Blick verloren werden, daß nach Heideggers eigener Analyse der anschauliche Raum im unmittelbaren Umgang mit Gebrauchsartikeln noch unentdeckt bleibt. Der Raum als solcher kommt erst zur Abhebung, wenn sich dem umsichtigen Handeln die Berechnung und Ausmessung der praktischen Orientierung als Aufgabe stellt. Solange das Subjekt in der Praxis aufgeht, gilt: »Das ›Oben‹ ist das ›an der Decke‹, das ›Unten‹ das ›am Boden‹, das ›Hinten‹ das ›bei der Tür‹« (1927: 103). Man kann in subjektiver Perspektive fortfahren: ›Links‹ ist das, dem gegenüber ich mich ›linkisch‹ fühle, und ›rechts‹, was mir ›richtig‹ gelegen kommt. Im schlichten Handeln reduzieren sich die Orientierungen auf subjektive Qualitäten des Tuns und auf sachliche Bezüge der Gegenstände. Eine räumliche Form als solche wird noch nicht wahrgenommen.

5.3.2. Wenn ich in ein unbekanntes Gebäude eintrete oder wenn sich auf einer Reise vor mir plötzlich eine neue Landschaft erschließt, dann ist das erste, das ich gewahre, nicht die praktische oder unpraktische Einrichtung des Gebäudes und nicht die wirtschaftliche Nutzbarkeit der neuen Gegend. Das erste sind vielmehr Eindrücke der Enge und der Weite, der Höhe und der Tiefe, kurz von Raumqualitäten emotionaler und ästhetischer Art. Möglich, daß diese Qualitäten praktische Werte implizieren. Zumindest vermögen sie solche leicht zu induzieren. Sicher aber lassen sie sich nicht auf die praktische Komponente reduzieren.

Das erste ist der »gestimmte Raum«. Nach der Deskription von Straus, der diesen Terminus eingeführt hat (1930: 25), ist ein solcher Raum nicht durch meßbare Dimensionen, sondern durch Qualitäten der eben angeführten Art charakterisiert. Mir scheint, daß diese Qualitäten ebenso leicht und gleichsam von selbst wie praktische Werte auch formale und zur Ausmessung einladende Bestimmungen wie Richtung, Größe, Entfernung induzieren. In einem hohen Gebäude drängt sich die Vertikale spontan als dominierende Richtung auf. Sie zieht einen ausmessenden Blick nach oben. Analog werden wir in einem engen, röhrenförmigen Tunnel die Sogwirkung der Längsrichtung zu spüren bekommen, die sich damit konstituiert. Bei Farben, deren Gestimmtheit kaum zu entgehen ist, ist die raumorientierende Wirkung besonders spürbar. Von den drei neuen, von Chagall entworfenen Glasfenstern an der Chorfront des Fraumünsters in Zürich ist das linke Fenster in tiefem Blau gehalten. Es zieht den Blick unwiderstehlich von den beiden anderen, die hell gelb und grün sind, weg auf sich. Mit seiner sich aufdrängenden zentrierenden Wirkung stört es die architektonische Symmetrie der Wand.

5.3.3. Es wird ins Feld geführt, daß räumliche Leistungen nicht unbedingt auf einer Raumvorstellung aufruhen. Sogenannte Raumblinde vollziehen komplizierte räumliche Handlungen, obschon ihnen jegliche vorstellungsmäßige Raumorientierung abgeht (Cassirer 1929: 3.179, 185; Merleau-Ponty 1945: 119ff.). Ein Raum, der nicht wahrgenommen wird, ist aber auch keiner. Von einem Handlungsraum kann man bei Raumblinden nur von außen, in objektiver Hinsicht sprechen.

Köhlers berühmte Intelligenzprüfungen an Anthropoiden legen nahe, daß zumindest einsichtige Leistungen eine wahrgenommene Raumgliederung voraussetzen. Damit von Schimpansen etwas als geeignetes Werkzeug erfaßt wird, muß es sich optisch von seiner Umgebung abheben. Jede optische Strukturierung impliziert aber *ipso facto* auch eine erste Orientierung. Man mag einwenden, daß die ausschlaggebende Motivation für eine derartige Abhebung die Handlungsintention ist. Machen wir nicht immer wieder die Erfahrung, daß wir auf der Suche nach einem Werkzeug Gegenstände entdecken, die uns sonst nie auffallen? Darauf ist zu erwidern, daß Köhler meint festhalten zu dürfen, daß auf der Intelligenzstufe der Schimpansen dem Auffinden eines Gebrauchsobjektes eine gewisse optische Gliederung entgegenkommen muß (1917: 78f.). Der erwachsene Mensch mit seinem hochentwickelten Abstraktionsvermögen ist dagegen fähig, optisch kompakte Verbände willkürlich an einem beliebigen, nur durch eine abstrakte Raumstelle ausgezeichneten Punkt aufzulösen. Schimpanse und Mensch, jeder auf seine Weise, stützen sich also bei der Entdeckung neuer Werkzeuge auf die Wahrnehmung einer optisch-räumlichen Gliederung und auf einen in praktischer Hinsicht relativ freien, nicht von einem Handlungsziel absorbierten visuell-räumlichen Überblick über ihre Umgebung.

5.3.4. Nach Merleau-Ponty ist es der Leib als tätiger und engagierter, dem die Verankerung der Wahrnehmungswelt zuzuschreiben ist. »Mein Leib als System möglicher Aktionen« etabliere das fundierende »Raumniveau«, auf das sich jede faktische Ordnung und Orientierung letztlich beziehe (1945: 287ff.). Aber diese nach einer Verankerung, die den Bedürfnissen des Subjekts entspricht, auslangenden Intention steht doch in einer fortwährenden Auseinandersetzung mit der sich nach ihren eigenen Gesetzen ins Bild setzenden sinnlichen Wahrnehmung, wenn es überhaupt bei einer Auseinandersetzung bleibt und nicht zu einer trägen Anpassung kommt. Nach Merleau-Pontys eigener Beschreibung paßt sich die Versuchsperson, die das Zimmer, in dem sie sich befindet, nur durch einen Spiegel sieht, der es in einer Neigung von 45% zur Vertikalen reflektiert, der neuen Situation an. Das reflektierte Zimmer wirkt so auf das engagierte Subjekt, daß es »statt seiner wirklichen Arme und Beine solche Arme und Beine empfindet, wie es sie haben müßte, um in dem reflektierten Zimmer gehen und tätig sein zu können«. Der nachfolgende Schluß, daß erst aufgrund dieser als ›praktisch‹ befundenen Adaptation das Raumniveau ins Schwanken gerät und sich in der neuen Lage etabliert, ist jedoch nicht stichhaltig. Wenn eine die Wahrnehmung beherrschende Linie, die wie beim berühmten ›schiefen Turm‹ objektiv schräg steht, sich senkrecht aufrichtet, gleicht sich das Subjekt spontan dieser dominierenden Richtung an und versetzt sich damit in eine keineswegs ›praktische‹ Schräglage. Es droht hinzufallen und ist bei der neuen Position nicht sonderlich handlungsfähig. Das fundierende Raumniveau gründet in diesem Fall offensichtlich im lebendigen Schauspiel der Wahrnehmung selber und nicht in der Handlungsintention des Subjektes.

Die Raumorientierung ist das Resultat eines Spiels von phänomenalen Vektoren der sich nach ihren eigenen Gesetzen gestaltenden sinnlichen Wahrnehmung und der dem Leib entspringenden Handlungsintention. Vermag sich diese nicht durchzusetzen, muß sie sich nach dem Wahrnehmungsraum richten. In diesem wiederum herrschen, wie vielfach experimentell bestätigt wurde (Kleint 1936-40: 149, 40; Schilder 1950: 106ff.), die optischen Eindrücke vor. Die übrigen Sinneserfahrungen, die spezifischen, in denen sich das eigene ›Körperbild‹ konstituiert, nicht ausgenommen, ordnen sich ihnen unter. Die üblich gewordene Hintanstellung der Anschauung hinter die Handlung in der Frage nach der Raumkonstitution läßt sich nicht aufrechterhalten.

6. Das Körperschema

6.1. *Seine Perspektive.* – Cézanne von künstlerischer und die Gestaltpsychologie von wissenschaftlicher Seite haben uns wieder realisieren lassen, daß wir die meisten Dinge perspektivisch ›unkorrekt‹ sehen. Auf Cézannes Bildern legt sich der Tisch ›nicht recht‹ in die horizontale Tiefe, wie er es perspektivisch tun sollte. Die hinteren Äpfel erscheinen nicht kleiner und blasser als die vorderen. Der Kelch der Gläser und die Schale der Teller liegen fast flach auf den im Profil dargestellten Gegenständen, so daß ihr Inhalt ansichtig wird, wie wenn wir sie gleichzeitig von oben sehen würden.
Verhält sich unser Leib anders als die Weingläser und Früchteteller Cézannes? Sehen wir ausgerechnet ihn unter allen Dingen ›perspektivisch richtig‹, so wie er nach der geometrischen Berechnung des von den Augen ausgehenden Sehkegels erscheinen soll?
Warum ist es noch keinem Künstler – weder einem Naturalisten noch einem Surrealisten! – eingefallen, ein ›Selbstbildnis‹ so zu zeichnen, wie und soweit er sich nach klassisch-psychologischer Auffassung tatsächlich selber sieht, von der Brust und den Oberarmen abwärts?[7] Warum zeichnen sich alle von außen, meistens von vorne, manchmal im Profil, seltener von hinten?
Es gibt psychische Krankheitszustände, in denen sich jemand halluzinatorisch leibhaftig selber zu Gesicht bekommt. Bei dieser sogenannten Heautoskopie werden zwei Varianten unterschieden. Bei der ersten wird das eigene Körperbild in den Außenraum projiziert. Der Kranke sieht sich z.B. plötzlich auf sich selber zuschreiten. Bei der zweiten ist es, als ob der Patient über Augen außerhalb des Leibes verfügen würde, mit denen er auf sich zurückblickt. Ein Kranker sieht sich z.B. von der Zimmerdecke herab, wie er tatsächlich auf dem Bett liegt. Diese halluzinatorische Selbstwahrnehmung wird anscheinend durch eine krankhaft gesteigerte Beschäftigung mit sich selbst und seiner eigenen Situa-

tion ausgelöst. Auch bei ihr sieht man sich selber von außen, und zwar ebenfalls meistens frontal (Menninger-Lerchenthal 1946).
Wie ergeht es neben den Künstlern und den Kranken ›gewöhnlichen und normalen‹ Menschen? Experimentelle Untersuchungen zeigen, daß die meisten, wenn sie sich in der Vorstellung mit sich selbst beschäftigen, spontan in einer ›normalen‹ Position und Haltung und zwar gleichfalls häufig von außen sehen. Die taktilen und innerleiblichen Empfindungen folgen dabei, wie schon angeführt, der visuellen Vorstellung. »When the individual puts his head in another unusual position, for example, bending it forward to an extreme degree, he very often feels his face in the horizontal plane although it is not completely in the horizontal plane. The horizontal plane of the face affords a simple opportunity of correlating the impressions. Some subjects have the feeling that they are observing themselves from above and can somehow see through the skull. Others see their face shortened, as it might appear to an observer opposite them. We can generally say that in the perception of our own body we try to maintain normal positions and observe ourselves as if we were outside objects. This is true not only when we see, but also when we imagine« (Schilder 1950: 84).
Es gibt ausgezeichnete psychologische Analysen des sogenannten Körperschemas, d.h. der gestalthaften und dynamischen Präsenz unseres Leibes, über die wir verfügen. Das Körperschema ist selbstverständlich weder ein rein visuelles noch rein visuell bedingt. Schilder teilt die Faktoren, die an seinem Aufbau beteiligt sind, in drei Gruppen ein, in physiologische, d.h. sinnlich-wahrnehmungsmäßige, in libidinöse, d.h. trieb- und gefühlsmäßige, und in soziologische Faktoren, d.h. Einflüsse, denen wir über unsere zwischenmenschliche Erfahrung unterliegen.
Speziell die erste Gruppe bedarf jedoch einer differenzierteren Analyse. Die Erfahrung, daß die motorischen Impulse und ihre kinästhetische Leitung für die Wahrnehmung und das Handeln vom eigenen Leib ausgehen, verleitet leicht dazu, den Leib ohne weiteres auch als den Nullpunkt der Orientierung aller Wahrnehmung und Handlung anzusehen. Dabei übersieht man die gegenständlich orientierte Intention dieser impulsiven und kinästhetischen Erfahrung wie des gesamten perzeptiven und praktischen Weltentwurfs. Unmittelbar zentrierend wirkt das Ziel und nicht der Ausgangspunkt der Erfahrung. Von diesem Ziel her wird der eigene Leib in entsprechender Perspektive erfahren.

6.2. *Seine Hier-Qualifikation.* – Nicht der Leib als Ganzer, der ja selber räumlich ausgedehnt ist, sondern nur einer seiner Punkte ist nach Husserl »immerfort im Modus des letzten zentralen Hier charakterisiert, nämlich in einem Hier, das kein anderes außer sich hat, in Beziehung auf welches es ein ›Dort‹ wäre« (1952: 158). Die Qualifikation des absoluten Hier hängt nach Husserl an der Nullpunkt-Funktion der betreffenden Stelle. Wo sich diese Stelle genau befindet, läßt er unbestimmt. Der Nullpunkt ist nach ihm nicht originär gegeben, sondern nur approximativ als Limes.

Dazu ist zu sagen, daß 1. die Nullstelle über Husserls allgemein und formal gehaltene Analysen hinaus konkretisiert werden kann, und daß 2. keineswegs eine einzige Stelle immerfort und ausschließlich die Nullpunkt-Qualifikation zu bewahren vermag. Mit den wechselnden Situationen wechselt auch der Nullpunkt. Nicht nur betrachten verschiedene Menschen verschiedene Körperteile als ›Sitz des Ich‹ und damit als Mittelpunkt ihres Leibes; Intellektuelle mit Vorzug den Kopf, andere eher den Nabel, bei den einzelnen Menschen selber variiert der Zentralpunkt ebenfalls je nach Einstellung, Stimmung, Handlung. Nach Balzac soll das Ich, das für gewöhnlich im Kopf (an der Nasenwurzel, zwischen den Augen) lokalisiert sei, beim Tanzen in den Rumpf hinabsinken (Straus 1930: 167). Nach Schilders Untersuchungen wird jeweils die Körperzone, die zu einem Wunsch gehört, der sich in übersteigerter Form bemerkbar macht, zum Zentrum des Körperschemas (1950: 124). Dem Leib ergeht es auch damit nicht anders als einem beliebigen Wahrnehmungsgegenstand. Seine Zentralisation hängt an seiner gestaltlichen Struktur und seiner Bedeutung, deren Gewicht sich in der lebendigen Wahrnehmung ständig verlagert.

Die Ausdrücke ›hier‹ und ›dort‹ erfüllen eine Hinweise-Funktion. Die Hier-Qualifikation fällt in erster Linie dem Hinweise-Organ selber zu. Fungiert der ganze Leib als solches, so erscheint er und seine unmittelbare Umgebung als hier. Der Geltungsbereich von ›hier‹ variiert im übrigen enorm. Das ›hier‹ kann ebensogut soweit wie mein Zimmer, in dem ich arbeite, wie soweit wie die Stadt, in der ich wohne, reichen. Fungiert nur ein einzelnes Glied des Leibes in bezug auf seine übrigen Teile als Hinweiseorgan, fällt ihm die absolute Hier-Qualifikation zu. Ein Gelähmter, der nur einen Finger zu bewegen in der Lage ist, kann alles als ›hier‹

charakterisieren, auf was er mit diesem Finger hinweisen kann. Ausschließlich als ›hier‹ und niemals als ›dort‹ wird er von sich aus diesen Finger selber charakterisieren, falls es ihm gelingt, mit ihm die Aufmerksamkeit auf ihn selbst zu ziehen. Vermag er auch noch einen Finger der andern Hand zu bewegen, so wird er, wenn er diesen zweiten Finger als Hinweiseorgan benützt, den ersten Finger als ›dort‹ qualifizieren und das hier für den hinweisenden Finger in Anspruch nehmen.

Die absolute Hier-Qualifikation, die den Leib gegenüber allen andern Dingen auszeichnet, verdankt er nicht einer allgemeinen und absoluten Nullpunkt-Funktion für die Orientierung des Wahrnehmungsraumes, sondern seiner spezifischen Funktion als Hinweise-Organ. Als solches ist er durch nichts restlos zu ersetzen.

7. Ursprung und Verankerung der Raumbestimmungen

Bisher haben wir uns auf den Nullpunkt der Orientierung als solchen, wie er in verschiedenen Wahrnehmungsgefügen identifiziert werden kann, konzentriert. Wenden wir uns nun den Paaren von Raumrichtungen, die sich alle von einem Nullpunkt her aufspalten, und den Raumqualitäten, die in einem solchen verankert sind, zu. Nach Husserl fungiert der Leib als Träger des Nullpunktes dieser Raumbestimmungen: Jedes Ding, das erscheint, hat *eo ipso* eine Orientierungsbeziehung zu meinem Leib. »Imaginiere ich mir einen Zentauren, so kann ich nicht anders als ihn in einer gewissen Orientierung und einer gewissen Beziehung zu meinen Sinnesorganen imaginieren: er steht ›rechts‹ von mir, ›nähert‹ sich oder ›entfernt‹ sich, ›dreht‹ sich, wendet sich ›mir‹ zu oder ab« (1952: 56).

Dagegen können wir feststellen, daß die Ausrichtung auf meinen Leib in vielen, wenn nicht den meisten Wahrnehmungen gar nicht realisiert wird. Sie ist zwar virtuell vorhanden und kann prinzipiell aktualisiert werden, wird dies jedoch nur bei ganz bestimmten Motivationslagen. Das phänomenologische Anliegen der Evidentmachung der prinzipiellen Subjektbezogenheit jeder Wahrnehmung verformt deren faktische Strukturation, indem sie eine Beziehung bewußt macht und akzentuiert, die dies normalerweise nicht ist (Abschnitt 9, 2).

7.1. In unserer Sprache überlagern sich objektive und subjektive

Orientierungssysteme. Es scheint Sprachen zu geben, die nur ein objektives System aufweisen. Die Yurok, ein kalifornischer Indianerstamm, »beispielsweise haben die beiden Hauptrichtungen ›flußabwärts‹ und ›flußaufwärts‹. Rechts und links von diesen Richtungen heißen ›zum anderen Ufer‹ und ›vom Fluß weg‹, wobei der Betroffene als an der einen Seite des Flusses gedacht wird. Diese ganz auf die augenblickliche Situation bezogenen Richtungen beherrschen das Denken der Yurok so, daß für sie etwa die Tür nicht auf der westlichen, sondern auf der ›flußabwärtigen‹ Seite eines Hauses liegt – oder daß ein Mann etwas aufhebt, das nicht links, sondern ›flußaufwärts‹ von ihm liegt ... Der dauernde Wechsel dieser nur lokal bestimmten Richtung, wenn wir sie mit der solaren Orientierung vergleichen, wird von den Yurok nicht bemerkt. Sie benutzen das englische Wort ›east‹ nur als eine Übersetzung für die von ihnen als ›flußaufwärts‹ bezeichnete Richtung, gleichgültig, ob das für den jeweiligen Standort gerade richtig ist oder nicht« (Jensen 1947: 41). Die Orientierung der Yurok ist eine objektiv fixierte wie unsere solare und zugleich – mit dem Lauf und den Windungen ihres Flusses – eine wechselnde wie unsere Rechts-links-Orientierung.

7.2. Ist der Leib wenigstens der Ursprungsort jener Richtungspaare, die sowohl in ihm als auch in irgendwelchen Dingen verankert sein können, der Richtungspaare ›oben‹ und ›unten‹, ›vorn‹ und ›hinten‹ und vor allem ›rechts‹ und ›links‹? Ob er es faktisch ist, wissen wir nicht, die Rechts-links-Orientierung ausgenommen. Das kann nur die empirische Psychologie eruieren. Mit Bestimmtheit läßt sich jedoch behaupten, daß er es prinzipiell nicht zu sein braucht, die Rechts-links-Orientierung nicht ausgenommen! Was ›oben‹ und ›unten‹, ›vorn‹ und ›hinten‹, ›rechts‹ und ›links‹ ist, kann das Kind an irgendwelchen Objekten lernen, an einem Haus, an einem Berg, an einem Fluß, und dann wie auf andere Dinge, so auch auf seinen eigenen Leib übertragen. Ob wir diese Ausdrücke, einmal gelernt, auf unseren Leib beziehen oder in einem Gegenstand verankern, hängt an der jeweiligen Situation. Sie richten sich nach dem dominierenden Wahrnehmungsgefüge. In einem Tal nennen wir ein Dorf das vordere und das andere das hintere, das eine das obere und das andere das untere, unabhängig davon, wo wir selber stehen, in einem der Dörfer selber, irgendwo außerhalb oder zufällig in der Mitte zwischen ihnen.

7.2.1. Piaget stellte mit Tests fest, daß Kinder in der Mehrzahl von fünf Jahren an ihre Rechte und Linke zu unterscheiden vermögen. Von acht an gelingt es ihnen, die Unterscheidung auf einen Gesprächspartner zu übertragen. Erst ab elf sind sie imstande, sie ohne Rücksicht auf ein Subjekt, einzig von den Objekten und ihren Lageverhältnissen zueinander ausgehend, vollständig relativ zu verwenden. Aus diesen Ergebnissen schließt er auf eine Entwicklung der kindlichen Raumorientierung in drei Etappen, von einem reinen Egozentrismus über die Sozialisierung zur vollständigen Objektivierung (1925: 90ff.).

Bei einer genauern Lektüre der wiedergegebenen Testerfahrungen kann man jedoch finden, daß die Wahrnehmung des Kindes nur vom Gesichtspunkt des Erwachsenen aus egozentrisch erscheint, der seine eigene egozentrische Schau aufgrund einer äußeren Übereinstimmung auf das Kind überträgt. Es liegt eine Verwechslung vor ähnlich wie beim Farbenlernen der Farbblinden. Der Lehrer zeigt auf einen Farbflecken und nennt ihn rot. Der Farbblinde bezieht den Ausdruck ›rot‹ nicht auf die Farbe, sondern auf den Helligkeitsgrad oder sonst ein Merkmal des Fleckens. Der Lehrer zeigt auf die rechte Hand des Kindes und bezeichnet sie wegen ihrer spezifischen Relation zum Subjekt als solche. Das Kind dagegen bindet die Bezeichnung ›rechts‹ an irgendeine inhaltliche Auszeichnung seiner rechten Seite. Für das Kind sind die Bezeichnungen ›rechts‹ und ›links‹ wie die Ausdrücke ›Bruder‹ und ›Schwester‹ anfänglich nicht ich-, subjektbezogen, sondern inhaltlich bestimmt. Es lernt sie nicht anders als Ausdrücke wie ›Haus‹, ›Knabe‹ usw. an inhaltlichen oder funktionalen Merkmalen. Was der Erwachsene als Relationsbegriffe versteht, sind für das Kind ursprünglich inhaltliche Begriffe.

Wenn es diese dann als Relationsbegriffe erfaßt, sind sie für es in der ersten Phase immer noch nicht subjektive, sondern objektive Relationsbegriffe. Die erste Phase der Orientierung ist offensichtlich nicht eine Phase der subjektiven, egozentrischen Orientierung, sondern eine Orientierung der objektiven Sehdinge aufeinander (vgl. Bischof 1966: 315). Das Kind orientiert seine Sehdinge aneinander, und zwar in einer absoluten Weise. Der eigene Leib fungiert dabei als ein solches Sehding unter anderen. Was zu einem ausgezeichneten Ding (oder Dingteil) die gleiche Beziehung hat wie ein anderes, das bereits eine räumliche Note erhalten hat, erhält die gleiche Note. Wenn das Kind gelernt hat, daß ein Radioapparat, der im Keller deponiert ist, im Gegensatz zu dem, der sich in der Wohnung befindet, ›unten‹ ist, dann überträgt es diese Bezeichnung auch auf alle anderen Dinge, die dort abgestellt sind. Gleiches gilt für ›rechts‹ und ›links‹. Was zum Rumpf in der gleichen Beziehung steht wie die rechte Hand, gilt ebenfalls als ›rechts‹, so auch die linke Hand einer dem Kind gegenübersitzenden Person. Das Kind kennt in dieser Phase noch keine subjektiven Beziehungen. Es befindet sich noch jenseits der Unterscheidung von egozentrischer und fremdsubjektiver Orientierung.

Die erste objektbestimmte Phase der Orientierung darf nicht mit der Phase der »vollständigen Objektivierung« gleichgesetzt werden, die das Kind nach Piagets Tests erst ab elf erreicht. Was diese zweite Phase auszeichnet, ist die Beherrschung der Relativität der Beziehungen. Sie sind nicht mehr absolut an ein bestimmtes Objekt und auch nicht mehr an den subjektiven Blickpunkt gebunden. Die Dinge können nun beliebig wechselseitig aufeinander ausgerichtet werden.

7.2.2. Kant schreibt dem »Gefühl eines Unterschiedes an meinem eigenen Subjekt, nämlich der rechten und linken Hand« eine fundamentale und absolute Rolle in der Orientierung zu. Vermöchten wir nicht die Bewegung von der Linken zur Rechten von der ihr entgegengesetzten zu unterscheiden, wüßten wir nach seiner Darlegung nicht, auf welche Seite vom Südpunkt des Horizontes aus wir den Westen zu setzen hätten (1786: 134f.). Die Erfahrung zeigt jedoch, daß das subjektive Gefühl der Rechts-links-Unterscheidung uns ebensowenig vor Orientierungsillusionen zu bewahren vermag wie eine der Verschiedenheit zweier Gegenstände abgewonnene Raumrichtung. Wenn wir in einem Zimmer, in dem nach unserer Erinnerung alle Gegenstände, die wir jetzt rechts vorfinden, auf der linken Seite stehen sollten, haben wir an uns keinen Anhalt dafür, ob uns unser Gedächtnis täuscht oder ob das Mobiliar umgestellt wurde. Passiert es nicht gelegentlich, daß wir in einer fremden Stadt nach einer Rundfahrt die Orientierung verlieren und meinen, daß die Hauptstraße, die in die nächste Stadt führen sollte, in die falsche Richtung verläuft, oder daß der Zug, der uns in jene Stadt bringen sollte, zu unserer Verwirrung genau aus der Richtung in den Bahnhof einfährt, in der die Stadt nach unserer Vorstellung liegt?

Die Rechts-links-Orientierung ist nicht einmal für unseren eigenen Leib absolut gesichert, aus dem einfachen Grund, daß sich die visuellen und taktilen Erfahrungen nicht unbedingt decken. Experimentell, durch das Aufsetzen von Brillen, die die visuelle Wahrnehmung auf den Kopf stellen, können diese einander diametral entgegengesetzt werden.[8] In solchen Situationen obsiegt, wie wir gesehen haben, in der Regel die visuelle Erfahrung. Die taktile paßt sich ihr an. Auch die sinnlich-wahrnehmungsmäßige und die bloß vorstellungsmäßige Lagebeziehung von Teilen unseres Körpers, an denen wir uns im Raume orientieren, können auseinanderfallen. Wenn ich nach längerer Zeit ein Photo von mir zu Gesicht bekomme, verwirrt mich der Scheitel auf der linken Seite. Ich halte das Photo mit allen abgebildeten Gegenständen für seitenverkehrt. In meiner Vorstellung befindet sich mein Scheitel, wie ich es täglich im Spiegel sehe, rechts. Ein Griff auf den Kopf oder die Weckung der Vorstellung des Kämmens kann mich dann über die ›wahre‹ Lage aufklären.

7.3. Wenn einer Richtung eine Vorzugsstellung zukommt, dann nicht der Rechts-links-Richtung, sondern der Vertikalen. Das Richtungssystem des vorherrschenden Wahrnehmungsgebildes tendiert stets nach einer Vertikal-Horizontalorientierung. Anschaulich läßt sich diese Tatsache in Drehhaus-Experimenten bestätigen. Das Drehhaus, ein geschlossenes Gehäuse, in das eine Versuchsperson plaziert wird, kann nach den verschiedenen Richtungen gedreht werden, ohne daß die Handhabung des Drehmechanismus von der Versuchsperson beobachtet werden kann. Wird das Drehhaus in eine objektive Schräglage gebracht, so richtet sich für die Versuchsperson der Gesamtraum, d.h. in diesem Fall das Innere des Gehäuses, nach einer gewissen Zeit und nach einem anfänglichen Widerstand wieder auf und erscheint wie zuvor in der Vertikalen. Ein Stab, der objektiv lotrecht (in der Fallinie) an der Decke hängt, scheint bei der Aufrichtung des Gesamtraumes konsequenterweise schräg in die Gegenrichtung zu hängen. Nicht anders ergeht es dem eigenen Leib, wenn man als Versuchsperson in einem aufgehängten, beweglichen Schaukelsitz Platz nimmt. Ähnlich kann man bei Experimenten in einem Dunkelraum konstatieren, wie schräg an eine Wand projizierte Lichtbilder, die Tendenz zeigen, sich vertikal zu geben. Diese Tendenz ist so stark, daß sogar der Fußboden, auf dem der Beobachter steht, diesem als schief, der

Bildneigung entgegengesetzt, erscheint (Kleint 1936-40: 138, 9ff.). Figuren mit einer ausgeprägten Hauptachse, die man Versuchspersonen in Schräglage präsentiert, werden von diesen regelmäßig aufrecht reproduziert. Manchmal geschieht das sogar mit horizontal vorgelegten Figuren. Vertikal gezeigte werden stets korrekt wiedergegeben (Howard und Templeton 1966: 301).

Auch diese schon lange bekannte Vorzugsstellung der Vertikalen wird in der klassischen Literatur gerne mit der eigenen Leiberfahrung begründet, mit dem aufrechten Gang und der erlebten Schwerkraftlinie (Bollnow 1963: 44ff.). Insbesondere die von Kleint angeführten Beobachtungen zwingen aber auch hier zu einer Relativierung. Der traditionellen These, daß der Mensch die Dinge aufrichtet, vertikal orientiert, weil er selber aufrecht geht, ist man versucht entgegenzuhalten, daß er sich vielmehr selber aufrichtete, weil – von praktischen Gründen abgesehen – ihm offenbar die vertikale Ausrichtung gewisser markanter Wahrnehmungsgebilde imponierte und ihn zur Anpassung verleitete.

7.4. Neben den Raumrichtungen bindet Husserl auch die Raumbestimmungen der Nähe und Ferne an den Leib des Subjekts. Bei einer unbefangenen Betrachtung zeigen diese Bestimmungen ebenfalls keine eindeutige und absolute Abhängigkeit vom eigenen Leib. Ihre Reichweite variiert ähnlich der von ›hier‹ und ›dort‹ beträchtlich je nach der Gestalt und dem Sinn des Gebildes, in dem wir uns unmittelbar lokalisieren. Was wir in einem Zimmer bereits als ›fern‹ und ›weit‹ weg taxieren, werden wir auf einem offenen Feld noch als ›nahe‹ einstufen. Zudem können wir diese Ausdrücke gleichfalls in bezug auf beliebige Gegebenheiten lernen und anwenden. Der Ausdruck ›die Ferne‹ hat allerdings wie der Ausdruck ›die Fremde‹ in unserem Sprachgebrauch einen subjektiven Sinn, jedoch nicht einen individualsubjektiven, sondern intersubjektiven, auf eine Gemeinschaft oder ein Gemeinwesen bezogenen. Was für mich, wenn ich mich im Ausland aufhalte, subjektiv nahe ist, liegt zugleich in einem intersubjektiven Sinn ›in der Ferne‹. Es kreuzen sich hier zwei unterschiedlich orientierte Bestimmungen der Nähe und Ferne.

7.5. Ein Grundanliegen der Phänomenologie existenzphilosophischer Prägung Merleau-Pontys war es, für alle Formen der Wahrnehmung eine existenzielle, subjektive Definition beizubringen. So wird ausgeführt, daß ein Ding groß ist, »wenn mein Blick es

nicht zu umfassen vermag, klein, wenn er es mühelos umschließt« (Merleau-Ponty 1945: 350).
Daß der unterschiedlichen Wahrnehmung von Großem und Kleinem ein bestimmt gearteter Prozeß des Blickens korrelativ ist, ist eine objektive Tatsache. Es ist aber zweifelhaft, ob die unterschiedliche Weise des Blickens immer auch eine phänomenale Gegebenheit ist, eine aktuelle und nicht bloß eine virtuelle, die als solche für die Auffassung des Gesehenen konstitutiv ist. Mir scheint, daß der ursprüngliche Anhalt für die Unterscheidung von ›groß‹ und ›klein‹ dort gefunden wird, wo die Unterscheidung auftritt und wo der Anhalt daher auch zuerst gesucht werden soll, auf der noematischen Seite des Bewußtseins, im Gesehenen selber, und nicht auf der noetischen Seite, im Erlebnis des Sehens.
Wie die Formen der Wahrnehmung vom jeweiligen Kontext bestimmt werden, ist unmittelbar, intuitiv, erfahrbar. Eine große Kirche, die in einem Dorf einen Reigen von zwei- und dreistöckigen Häusern überragt und beherrscht, wird in New York von den umstehenden Wolkenkratzern förmlich verschluckt. Sie verliert sichtlich an Gewicht, an Realität, an Bedeutung. An ihrer Umgebung liegt es, daß sie das eine Mal groß erscheint und das andere Mal klein wie ein Bastelwerk. Daß die Umgebung nicht nur auswechselbare Relationsbestimmungen über eine ihrem materialen Gehalt nach konstant bleibende Gegebenheit rein äußerlich stülpt, sondern den sinnlichen Gehalt selber zu ändern vermag, veranschaulicht in frappierender Weise die bekannte Müller-Lyersche Täuschung. Die unterschiedliche Anordnung von Zusatzlinien vermag eine Gerade augenscheinlich zu kürzen und zu verlängern.
Die Auffassung der herkömmlichen phänomenologischen Wahrnehmungslehre von der privilegierten Stellung des eigenen Leibes kommt in folgendem Satz aus Husserls Nachlaß (1966: 299) zum Ausdruck: »Die Bewegung eines äußeren Dings beeinflußt die Erscheinungsweisen der anderen Dinge nicht notwendig, die Bewegung des eigenen Leibes revolutioniert die Erscheinungsweise von allem und jedem.« Gegen diese Ansicht ist der Gestalttheorie beizupflichten, daß die Bewegung eines Dinges die Erscheinungsweise der umgebenden Dinge ebenso revolutioniert wie die Bewegung des eigenen Leibes. Zeichnen wir zwei parallele Striche! Die beiden Striche konstituieren sich nicht nur nach

einem bestimmten Aspekt und in einer bestimmten Lage in Beziehung auf uns, rechts oder links oder gerade vor uns. Sie konstituieren sich gleichursprünglich auch in Beziehung aufeinander. Sie erscheinen als parallel nebeneinanderliegend, und aus ihrem Verhältnis zueinander erwächst ihnen eine Innen- und eine Außenseite. Sie verändern sich nicht nur, wenn wir unseren Standort wechseln und sie, wenn das möglich ist, von ihrer Rückseite her sehen oder von links statt von rechts wie bisher. Sie verändern sich ebenso, wenn sie selber umgestellt werden. Was vordem als Innenseite gesehen wurde, wird jetzt zur Außenseite und umgekehrt. Wird die eine weggenommen und durch einen Kreis gezogen, teilt sie diesen in zwei gleiche oder ungleiche Hälften, während die andere ›verloren‹ und ›abseits‹ liegt usw.

8. Das Ergebnis

8.1. Relativität, Labilität und Pluralität der Orientierung.
8.2. Tendenz zur Aufrichtung eines alleinherrschenden Nullpunktes.

8.1.1. Die räumliche Orientierung der Wahrnehmung erweist sich als ausgesprochen relativ. Das jeweils dominierende Wahrnehmungsgefüge zieht den Nullpunkt der Orientierung auf sich. Dem eigenen Leib fällt die orientierende Dominanz in der Wahrnehmungswelt weder ständig noch wenigstens ursprünglich zu. Der Mensch ist nicht die absolute Mitte aller Dinge und fungiert auch nicht als ihr alleiniges Maß. Die Spannweite von Raumdimensionen wie ›nah‹ und ›fern‹ und ›groß‹ und ›klein‹ bestimmt sich nicht allein nach ihm.
8.1.2. Mit der Relativität hängt die Labilität der Orientierung zusammen. Die Wahrnehmung ist weder nach ihrer Gestalt noch nach ihrem Sinn – den beiden die Dominanz bestimmenden Faktoren – ein fertig vorgegebenes Gebilde. Sie ist in ständigem Werden und Wechsel begriffen. Ein Grund dafür liegt in der Inadäquatheit der Erscheinungsweisen des sinnlich Wahrgenommenen. Jede Erscheinung impliziert Horizonte, die leer und unbestimmt sind und die nach anschaulicher Erfüllung und Ausgestaltung streben. So wird das sinnliche Bewußtsein immerfort von Spannungen in Bewegung gehalten, die Umgruppierungen auf der Objektseite und neue Einstellungen auf der Subjektseite

provozieren. Was dabei neu zu Gesicht und zu Gewicht kommt, wirkt sich *ipso facto* auch auf die Orientierung aus, die nun gleichfalls in Bewegung gerät.

8.1.3. Die Umstellung und die damit erfolgende Umzentrierung ist nicht immer eine radikale und vollständige. Sitzen wir in einem geschlossenen Zimmer, wird der Nullpunkt durch seine Gestalt und seine Ausstattung bestimmt. Treten wir ans Fenster und erblicken vor uns einen Marktplatz, springt der Nullpunkt aus dem Zimmer auf die Mitte des Platzes. Vermögen wir zu erkennen, daß dieser Platz nur ein zweitrangiger ist, verglichen mit einem anderen, der sich in der Mitte der Stadt befindet, springt der Nullpunkt nochmals weiter. Ist der Platz vor unserem Haus jedoch einer der zwei beherrschenden Plätze der Stadt, die zudem symmetrisch angelegt sind, wird die Orientierung schwankend. Die beiden Plätze halten einander in Schach und koordinieren sich schließlich zu einem doppelpoligen Bezugssystem. Die Spannung und die Aufteilung der Orientierung ist nicht nur bei einander gleichgestellten Gebilden spürbar, sondern auch bei einander unter- und übergeordneten. Wir schwanken in der Orientierung zwischen der Ausrichtung auf unser Quartier und auf die Gesamtstadt. In der Regel werden wir das Quartier im Verhältnis zur Gesamtstadt schräg und übereck angelegt sehen. Manchmal gelingt es aber auch der Konzentration auf das Quartier, die Stadt auf sein Zentrum auszurichten und die Seitenlage ihr zuzuschieben. Jedes Wahrnehmungsgefüge hat seinen eigenen Mittelpunkt. Eine komplexe Wahrnehmung gibt sich entsprechend polyzentrisch.

8.2. Nichts wäre verfehlter, als die festgestellte Relativität, Labilität und Pluralität der Orientierung zu verabsolutieren. Nichts wäre unsachlicher, als einem absoluten Relativismus und einem simplen Perspektivismus zu huldigen. Die konkrete, komplexe Wahrnehmung zeigt ebensowenig gleichwertige Orientierungen, wie sie gleichwertige Perspektiven insinuiert.

8.2.1. Eine Vorliebe der phänomenologischen Wahrnehmungslehre gilt der eigentümlichen Korrelation von perspektivischem Aspekt und Horizont in der Dingwahrnehmung. Unmittelbar anschaulich ist uns ein Ding immer nur einseitig gegeben. Aber diese anschauliche Seite steht in einem wechselseitig fungierenden Verweisungsgeflecht mit den nicht unmittelbar anschaulichen, unserm Anblick abgewandten Seiten des Dinges. Nicht nur trägt der anschauliche Aspekt die mehr oder weniger leere und unausgemalte Vorstellung der Rückseiten, sondern diese stützt auch jenen. Ohne die Verweisung auf das nicht unmittelbar Ansichtige ist der anschaulich gegebene Aspekt eines Hauses nicht mehr, was er zu sein vorgibt. Abgeschnitten von dieser Verweisung, verliert der Aspekt seine bisherige Gestalt und seinen bisherigen Sinn. Er verliert seine dreidimensionale Ausrichtung und das Gleichgewicht, das er dieser Ausrichtung zu verdanken hat. Er verliert ebenso seinen bisherigen Sinnträger. Er fungiert nicht mehr als Seitenansicht eines Hauses. Er stellt nun ein zweidimensionales Flächenwesen dar.

Wir können nur perspektivisch wahrnehmen. Jede Perspektive verweist dabei auf eine unendliche Reihe anderer Perspektiven. Diese implizite Verweisung auf die übrigen Perspektiven erleben wir als eine motivationale Aufforderung, unseren Standort sukzessive zu wechseln, um uns die übrigen Ansichten eines Gegenstandes gleichfalls zu veranschaulichen.

Diese Perspektiven liegen nicht gleichwertig eine neben der anderen. In einer Kunstgalerie suchen wir spontan den Standort, von dem aus sich ein Gemälde am besten präsentiert. Wir werden dabei von den ersten Anblicken, die wir erhaschen und die uns in ihrer Undeutlichkeit und inneren Unausgeglichenheit eine prägnantere Ansicht ahnen lassen, geleitet. Jedes Ding gibt sich als ein System von ansteigenden Reihen von immer besseren und schließlich optimalen Perspektiven. Welcher dieser hierarchisch gestuften Abfolgen wir uns überlassen, hängt von der Gestalt und dem Sinn ab, den uns der erste Blickfang insinuiert oder den wir von außen an die Wahrnehmung herantragen. Wir werden bald inne, daß wir bei der Betrachtung eines Gebäudes nach einer bestimmten Seite zu gehen haben, um die Zeltidee, von der sich der Architekt leiten ließ, besser zur Abhebung zu bringen, nach einer anderen, um die Funktion des Baus vermehrt zu Geltung kommen zu lassen, nach einer dritten, um die Aufnahme und Weiterführung der Hauptlinien des Geländes durch die Architektur optimal zu realisieren.

Je nach dem Sinn, den wir verfolgen, zeigen gewisse Reihen von Perspektiven eine größere Zugkraft. Diese Reihen charakterisieren sich als Steigerungsreihen, die in einer optimalen Perspektive gipfeln. Steigerungsreihen sind ein Gestaltphänomen, das darin besteht, daß sich eine Gegebenheit in einer bestimmten Hinsicht kontinuierlich und konsequent verändert, wodurch sich die ganze Reihe als eine Einheit konstituiert. Eine solche Steigerungsreihe ist z.B. ein Farbband, das sich in einer Richtung sukzessive verdunkelt.

Die optimale Perspektive, auch wenn sie nicht anschaulich gegeben ist, sondern nur prospektiv antizipiert wird, tendiert danach, sich absolut zu setzen und die übrigen auf sich ausgerichtet erscheinen zu lassen. Es verbindet sich mit ihr die Auffassung, daß sie ihren Gegenstand so gibt, wie er ›an sich‹ ist, während alle vorangehenden, nichtoptimalen Erscheinungsweisen als defiziente Erscheinungen dieser objektiven Gestalt aufgefaßt werden.[9]

8.2.2. In der Orientierung stellen wir ein ähnliches Phänomen der Attraktion und der Absolutsetzung fest. Das in einer komplexen Wahrnehmung vorherrschende Zentrum zeigt die Tendenz, die übrigen Zentren bzw. deren zentrierende Faktoren an sich zu ziehen und sich so als optimales und absolutes Zentrum zu konstituieren. Die Attraktion ist hier noch ausgeprägter, da sie nicht nur darin besteht, die anderen Zentren auf sich auszurichten, sondern sie eigentlich zu absorbieren.

Die dominierende Anhöhe einer Stadt oder einer Landschaft wird gerne auch zum politischen oder religiösen Zentrum erwählt. Umgekehrt erwartet man, daß das wichtigste Gebäude einer Stadt, das Rathaus oder die Kathedrale, die Stadt auch durch seine Größe dominiert. Ist die gestalthafte Orientierung die vorgegebene, zieht sie die sinnhafte auf sich und umgekehrt.

Gelingt die Vereinigung von verschiedenartigen Orientierungszentren, finden wir das als befriedigend. Die Spannung in unserer Wahrnehmung löst sich. Oder vielmehr: sie vereinfacht sich. Ist die Vereinigung nicht möglich, empfinden wir es leicht als störend.

Als Kind fand ich es wohltuend, daß die Stadt Luzern, in deren Nähe wir wohnten, sich mehr oder weniger im Zentrum der Schweiz befindet und die Schweiz ihrerseits im Zentrum Europas. Dann aber störte mich, daß Europa nicht irgendwie, seiner Gestalt oder Lage nach, als zentraler Kontinent des ganzen Planeten figuriert, sondern im Gegenteil mit einem abgelegenen Zipfel der euroasiatischen Landmasse zusammenfällt. Ähnlich gab mir die Feststellung zu denken, daß die Hauptstadt der Schweiz nicht in ihrer geographischen Mitte liegt, nicht die größte Stadt des Landes ist und schließlich auch nicht als kirchliches Zentrum, als Bischofssitz, fungiert. Die Dezentralisation der Welt nach verschiedensten Hinsichten widersprach offensichtlich meinem Bedürfnis nach einem absoluten Nullpunkt der Orientierung.

Ostasiatische Weltkarten zeigen die eurasische Landmasse und Afrika rechts und die beiden Amerika links, so daß die ostasiatischen Länder nahe dem Zentrum der Karte zu liegen kommen. Verwunderlicherweise scheint auf der südlichen Hemisphäre noch niemand auf die Idee gekommen zu sein, die Weltkarten umgekehrt zu drucken, mit dem Süden oben und dem Norden unten. Unserem globalen Raumbewußtsein wäre eine solche Karte förderlich.

Die Tendenz, das subjektive Zentrum der Wahrnehmung mit dem objektiven zusammenfallen zu lassen, ordnet sich dem allgemeinen Gesetz, nach dem das stärkere Zentrum das schwächere zu absorbieren sucht, unter. Je nach dem Gewicht, das wir uns als dem Subjekt des Wahrnehmens und Handelns und unserem Leib als dem Organon dieses Wahrnehmens und Handelns zumessen, tendieren wir danach, entweder uns dem objektiven Mittelpunkt unserer Welt anzupassen oder aber alle Kriterien der Orientierung auf uns zu ziehen.
Ein von sich selbst eingenommener Mensch führt den Nullpunkt der Orientierung ständig mit sich. Er gleicht den Achilpa-Indianern, die ihren heiligen Pfahl, der für sie die *axis mundi* darstellt, auf ihren Wanderungen stets mittragen, wenn auch aus anderen Motiven, nämlich um sich selbst nicht vom Zentrum zu entfernen, das sie mit der überirdischen Welt verbindet (Eliade 1957: 26). Anders der von den Eigenstrukturen der Welt beeindruckte Mensch. Er gleicht dem Pilger, der sich auf die Suche nach dem Zentrum der Welt macht, das er dann auf dem höchsten Berg des Landes oder in einer ›heiligen Stadt‹ finden mag. Bei seinen religionsphänomenologischen Untersuchungen kam Eliade zum Schluß, »daß der religiöse Mensch so nah als möglich am Zentrum der Welt leben wollte«. Das dürfte eine Tendenz sein, die bei weitem nicht auf den *homo religiosus* beschränkt ist. Bei Touristen kann man das kindlich anmutende Bestreben beobachten, sich in den Mittelpunkt einer Anlage oder Landschaft zu begeben, um subjektiv mit der objektiven Ausrichtung der Welt einzugehen.

8.2.3. Wir können unsere Welt immerfort von zwei Zentren aus erfahren, unmittelbar anschaulich von unserem subjektiven Standort aus und prospektiv vom objektiven Nullpunkt der Wahrnehmungswelt her. Dank dieser doppelten Ausrichtung unserer Wahrnehmung sind wir ebensowenig einer unendlichen Kette von Orientierungen wie Perspektiven, die 1. sämtliche als gleich-gültig und 2. als rein subjektiv zu taxieren wären, ausgeliefert.

Man mag einwenden, daß die Wahrnehmungswelt, in der wir unseren subjektiven Standort und einen objektiven Mittelpunkt voneinander abheben, als ganze doch wieder subjektiv ist. Die historische Tatsache, daß jedes Volk im höchsten Berg oder in der Hauptstadt seines eigenen Landes den Nabel der Welt sah, scheint ein Beweis für diesen Einwand zu sein.

Hier ist zweierlei auseinanderzuhalten: 1. die sich immerzu anbietende und aufdrängende Absolutsetzung des jeweiligen Nullpunktes der Orientierung und 2. eine mögliche Verwirrung, die von der Mehrdeutigkeit der Begriffe ›subjektiv‹ und ›objektiv‹ herrührt.

Wir stellen fest, wie jeder Wahrnehmungsausschnitt (unser Zimmer, unser Quartier) sich einerseits auf umfassendere und mächtigere Wahrnehmungssysteme (unsere Stadt, unser Land) abzustützen sucht, andererseits diesen gegenüber eine gewisse Resistenz an den Tag legt. Jede Wahrnehmung wird von sich entgegengesetzten Tendenzen ausgespannt, der Tendenz, sie als Ganzes, als geschlossene Einheit zu konstituieren, und der Tendenz, über die eigenen Grenzen hinauszulangen. Das gleiche wie für einen begrenzten Wahrnehmungsausschnitt gilt auch für unsere Wahrnehmungswelt, deren Grenzen uns durch unsere faktischen Fortbewegungsmittel ausgesteckt sind. In ihr finden wir die gleiche Spannung zwischen der Tendenz, sich in sich selbst abzuschließen und das eigene Zentrum zu verabsolutieren, und der Tendenz, zu neuen Horizonten vorzustoßen. Welche der beiden Tendenzen überwiegt, hängt außer von der Struktur der Wahrnehmungswelt auch vom Grad der Bewußtseinsentwicklung ab.

Den Mittelpunkt eines Wahrnehmungsgefüges nennen wir objektiv, insofern er der dem Gefüge eigenen Tendenz, sich als Einheit zu konstituieren, entspringt und sich dabei dem subjektiven Pol, aus dem die Wahrnehmungserlebnisse zentriert hervorgehen, ge-

genübersetzt. Er gehört mit den noematischen Intentionen, die ihn tragen, auf die noematische oder bewußtseinsabgewandte, gegenständliche Seite der Wahrnehmung. Die virtuelle Ausrichtung jedes Wahrnehmungsgefüges auf eine umfassendere ›Welt‹ und schließlich auf die allumfassende Welt, die wir nicht anschaulich zu realisieren, sondern nur *idealiter* zu konzipieren vermögen, vermag uns prinzipiell davor zu bewahren, das gegenständlich und in diesem Sinn objektive Zentrum eines aktuell gegebenen Wahrnehmungsgefüges als mehr zu nehmen, als es tatsächlich ist, und es mit dem absoluten Zentrum der allumfassenden Welt vorschnell gleichzusetzen.

9. Die nichtreflektierten Voraussetzungen der Husserlschen These

Die Widerlegung einer These ist nicht abgeschlossen, wenn sie durch widersprechende Befunde falsifiziert worden ist. Zur Vollständigkeit einer Kritik gehört die Aufdeckung der falschen oder einseitigen Voraussetzungen, die zur These bzw. zur unzulänglichen Auswahl des die These tragenden Untersuchungsmaterials verleiteten.

9.1. Husserls Anliegen ist es, die Welt von einem sicheren Ausgangspunkt aus phasen- und stückweise aufzubauen. Zu diesem Zweck reduziert er die vorgefundene komplexe Wirklichkeit auf sein eigenes Bewußtsein, das ihm absolut gegeben bleibt. Von diesem Ansatzpunkt aus baut er dann die Welt als Korrelat des Bewußtseins neu auf, zuerst nach ihrer reinen, zeitlichen und räumlichen Form, hierauf nach ihrer inhaltlichen Fülle. Dabei setzt er an den Anfang nicht wie die Gestaltpsychologie eine diffuse Ganzheit, die sich differenziert, sondern, der sensualistischen Psychologie vergleichbar, Einzelaffektionen, die in Synthesen zu komplexeren Gebilden zusammenwachsen. Solange dem Ich nur eine leere Zeit und ein ebenso leerer Raum gegeben ist, findet es sich selbstverständlich im Mittelpunkt seiner Welt. In einer Welt, die rein formal entworfen ist, stellt das konstituierende Ich das dominierende Wahrnehmungsgefüge und damit nach dem Grundgesetz der Orientierung, das sich uns ergab, den Nullpunkt der Orientierung dar.

Führt man in diesen leeren Raum einzelne Objekte ein, so zeigen auch diese, zumal wenn es sich um Kleinigkeiten wie Schreibutensilien oder ähnliche Gebrauchsgegenstände handelt, eine Ausrichtung auf das Subjekt. Die von Husserl in einen leeren und reinen Raum hineinphantasierten Einzelobjekte verhalten sich wie die in den Dunkelkammern der experimentellen Psychologie an eine Wand projizierten ›isolierten Linien‹. Sie haben zu wenig Gewicht, um die Zentrierung des Raumes vom wahrnehmenden Subjekt weg auf sich zu ziehen.

Husserl geht bei seinen Untersuchungen zur Raumorientierung nicht anders als die klassische idealistische Philosophie mit ihrem reinen Raum und die klassische empiristische Psychologie mit ihren Dunkelräumen von einem abstrakten, künstlich konstruierten Raum aus, ohne auf die Möglichkeit zu reflektieren, daß sich eine Orientierung, die im leeren Raum gefunden wird, in einem konkret ausgefüllten Raum vielleicht nicht durchzuhalten vermag. In der Tat füllen Dinge, die man in einen Raum einführt, diesen nicht einfach den vorgegebenen formalen Strukturen folgend aus, sondern überformen ihn mit neuen und zwar ausgesprochen markanten, ›dingfesten‹ Linien. Sie füllen den leeren Raum nicht nur aus, sie formen ihn auch um. Neue, mächtigere Wahrnehmungsgebilde treten vor das Ich, die ihm die Verankerung der Orientierung in sich selbst schwer machen, wenn nicht ganz und gar verstellen.

9.2. Husserl verbindet die Zentrierung der dinglichen Wahrnehmung im eigenen Leib mit deren kinästhetischen Abhängigkeit, mit der Tatsache, daß der Leib als bewegliches und in dieser Bewegung erfahrenes Wahrnehmungsorgan bei aller transzendenten Wahrnehmung impliziert ist.

Es besteht in der Tat ein eigentümliches Motivationsverhältnis zwischen der kinästhetischen Erfahrung des eigenen Leibes und den Wahrnehmungsabläufen. Bei Husserl fällt die Insistenz auf dieser Verkoppelung und zugleich die fast durchgehend einseitige Sicht dieses prinzipiell wechselseitigen Motivationsverhältnisses auf. Nicht nur motiviert und antizipiert, wie es Husserl vorwiegend beschreibt, die kinästhetische Leiberfahrung bzw. schon das bloße Bewußtsein ihrer Beherrschung die weitere Ausbreitung der transzendenten Wahrnehmung; die der Erfahrungswelt immanenten Horizontverweisungen vermögen auch umgekehrt neue kinästhetische Einstellungen des Leibes oder einzelner Organe zu provozieren. Die Kinästhesis ist nicht unbedingt ein aktiver, vom Ich aus in Gang gesetzter Prozeß. Sie kann auch einer ichlichen Intention voraus oder sogar entgegen von der transzendenten Wahrnehmung her, die voller intentionaler Verweise ist, in Gang gebracht werden.

Die reflektierende Vergegenwärtigung der Verkoppelung der transzendenten Wahrnehmung mit dem eigenen Leib und Bewußtsein zieht natürlicherweise die Ausrichtung der Wahrnehmungswelt auf das Subjekt und sein Organon nach sich, zumal wenn dieser Vergegenwärtigung so Bedeutung zugemessen wird wie bei Husserl. Nach Husserl gehört es zum Wesen der raumdinglichen Erfahrung, daß der Leib nicht etwa nur – wie für eine realistische Philosophie – objektiv vorausgesetzt, sondern phänomenal »mit dabei ist« (1952: 56, 81, 144; 1966: 298).[10] Merleau-Ponty übernahm diese These in seiner Kritik an der Gestaltpsychologie: »Der eigene Leib ist das beständig mitanwesende dritte Moment in der Struktur Figur-Hintergrund« (1945: 117).

Ist der eigene Leib wirklich in jeder figuralen und dinglichen Erfahrung kopräsent? Das Subjekt ist über große Strecken der Erfahrung, wie Husserl anfänglich selber konstatiert, faktisch ›selbstvergessen‹ und, wie man ergänzen kann, ›leibvergessen‹. Die kinästhetischen Prozesse verlaufen weithin unbemerkt. Entsprechend entfällt ihre zentripetale Wirkung. Es gibt wohl bestimmte Erfahrungsweisen, in denen das wahrnehmende Subjekt mit dem wahrgenommenen Objekt zum Bewußtsein kommt. So konstituiert sich im Tasten im Gegensatz zur optischen Wahrnehmung mit dem transzendenten Objekt zugleich das empfindende Subjekt. Desgleichen weisen Gemütseigenschaften im Unterschied zu bloß naturalen und rein sachlichen Eigenschaften in ihrem Sinn selbst auf ein wertendes Subjekt zurück. Aber wir leben nicht anhaltend in solchen Erfahrungen und brauchen daher eine zusätzliche Motivation, um uns die subjektive Rückverkoppelung aller transzendenten Wahrnehmung ins Bewußtsein zu heben.[11]

Welches Husserls Motivation war, verraten die *Ideen* II (1952: 55 f.). Die grundsätzliche Subjekt- und Leibbezogenheit der dinglichen Wahrnehmung kam ihm akzentuiert zu Gesicht, als er sich seinem phänomenologischen Ideal der vollen Evidentmachung vorgefundener Phänomene entsprechend an »die Herstellung (!) einer vollen Gegebenheit eines materiellen Dinges« machte.

Bei einem solchen Absehen drängt sich alsbald auf, daß es zum

Wesen eines Dinges gehört, auf ein mit einem Leib begabtes Subjekt zurückzuweisen, von dem es erfahren wird. Husserl vergaß in der Folge, daß in der natürlichen Erfahrung vieles und sehr oft auch Wesentliches und Fundamentales bloß virtuell gegeben ist und nicht derart präsent und dermaßen akzentuiert zu sein braucht, wie das bei einer reflektierenden Einstellung der Fall ist.

Husserl, so das Ergebnis, ist sein phänomenologisches Ideal zur Falle geworden. Er läßt sich bei der These vom Leib als dem Nullpunkt der Orientierung von einer idealen und idealisierten Wahrnehmung leiten. Für einmal ist ihm dabei sogar Merleau-Ponty, der den vom späten Husserl geforderten Rückgang zur natürlichen Erfahrung zum Hauptanliegen seiner Philosophie gemacht hatte, gefolgt.[12] Selbstverständlich ist eine Analyse des Wahrnehmungsraumes, die wie die Gestaltpsychologie allein Figuren und Punkte in Rechnung stellt und ihren Horizont, der den Leib des Wahrnehmenden miteinschließt, vernachlässigt, als abstrakt zurückzuweisen (Merleau-Ponty 1945: 117). Aber man kann die Wahrnehmung auch nach der anderen Seite hin verfälschen, indem man ihre Horizonte fixiert, überbewertet und ihnen das gleiche Gewicht wie dem unmittelbar Wahrgenommenen zuschreibt. Ausgerechnet Sartre zeigt sich hier, d.h. nicht bei der These vom subjektiven Nullpunkt der Orientierung selber, sondern bei ihrer von Husserl herbeigeschafften Unterlage, vorsichtiger und zurückhaltender. Nach Sartres Analyse (1943: 388ff., dt. 422ff.) ist der Leib, obschon in der Analyse als letztes Zentrum des weltlichen Verweisungszusammenhangs aufweisbar, im Vollzug der Wahrnehmung und der Handlung stets »das Übergangene, das ›stillschweigend Geschehene‹«. Das Bewußtsein, das wir vom eigenen Leib haben, vergleicht er treffend mit dem Bewußtsein des Zeichens, das in ähnlicher Weise auf seine Bedeutung hin überschritten und zugunsten seines Sinnes vernachlässigt wird.[13]

9.3. Das philosophische Interesse, alle Implikationen einer Wahrnehmung ins Bewußtsein zu heben, ist nicht der einzige subjektive Faktor, der für eine allfällige Vorzugsstellung der Ichbezogenheit der Wahrnehmung verantwortlich gemacht werden kann. Wir sind auch auf weniger sachlich orientierte Interessen gestoßen, wenn wir feststellen konnten, daß sich eine auf sich selbst bedachte und selbstsichere Persönlichkeit mit Vorliebe selber im

Mittelpunkt ihrer kleinen und großen Welt sieht. Ein ausgeprägtes Selbstbewußtsein kann einen kulturgeschichtlichen oder individualpsychologischen Grund haben. Husserl vernachlässigte beides, die Frage nach einer möglichen psychologischen wie die nach einer soziologischen Abhängigkeit der Strukturierung und Orientierung der Welt. Er stellte weder seine eigene selbstbewußte Persönlichkeit in Rechnung noch die ausgesprochen egologisch orientierte Tradition der europäischen Philosophie seit Descartes und Kant.

9.4. Jede Wissenschaft wird von selbstverständlich scheinenden Annahmen bedroht, die kaum je – am ehesten noch in Sekundärliteratur – explizit formuliert und daher auch nicht kritisch auf ihre Stichhaltigkeit hin angegangen werden, mit denen aber doch fortwährend operiert wird. Ein bekanntes Beispiel für eine solche implizite Voraussetzung ist die von der Gestaltpsychologie entlarvte Konstanzannahme der sensualistischen Psychologie, die Annahme einer konstanten Korrespondenz zwischen Reiz und Empfindung bzw. der konstanten Natur einer Empfindung, ob sie isoliert bleibt oder nacheinander in verschiedene komplexe Gestalten und Sinnganze integriert wird.

Eine solche ›selbstverständliche‹ Annahme verbirgt sich auch hinter Husserls These vom Nullpunkt der Orientierung. Sie kann so formuliert werden: ›Ursprung und Mitte der Konstitution fallen zusammen. Der Quellpunkt der Konstitution bildet auch ihren Mittelpunkt.‹ Derart direkt findet sich die Annahme bei Husserl selber nirgends in Worte gefaßt. Sie verrät sich aber doch recht deutlich in den *Ideen* II (1952: 56, 109f.). Explizit formuliert findet sie sich dann bei Bollnow (1963: 23f.): »Als dieses Raum bildende und Raum aufspannende Wesen ist der Mensch aber notwendig nicht nur der Ursprung, sondern zugleich die bleibende Mitte seines Raumes.«

Es wird hier ein strenger Parallelismus zwischen transzendentaler, konstituierender Innenwelt und transzendenter, konstituierter Außenwelt postuliert. Aus dem Befund, daß »das reine Ich Zentrum aller Intentionalität« ist, wird geradenwegs gefolgert, daß auch »das empirische Ich in Form des Ich-Mensch als phänomenal-reales Zentralglied für die erscheinungsmäßige Konstitution der gesamten räumlich-zeitlichen Welt fungiert« (Husserl 1952: 109f.). Die Dialektik zwischen *naturans* und *naturatum*, *constituens* und *constitutum* oder Noesis und Noema, die diese

einseitig und eindeutig bestimmte Parallelität aus den Fugen bringt, wird übersehen.[14]
Das ichliche Bewußtsein bzw. der ichliche Leib fungiert wohl als Ausgangspunkt und letzter Träger aller Wahrnehmung; ihren Fortgang und ihre Ausgestaltung bestimmt die Wahrnehmung jedoch weitgehend aus sich selber. Das Intendierte erweist sich seinerseits als intendierend, das Konstituierte seinerseits als konstituierend, das Sinngestiftete seinerseits als sinnstiftend. Intentionale Strahlen gehen nicht nur vom Subjekt aus; die Objekte insinuieren von sich aus Beziehungen aufeinander, denen sich das Subjekt nur nachträglich zuwenden kann. Neben den noetischen Intentionen, die vom ichlichen Bewußtsein ausgehen, finden wir noematische Verweisungen, die dem Bewußten *ipso facto* entspringen und die man gleichfalls als intentionale Beziehungen zu verstehen hat (Husserl 1966: 76, 429). Sie bestimmen die Physiognomie der Welt nicht weniger als die noetischen Intentionen.

10. Schluß

Der Wahrnehmung fällt – nicht allein nach phänomenologischer Auffassung – in genetischer wie in exemplarischer Hinsicht eine Vorzugsstellung gegenüber den andern Bewußtseinsweisen zu. Ihre Strukturation wirkt sich auch auf diese aus. So können wir von Perspektiven nicht nur in der Wahrnehmung, sondern auch im Denken sprechen, und ebenso von Orientierung. Eine umsichtige Analyse der Orientierung der Wahrnehmung ist darum von zentraler philosophischer Relevanz.
10.1. Vor der summarischen Zusammenfassung der Ergebnisse soll noch kurz auf eine wichtige Konsequenz aufmerksam gemacht werden, die sich aus der möglichen Aufspaltung der Orientierung nach einem subjektiven und einem gegenständlichen Bezugspol und der dadurch aufkommenden Spannung in der Wahrnehmung ergibt. Auch sie trägt über die Wahrnehmung und ihren unmittelbaren Bereich hinaus. Sie betrifft die Konstitution von Objektivität, von etwas Ansichseiendem – für eine philosophische Wissenschaft etwas Zentrales.
Nach Husserl wird ein Ding eigentlich als objektives und korrelativ dazu meine Dingerfahrung eigentlich als subjektive in der intersubjektiven Erfahrung konstituiert. Zur vollen Evidenz eines

Dinges gehört nicht nur, was bis jetzt allein zur Diskussion stand, die Beziehung auf mich, das es konstituierende Subjekt, sondern ebenso die Beziehung auf andere appräsentierte oder appräsentierbare Subjekte, kurz die Miterscheinung von es erfahrenden Menschen. In der damit gegebenen Erfahrung, daß, was von mir gesehen wird, in einer abgewandelten Erscheinungsweise auch anderen zu Gesicht kommt, konstituiert sich Objektivität. In der sich durchhaltenden Identifikation dessen, auf das ich und die anderen hinsehen, erstellt sich ein Ding als an sich seiendes. Indem sich etwas durch zeitlich, räumlich und schließlich (inter-) subjektiv verschiedene Erscheinungen hindurch identisch durchhält, konstituiert es sich als ein stehendes und bleibendes Ansich, auf das ich immer wieder zurückkommen kann.[15]

Der spätere Husserl überschätzt jedoch die prinzipielle – nicht die faktische, die kann man wohl nicht hoch genug einschätzen – Bedeutung der intersubjektiven Erfahrung. Ein Ding wird schon in einer einzelsubjektiven Erfahrung, der jedwede intersubjektive Interferenz abgeht, auf mehrere Bezugspole hin wahrgenommen. Es kommt also schon hier zu einer objektivierenden Identifikation von in verschieden ausgerichteten Erscheinungen sich Darstellendem. Es handelt sich dabei nicht bloß um eine private Vorwegnahme der mehrpoligen intersubjektiven Erfahrung. In der intersubjektiven Erfahrung, wie sie von Husserl beschrieben wird, gibt keine der vielen präsenten und appräsentierten Erscheinungsweisen das Ding besser oder objektiver wieder als andere. Sie sind grundsätzlich gleichwertig. Jede ist relativ. Dagegen läßt sich zeigen, daß sich das Wahrgenommene schon in der privaten Wahrnehmung in Erscheinungen und Orientierungen von unterschiedlichem Wert zeigt. Mit meiner aktuellen Ansicht verbindet sich intentional (prospektiv) eine optimale Ansicht, und mit der möglichen Orientierung auf mich kann eine Orientierung auf einen vom jeweils dominierenden Wahrnehmungsgefüge an sich gerissenen Mittelpunkt konkurrieren. Nur im Idealfall fallen aktueller und optimaler Aspekt, subjektive und objektive Orientierung ineins. Zur optimalen Erscheinung gehört es nun, daß sie als ›normale‹ und objektive Erscheinung, die das Ding so gibt, wie es an sich ist (Husserl 1952: 59f., 75), und ebenso zur an das Wahrgenommene selbst gebundenen Orientierung, daß sie als objektive und an sich gültige aufgefaßt wird. Das heißt, daß sich der intersubjektiven Erfahrung mit ihren immer bloß relativen

Erscheinungsweisen voraus in der einzelsubjektiven Erfahrung nicht nur ein Ding bloß polartig (als identischer Bezugspol von Erscheinungen) als objektiv und an sich seiend konstituiert, sondern ebenfalls Erscheinungsweisen dieses Dinges.[16]
Natürlich darf man diese Objektivität eines Dingpoles und erst recht einer Dingerscheinung nicht mißverstehen. Die Phänomenologie enthält sich der Frage nach der möglichen bewußtseinsunabhängigen Existenz von Dingen und Dingeigenschaften oder bekämpft sie sogar als widersinnig. Ihr geht es allein um die Aufklärung, wie es im Bewußtsein zur Auffassung von an sich seienden Dingen kommt.
10.2. Zusammenfassung. Als Nullpunkt der Orientierung einer Wahrnehmung fungiert das jeweils mächtigste Gefüge. Die Mächtigkeit gründet in Faktoren der Gestalt und des Sinnes. Damit dem eigenen Leib die Rolle des Nullpunktes zufällt, muß er, nicht anders als Dinggegenstände, die übrige Wahrnehmung aufgrund seiner Gestalt oder einer besonderen Bedeutung, die ihm zuerkannt wird, dominieren. In unserem Wahrnehmen und ebenso in unserem Handeln gehen wir allermeist in den uns gegenübertretenden Dingen auf. Der eigene Leib kommt dabei in seiner transzendentalen, konstituierenden Funktion gar nicht zum Bewußtsein. Entsprechend macht er sich in der Konkurrenz um die Dominanz der Wahrnehmung auch nicht motivational bemerkbar. Die verschiedenen Paare von Raumrichtungen wie ›oben‹ und ›unten‹, ja selbst ›rechts‹ und ›links‹, und Raumqualitäten wie ›nah‹ und ›fern‹ können wir ebensogut wie auf unseren Leib auf irgendwelche ins Auge gefaßte Objekte beziehen und an ihnen lernen. Im Auseinanderklaffen von gegenständlicher und subjektiver Orientierung kommt es zur Konstitution der Wahrnehmungsgegenstände als etwas, das an sich und objektiv seiend ist und zu gelten beansprucht.
Husserl ist mit der These vom eigenen Leib als dem Nullpunkt der Orientierung einer mehrfachen Idealisierung erlegen. 1. Er entnimmt seine These einem abstrakten, dem reinen Raum und übersieht, daß im inhaltlich erfüllten Raum neue Motivationen für die Orientierung ins Spiel treten. 2. Er kommt auf diese These bei seiner Absicht, alle und insbesondere die subjektiven Beziehungen aufzudecken, in denen sich ein Ding konstituiert, und übersieht in der Folge, daß diese Beziehungen, deren Hervorhebung sich natürlicherweise auf die Orientierung der Wahrneh-

mung auswirkt, in der natürlichen Erfahrung nicht präsent oder zumindest nicht akzentuiert sind und darum auch nicht oder nicht im gleichen Maße motivational wirksam werden. 3. Er folgt mit seiner These der ›selbstverständlichen‹, in Wirklichkeit jedoch unausgewiesenen Annahme, daß der Ursprung der Konstitution auch als Mittelpunkt des Konstituierten fungiert, und übersieht die Dialektik, die immerfort zwischen *naturans* und *naturatum* aufbricht und die Orientierung in ihre Bewegung mithineinzieht.

3.
Die eigenartige Grammatik des Wortes ›ich‹
Die Plazierung des Ich in der Rede

Mit dem Ausdruck ›ich‹ bezeichnet der Mensch nach einer Auffassung, die erstmals Berkeley (1710: §139) explizit formuliert hat, sich selbst als »geistige Substanz«. Nach idealistischer Lehre dokumentiert ein Kind mit dem relativ späten Erwerb dieses Wortes seinen Zugang zum einzigen, das ihm absolut sicher ist. In Wirklichkeit bezeugt jemand mit dem korrekten Gebrauch des Pronomens ›ich‹, das in einer Kommunikationssituation nach eingespielten Regeln gegen Pronomina der zweiten und dritten Person umgetauscht wird, seine eigene Relativität, seine Fertigkeit zum Rollenwechsel und damit seine Gesellschaftsfähigkeit. Desgleichen erweist er mit diesem Wort die nicht selbstverständliche und nicht von Anfang an beherrschte Fähigkeit, sich mit einem plurifunktionalen Sprechakt zugleich als Subjekt des Sprechaktes und als Subjekt der mit ihm gemachten Aussage zu bezeichnen, ein komplexes Selbst- und Rollenverständnis auch in dieser Hinsicht. Die garantierte Referenz, in der manche Philosophen eine Eigentümlichkeit von ›ich‹ glaubten ausgemacht zu haben, ist dagegen ein Phänomen, das andere reflexive Ausdrücke mit ihm teilen, und so nicht mehr als ein Indiz, in Analogie zu welchen anderen Wörtern ›ich‹ zu verstehen ist.

Der Titel dieses Aufsatzes ist Wittgensteins *Blauem Buch* (1958: 66) entnommen. Entsprechend ist ›Grammatik‹ im Wittgensteinschen Sinn von ›Gebrauchsweise‹ zu verstehen.
Die dreiteilige These, die verfochten wird, ist dagegen *anti* Wittgenstein. Nach Philosophen, die sich an Wittgenstein orientieren (Anscombe 1975, Kenny et al. 1979, Tugendhat 1979), ist ›ich‹ kein referierender bzw. kein identifizierender Ausdruck. Die Gebrauchsweise von ›ich‹ ist jedoch nicht in dem Maße außergewöhnlich, in dem sie es auf den ersten Blick zu sein scheint. Das Wort ›ich‹ ist 1. wie andere Ausdrücke mit einer garantierten Referenz kein objektsprachlicher, sondern ein metasprachlicher Ausdruck, wenn auch spezifischer Art, insofern er weder auf eine

sprachliche Äußerung noch auf einen Sprechakt, sondern auf das Subjekt des jeweiligen Sprechaktes verweist. Das Wort ›ich‹ verweist 2. wie andere Deiktika auf seinen Referenten in relationaler Weise. Es ist seinem Sinn nach auf einen Adressaten bezogen und gegen ein ›du‹ austauschbar. Das Wort ›ich‹ gehört 3. zu den performativen Ausdrücken und bezeichnet als solcher ineins, wenn auch in unterschiedlicher Weise, das Subjekt des Sprechereignisses und das Subjekt des besprochenen Ereignisses.

Die Methode ist phänomenologisch im ungekürzten Sinn des Wortes, weder sprachanalytisch beschränkt auf die Analyse sprachlicher Äußerungen noch husserlianisch beschränkt auf die Analyse präsumtiver Wesensverhältnisse. Es wird auch nicht nur die Gebrauchsweise von ›ich‹ in der eigenen westeuropäischen Erwachsenensprache in Betracht gezogen, sondern ebenfalls die seiner Analoga in außereuropäischen Sprachen, im Sprachaufbau von Kindern, im krankheitsbedingten Sprachzerfall und in der Sprachgeschichte wenigstens am Rande beachtet. Auch solche Verwendungsweisen bieten sich unserem Verstehen an. Die Sprachanalyse wird im weiteren auf eine Wahrnehmungsanalyse der besprochenen Situation abgestützt. Beim Wort ›ich‹ ist das die Sprechsituation selber, so wie sie dem Sprachgebrauch zugrundeliegend und ihn leitend erfahren wird. Schließlich darf in einer ungeschmälerten Phänomenologie zur Kontrolle und Absicherung der Phänomenbeschreibung nach der Schau (Deskription) auch gedacht (erklärt) werden.

1. ›Ich‹ als metasprachlicher Ausdruck mit garantierter Referenz

In cartesianischer Sicht ist das Ichbewußtsein durch die Unerschütterlichkeit seiner Evidenz und damit seiner Gegebenheit ausgezeichnet. Die Gewißheit der eigenen Existenz ist dem Denkenden performativ, im Vollzug seines Denkakts, absolut gegeben. Mit dieser erkenntnistheoretischen These korreliert die sprachtheoretische Behauptung von der garantierten Referenz des Wortes ›ich‹. Gewöhnliche singuläre Ausdrücke, Demonstrativa wie ›dieses‹ miteingeschlossen, können in bezug auf ihre Referenz täuschen. Der Heilige, dessen Taten die Legende schildert, kann eine fromme Erfindung sein. Die Büchse, auf die einer mit der

Ankündigung ›Dies ist das Essen‹ zeigt, kann leer sein. ›Dies‹ garantiert im objektsprachlichen Gebrauch wohl eine Raumzeitstelle, nicht aber eine durch sie lokalisierte Entität, die durch andere als nur raumzeitliche Eigenschaften charakterisierbar ist. Eine solche Entität ist jedoch immer garantiert, wenn das Wort ›ich‹ natürlichsprachlich verwendet wird. *Garantierte Referenz ist freilich kein Privileg des Wortes ›ich‹.*

Garantierte Referenz ergibt sich, wenn Ausdrücke in einer bestimmten Weise verwendet werden, die auch kennzeichnend ist für das Verständnis des Wortes ›ich‹. Garantierte Referenz ergibt sich, wenn Ausdrücke in rückbezüglicher Weise metasprachlich verwendet werden: ›*Vier* ist ein Vier-Buchstaben-Wort‹ –, ›*Die Äußerung, die du jetzt hörst*, ist ein deutschsprachiger Satz‹. Die Äußerung ›das längste Klavierkonzert‹ hat nur eine bedingt gesicherte Referenz, nämlich unter der Bedingung, daß es wenigstens ein Klavierkonzert gibt. Anders ›die längste sprachliche Äußerung‹. Aufgrund der metasprachlichen Rückbezüglichkeit dieser Äußerung ist ihr eine Referenz gesichert. Reflexive und anaphorische Ausdrücke haben, sinngemäß verwendet, eine garantierte direkte Referenz, aber keine garantierte indirekte Referenz. ›Sich‹ und ›die‹ sind in den folgenden Äußerungen auf ›Peter‹ und ›die Flöte‹ zurückbezogen und haben so eine garantierte direkte Referenz; ›Peter‹ und ›die Flöte‹ auf der anderen Seite sind Ausdrücke mit nichtgarantierter Referenz: ›Peter hat *sich* maskiert‹ – ›Die Flöte, *die* Peter spielt, hat zehn Löcher‹.

›Ich‹ bezieht sich nicht wie die hier angeführten rückbezüglichen Ausdrücke auf Äußerungen, sondern auf das Subjekt von Äußerungen. Das Subjekt von Äußerungen, der Sprecher, ist jedoch immer nur über seine Äußerungen zu identifizieren. Auf was mit ›ich‹ verwiesen wird, ist das Subjekt der Äußerung, in der ›ich‹ vorkommt. Über seine ›Äußerung‹ verweist das Wort ›ich‹ auf seinen ›Äußerer‹. In dieser Hinsicht ist auch ›ich‹ als metasprachlicher Ausdruck anzusehen. Zur metasprachlichen Kompetenz gehört nicht nur die Fähigkeit zur Reflexion im Vollzug einer sprachlichen Äußerung auf diese Äußerung, sondern auch die Fähigkeit zur Reflexion auf den jeweiligen Sprechakt und auf den jeweiligen Sprecher qua Sprecher.

›Ich‹ ist ein metasprachliches Deiktikum. Deiktika gelten dann als sinnvoll verwendet, wenn sie die Konkretisierung des Hinweises durch die Angabe von nichtraumzeitlichen Eigenschaften erlau-

ben. Bei einer Aussage mit ›dies‹ (›Dies ist Silikon‹) mit einer für den Adressaten unterbestimmten Referenz, kann immer nachgefragt werden: ›dies was?‹. Problematisch ist, wie die Konkretisierung vorzunehmen ist, wenn ›ich‹ als Deiktikum gebraucht wird. Es scheint nicht der Körper des Sprechenden zu sein, der mit dem Wort ›ich‹ und seinen Abwandlungen gemeint ist, wenigstens nicht in jedem Fall (Grenzfälle sind ›Ich habe *mich* verletzt‹ – ›*Ich* bin verletzt‹). Descartes glaubte sich in seinem dubiosen Experiment als *res cogitans* zu erfassen, während ihm die Existenz seines Körpers zweifelhaft blieb, und Miss Anscombe meint, daß man das Wort ›ich‹ auch dann sinnvoll gebrauchen könnte, wenn man der sinnlichen Erfahrung des eigenen Leibes bei einer totalen Anästhesie verlustig gehen würde. Eine Konkretisierung des mit dem Wort ›ich‹ Gemeinten mit der Angabe von inneren Zuständen (›Ich‹ – das ist die Person mit den und den Gedanken, Gefühlen und Wünschen) hilft intersubjektiv nicht weiter, solange sich diese privaten Zustände nicht in einem entsprechenden Verhalten äußern.
Die dritte, allein stichhaltige Möglichkeit ist, daß mit dem Wort ›ich‹ jemand nicht material qua Körper oder qua Geist, sondern funktional qua Sprecher anvisiert ist. Von sprachanalytischen Philosophen (vgl. Tugendhat 1976: 432) wird gegen diese metasprachliche Deutung ein Zirkeleinwand erhoben. Der Hinweis auf sich selbst qua sprechende Person setze bereits ein gegenständliches Vokabular voraus, mit dem sprechende Personen als solche beschrieben werden können. Die Einführung von beschreibendem Vokabular setze aber ihrerseits den Gebrauch von Deiktika voraus. Ein Zirkel ist jedoch vermeidbar, wenn Deiktika wie ›dies‹ und ›jenes‹, ›hier‹ und ›dort‹, ›ich‹ und ›du‹ nicht definitorisch eingeführt werden, sondern über ihren regelgeleiteten Gebrauch in variierenden Situationen. Ähnlich wie in einem fortgeschritteneren Stadium der Sprachentwicklung die metasprachliche Referenz von ›vier‹ in ›*vier* hat vier Buchstaben‹ durch variierende Äußerungen (›*vier* ist ein Zahlwort‹, ›*sieben* hat sechs Buchstaben‹) dank der kognitiven Fähigkeit zur Reflexion gelernt wird und hinreichend gesichert ist, reicht auch der Gebrauch in angemessener Variation für die Referenzfestlegung der angeführten Deiktika aus. Eine definitorische Einführung von ›ich‹ als metasprachlicher Ausdruck ist genauso entbehrlich wie die definitorische Einführung von ›vier‹ als metasprachlich ver-

wendbarer Ausdruck. Die nachträglich mögliche definitorische Explikation von ›ich‹ als Selbstbezeichnung des jeweiligen Sprechers impliziert mitnichten, daß das Wort ›ich‹ auch so eingeführt und gelernt wird.

»Empraktische« Einführungen (vgl. Bühler 1934: 155ff.) setzen immer schon ein bestimmtes Wissen und zugleich eine auffällig strukturierte Sprechsituation voraus. Die reflexive Verwendung von ›vier‹ in ›*Vier* ist ein Vier-Buchstaben-Wort‹ kann jemand nur aufgehen, wenn er schon weiß, was Buchstaben und Wörter sind. Hinreichende Sicherheit gibt ihm dabei die Kontrastierung mit abwechslungsweise vorgelegten Äußerungen der angeführten Art (›*Sieben* hat sechs Buchstaben‹). Ähnlich setzt die Einführung von ›ich‹ als Selbstbezeichnung des jeweiligen Sprechers das Vertrautsein mit einer Kommunikationssituation und ihren variierenden Rollenverteilungen voraus. Die Einführung von ›ich‹ als Selbstbezeichnung der Person, die jeweils spricht, erfolgt in einer Kommunikationssituation, deren intersubjektive Struktur im Wechsel der Gesprächsrollen ›augenfällig‹ ist und durch den korrelativen Wechsel der Personalpronomina noch verstärkt wird.

Deiktika sind wie Ausdrücke anderer Wortklassen in Wortfelder eingebettet, durch die ihre Bedeutung bestimmt wird. Deiktische Wortfelder fallen durch das Vorhandensein von korrelativ aufeinander verweisenden Ausdrücken auf. Diese korrelativen Ausdrücke haben eine Identifikationsfunktion. Zur Identifikation, zur Erfassung von etwas als gegenständlicher Einheit, kommt es nach klassisch phänomenologischer Analyse dadurch, daß es von verschiedenen Standpunkten aus als Eines in unterschiedlichen Gegebenheitsweisen erfaßt wird. Die höchste Stufe der Identifikation ist erreicht, wenn diese Erfassung nicht bloß individuell und wahrnehmungsmäßig, sondern intersubjektiv und sprachlich erfolgt. Die vergegenständlichende Identifikation der Partner in einer Kommunikationssituation ist dann voll realisiert, wenn die Kommunikationspartner die intersubjektive Ausrichtung der gebrauchten Deiktika erfassen und diese Erfassung durch situationsgerecht gewählte Ausdrücke, in diesem Fall, der Pronomina der dritten, der ersten und der zweiten Person, dokumentieren.

Mit singulären Ausdrücken identifiziert man Gegenstände unter Angabe einer oder mehrerer ihrer Gegebenheitsweisen (›die Feder, die Vogelfeder, die Raubvogelfeder‹). Die Angabe der Gege-

benheitsweise im Falle des Wortes ›ich‹ ist einerseits derjenigen im Falle einer (metasprachlichen) *suppositio materialis*, andererseits der Angabe der relationalen Gegebenheitsweise bei den Wörtern ›dies‹ und ›hier‹ vergleichbar. Die Bezeichnung von etwas mit ›dies‹ kann nicht nur mit der Angabe konkretisiert werden, daß es etwas in der unmittelbaren Nähe des Sprechers ist, sondern auch mit der korrelativen Bezeichnung von einem entfernteren Standort aus als ›*jenes*‹. Analog kann die Bezeichnung einer Person mit ›ich‹ nicht nur mit der Angabe konkretisiert werden, daß damit der jeweilige Sprecher gemeint ist, sondern auch mit der Anerkennung der Bezeichnung mit ›du‹ seitens des Gesprächspartners und mit ›er‹ seitens einer Drittperson.
Zugunsten der These, daß ›ich‹ als identifizierender Ausdruck gebraucht wird, können auch fremdsprachige Eigenschaften des Personalpronomens angeführt werden. Im Japanischen erhält das Personalpronomen der ersten Person *watashi* genauso das Topikalisierungszeichen *-wa* angehängt wie jeder andere Ausdruck, der den Bezugsgegenstand eines Prädikats signalisieren soll. Wie kann ich mich zum ›Topos‹ eines ›Kommentars‹ erheben, ohne mich zugleich zu identifizieren?
Gewisse Sprachen unterscheiden bekanntlich nicht nur in der dritten, sondern auch in der ersten und zweiten Person zwischen Geschlechtern. Andere Sprachen, die europäischen miteingeschlossen, gebrauchen bei einem gewissen gesellschaftlichen Status ein unterschiedliches Pronomen (*pluralis majestatis*). Japanische Knaben gebrauchen für sich nicht das allgemeine Pronomen *watashi*, sondern einen speziellen Ausdruck *boku*. Seit einiger Zeit kann man hören, daß auch Mädchen (mit einem entsprechenden Selbstverständnis) *boku* benutzen. Wie können die Mädchen mit dieser Wortwahl ihr emanzipatorisches Rollenverhältnis zum Ausdruck bringen und sich mit ihren männlichen Altersgenossen ›identifizieren‹ (im Sinne von ›gleichsetzen‹), ohne sich selber zu identifizieren (im technischen Sinne ›bestimmen, welcher von allen Gegenständen gemeint ist‹)? (Der emanzipatorische Gebrauch von *boku* klingt im übrigen paradox, da *boku*, ein pronominalisiertes Nomen, etymologisch ›Sklave‹ bedeutet.)
Man braucht nicht in die Ferne zu schweifen, um die Künstlichkeit der wittgensteinianischen Grammatik des Wortes ›ich‹ zu realisieren. Konsequenterweise müßte man, wenn ›ich‹ kein referierender Ausdruck ist, auch den Possesiva der ersten Person

(›mein Auto‹ – ›das Auto von mir‹) eine identifizierende Funktion absprechen.

Zugunsten der These, daß ›ich‹ kein referierender Ausdruck ist, wird gerne auf ein Analogon verwiesen. Auch ›es‹ wird gelegentlich nichtreferierend gebraucht, in Sätzen wie ›es blitzt‹ und ›es schneit‹. Bei solchen Versuchen (vgl. Moore 1959: 309), Erlebnisaussagen in der ersten Person an subjektlose Sätze von der Art ›es blitzt‹ anzugleichen, wird jedoch die von Psychologen immer wieder betonte Unterscheidung zwischen ›ichlichen‹ Erlebnissen, deren Vollzug und Verantwortung man (in der ersten Person) übernimmt, und ›ichfremden‹ Erlebnissen, mit denen man sich ›von innen‹ oder ›vom Unbewußten her‹ ohne persönliche Initiative und Aktivität konfrontiert findet, mißachtet. Mit einem pauschalen Rekurs auf ›es‹-Sätze werden Unterschiede in Erlebnissen verwischt, die es zu fassen und zu formulieren lernen gilt.

Die Grammatik von ›ich‹ und ›es‹ deckt sich im übrigen nicht auf der ganzen Linie. ›Es‹ wird sowohl referierend (›Es [das Kind] ist umgefallen‹) wie nichtreferierend (›es regnet‹) verwendet. ›Ich‹ wird dagegen nach den Proponenten der zitierten Gegenthese nur nichtreferierend verwendet. Man kann sich freilich eine gemäßigte Position vorstellen, nach der nur das ›ich‹ von Äußerungen innerer Zustände nichtreferierend ist: »To say, ›I have pain‹ is no more a statement *about* a particular person than moaning is« (Wittgenstein 1958: 67). Bei subjektlosen Sätzen kann man jedoch nicht sinnvoll nachfragen ›Was regnet?‹ wie man bei Schmerzensäußerungen nachfragen kann ›Wer hat Schmerzen?‹ ›Ich habe Schmerzen‹ impliziert seiner Grammatik nach eine Person als Träger von Eigenschaften, während ›es regnet‹ im ursprünglichen Sprachverständnis kein Subjekt impliziert, sondern allein ein Vorkommnis.

Irreleitend für die von Wittgensteinianern vertretene Ansicht, daß die anscheinend garantierte Referenz, die Unmöglichkeit einer Fehlidentifikation mit dem Wort ›ich‹ ein Indiz dafür sei, daß mit ihm überhaupt nicht referiert werde, scheint Wittgensteins vorbildliche Analyse des Wortes ›wissen‹ in Äußerungen wie ›ich weiß, daß ich Schmerzen habe‹, zu sein.[1] Das Wort ›wissen‹ wird gewöhnlich nur für etwas gebraucht, das man prinzipiell auch bezweifeln kann. Da man an Schmerzen, die man hat, nicht zweifeln kann, vertritt Wittgenstein die Ansicht, daß das Wort

›wissen‹ in diesem Fall irreführend sei. Wittgenstein verficht hier ein therapeutisches Anliegen in idealsprachlicher Orientierung. In Orientierung an der umgangssprachlichen Grammatik hat man keinen Anlaß, den Gebrauch des Wortes ›wissen‹ auf etwas einzuschränken, das bezweifelt werden kann. Wörter können in geordneter Weise abgestuft gebraucht werden. Wir benutzen ›lang‹ nicht nur kontrastiv für etwas ›Nichtkurzes‹, sondern auch unspezifisch für etwas eindimensional Ausgedehntes (›12m lang‹). Es besteht eine Affinität zwischen dem generischen und dem kontrastiven Gebrauch von ›lang‹. Wenn wir jemand in den generischen Gebrauch von ›lang‹ einzuführen haben, wählen wir mit Vorteil einen auch im kontrastiven Sinn langen Gegenstand. Ähnlich wie wir ›lang‹ in einem spezifisch kontrastiven und in einem unbestimmt generischen Sinn gebrauchen, verwenden wir umgangssprachlich das Wort ›wissen‹ nicht nur kontrastiv für Bezweifelbares, sondern ebenso (unmodalisiert) für Kognitionen, bei denen ein Zweifel ausgeschlossen ist, und zwar nicht nur für Bewußtseinsphänomene von der Art der Schmerzen, bei denen ein Zweifel aus apriorischen Gründen, von der Struktur dieser Phänomene her, ausgeschlossen ist, sondern auch dann, wenn ein Zweifel aus rein psychologischen bzw. biologischen Gründen für unmöglich angesehen wird. Viele sind geneigt, auch von Tieren anzunehmen, daß sie dieses und jenes wissen, ohne ihnen damit gleichfalls die Fähigkeit zu zweifeln zugestehen zu wollen. Man kann Wissen auch ohne die Fähigkeit, es fragend und zweifelnd zu modalisieren, mangels Feedback einfach verlieren.

Für das Wort ›ich‹ ist das Phänomen der garantierten Referenz ebensowenig ein Indiz dafür, daß mit ihm überhaupt nicht referiert wird, wie für das Wort ›wissen‹ die garantierte Geltung in seiner Anwendung auf ›innere Zustände‹, wie es Schmerzen sind, als ein Indiz dafür genommen werden kann, daß es in einer sinnfremden und damit unangemessenen Weise gebraucht wird. Die garantierte Referenz beim Wort ›ich‹ ist vielmehr ein Indiz dafür, daß es zur Klasse der rückbezüglichen metasprachlichen Ausdrücke gehört.

Die Rückbezogenheit auf den jeweiligen Sprecher schlägt selbst in der indirekten Rede durch. Berichte ich über die Rede eines Dritten, so ersetze ich das ›ich‹ seiner Rede durch das Personalpronomen der dritten Person, das ›er‹ der fremden Rede über mich hingegen durch das nun auf mich qua Sprecher bezogene Personalpronomen der ersten Person.

(1a) Peter sagte: ›*Ich* bin ein Anarchist‹.

(1b) Peter sagte, *er* sei ein Anarchist.

(2a) Peter sagte (über mich): ›*Er* ist ein Anarchist‹.

(2b) Peter sagte, *ich* sei ein Anarchist.

Das Pronomen der ersten Person teilt diese Grammatik in der indirekten Rede mit dem Pronomen der zweiten Person.

(3a) Peter sagte (über dich): ›*Er* ist ein Pazifist‹.

(3b) Peter sagte, *du* seiest ein Pazifist.

(4a) Peter sagte (zu mir): ›*Du* bist ein Pazifist‹.

(4b) Peter sagte, *ich* sei ein Pazifist.

(5a) Du sagtest (zu mir): ›*Du* bist ein Pazifist‹.

(5b) Du sagtest, *ich* sei ein Pazifist.

Die verwandte Grammatik von ›ich‹ und ›du‹ in der indirekten Rede ist ein zusätzliches Motiv, die beiden Wörter nicht getrennt, sondern in Abstimmung aufeinander zu analysieren.[2] Wie die Beispielsätze im übrigen zeigen, ist es auch möglich, daß die Person, auf die andere mit ›er‹ und ›du‹ bezugnehmen, von mir anschließend mit ›ich‹ identifiziert wird.

2. ›Ich‹ und ›du‹ als umkehrbar relationale Ausdrücke

›Ich‹ ist ein Ausdruck, mit dem der jeweilige Sprecher auf sich qua Sprecher verweist. In einem Gespräch wechselt der Sprecher von Äußerung zu Äußerung. Entsprechend findet man sich mit dem gleichen Wort ›ich‹ bald auf den einen, bald auf den andern Sprecher verwiesen. ›Ich‹ ist ein ›Shifter‹. Das Wort ›ich‹ wird in einem Gespräch nicht nur ständig auf andere Personen angewandt, sondern in dieser Verschiebung korrelativ gegen ein Pronomen der zweiten Person ausgetauscht. Seine Grammatik kann daher nur zusammen mit der Grammatik dieser Pronomina (›du‹, ›ihr‹, ›Sie‹) aufgeklärt werden. Eine Theorie ist um so plausibler, je einheitlicher sie diese korrelativen Ausdrücke zu erklären vermag. Daß auch ›du‹ ein nichtreferierender Ausdruck ist, scheint bis anhin noch niemand zu behaupten.

Die Struktur von symmetrisch relationalen Ausdrücken wird im Spracherwerb durchsichtig. Kinder mißverstehen relationale Ausdrücke anfänglich als material qualifizierende Ausdrücke.

›Bruder‹ bedeutet ihnen so viel wie ›kleiner Knabe‹, ›rechte Hand‹ so viel wie die Hand, mit der man bevorzugt Handreichungen vornimmt, oder noch einfacher die Hand, an der man einen roten Ring oder dergleichen trägt. In diesem Stadium gebrauchen Kinder für sich selber ihren Eigennamen und sind versucht, ›ich‹ als (deskriptiven) Eigennamen zu verstehen.

In einem zweiten Stadium erfassen die Kinder die Relationalität von relationalen Ausdrücken. Vorerst vermögen sie die Relation jedoch nur als eine unidirektionale, asymmetrische, irreversible Relation zu konzipieren. Intersubjektive Beziehungen sind egozentrisch verankert, interobjektive Beziehungen in demjenigen Objekt, das aufgrund seiner Gestalt oder seiner Funktion, kurz, aufgrund seiner Mächtigkeit als zentrierendes Objekt fungiert. Wenn der kleine Peter der Bruder von Paul ist, beherrscht Peter wohl den Satz ›Ich habe einen Bruder (nämlich Paul)‹, aber noch nicht die Sätze ›Paul hat einen Bruder (nämlich mich, Peter)‹ und ›Ich bin ein Bruder (nämlich von Paul)‹. Das Kind vermag in diesem Stadium seine eigenen Hände richtig als rechte und als linke zu identifizieren, jedoch noch nicht die Hände seines Gegenüber. Es bezeichnet diejenige Hand seines Gegenüber als rechte, die auf der Seite seiner Rechten ist. Diesem egozentrischen Stadium entsprechen kindliche Streitgespräche von der Art ›Nur ich bin ich und du bist du‹.

Erst in einem dritten Stadium erfassen Kinder die Umkehrbarkeit von relationalen Ausdrücken. Sie vermögen sich nun bi- und polyzentrisch zu orientieren und unterscheiden ›rechts‹ und ›links‹ vom Bezugspunkt eines andern aus richtig. Mit dem korrekten Gebrauch und Verständnis von ›ich‹ dokumentiert man nicht, wie man zu Zeiten des Deutschen Idealismus meinte, das kognitive (introspektive) Verfügen über einen absoluten und unerschütterlichen Standpunkt, sondern die praktische Beherrschung der eigenen Relativität und der Reversibilität der Standpunkte und Rollen, die man in einer Kommunikationsgemeinschaft einnimmt (vgl. Holenstein 1980: 34f., 185f.).

Mit der Einbeziehung der Pluralformen der ersten und der zweiten Person gewinnt die Interpretation der Personalpronomina als metasprachlich referierende Ausdrücke zusätzlich an Gewicht. Die Kompetenz, je nach Sprechsituation ›ich‹ oder (im Chor bzw. stellvertretend für eine Gruppe) ›wir‹ zu gebrauchen, dokumentiert gleichfalls die identifizierende Funktion der Personalprono-

mina der ersten Person. Wenn man sich isoliert als ›Single‹ und chorisch oder stellvertretend als ›Kollektiv‹ auszugeben vermag, dann vermag man sich auch (als Sprecher) zu identifizieren. Die Charakterisierung mit dem korrekten Pronomen der ersten Person verrät die korrekte Identifizierung.
Analoges ergibt sich aus der Kompetenz zum inklusiven und exklusiven Gebrauch von ›wir‹ und von ›man‹. Der inklusive und der exklusive Gebrauch des Pronomens der ersten Person Plural wird in einigen Sprachen explizit unterschieden. Bei einer inklusiven Verwendung von ›wir‹ ist der Adressat miteinbezogen, bei einer exklusiven dagegen nicht. Bei einer inklusiven Verwendung von ›man‹ schließt sich der Sprecher mit ein, während er bei der exklusiven Verwendung von sich absieht. Verfechter der nicht-identifizierenden Funktion des Personalpronomens der ersten Person, die aber doch die Identifikation von Adressaten und Drittpersonen mit Hilfe von Personalpronomina nicht ausschließen, geraten bei der inklusiven Verwendung von ›wir‹ und ›man‹ in eine Aporie.

3. ›Ich‹ als performativer Ausdruck

Als prototypische Performativa gelten Verben, mit denen der Sprecher etwas macht (z.B. befiehlt), indem er (mit ihnen) sagt, was er macht: ›Ich befehle dir zu gehen!‹. Bekanntlich vermögen Kinder dieselben Leistungen, die mit performativen Verben ineins bezeichnet und vollzogen werden, inexplizit zu vollbringen, lange bevor sie diese Verben beherrschen. Imperative gehören zu den frühesten Sprechakten von Kindern. Sie beherrschen diese Sprechakte, bevor sie die von diesen Akten logisch implizierten Personen mit Eigennamen, kennzeichnenden Ausdrücken oder mit Personalpronomina zu benennen und verbaliter zu identifizieren vermögen.[3]
Das Personalpronomen der ersten Person ist ein performativer Ausdruck spezifischer Art. Mit ihm wird nicht eine Handlung ineins bezeichnet und vollzogen, sondern ein Handelnder ineins als Handelnder realisiert und explizit als solcher bezeichnet. Zur Klärung seiner vertrackten Struktur ist ein Exkurs in die allgemeine Semiotik hilfreich. Gegenstände sind aufgrund ihrer Beschaffenheit nicht nur geeignet, eine Funktion *auszuüben*, sondern zugleich auch sie *auszudrücken*. Aufgrund seiner Form und

seines Materials ist ein Messer nicht nur zum Schneiden brauchbar, sondern signalisiert zugleich, daß es dazu gebraucht werden kann (vgl. Holenstein 1979: 26). Gleiches gilt für Handlungen und Handlungssubjekte. Ein Handelnder inszeniert sich mit seiner Handlung nicht nur als Handlungssubjekt, sondern signalisiert sich damit zugleich als solches. Als Handelnder bzw. als so oder anders Handelnder ›zeichnet‹ er sich andern Personen gegenüber ›aus‹. Das gilt auch für Sprechhandlungen. Mit jeder Sprechhandlung inszeniert der Sprecher sich als Sprecher und bezeichnet sich mit seiner Äußerung implizit als solchen. Die Äußerung, in der das Wort ›ich‹ vorkommt oder auch nicht vorkommt, dient dank ihrer Herkunftsqualität und ihres individuellen Klangcharakters (vgl. Bühler 1934: 91 ff.) als Identifikator desjenigen, der sich mit ihr als Sprecher inszeniert. Mit dem Gebrauch von ›ich‹ wird diese Identifikation in zweifacher Hinsicht explizit, 1. insofern sie mit der Wahl dieses Wortes konventionalisiert wird (analog wie ein Schmerzensschrei mit der Wahl der Ausdrucksform ›autsch‹ und die Ortsangabe mit der Wahl des Wortes ›hier‹ anstelle eines bloßen Räusperns explizit in sprachlicher Gestalt vollzogen und damit konventionalisiert werden), 2. insofern sich der Sprecher qua Sprecher, qua Vollzugssubjekt des Sprechaktes, zugleich als Subjekt der mit dem Sprechakt gemachten Aussage ausgibt. Mit der Äußerung ›ich male‹ identifiziert sich der Sprecher ineins als Sprecher und als Vollzugssubjekt der besprochenen Malhandlung. Mit der Äußerung ›ich verspreche zu kommen‹ identifiziert er sich ineins als Vollzugssubjekt des lokutionären und als solches des illokutionären Aktes.[4]

Mit performativen Verben vollzieht man eine Handlung, indem man explizit sagt, was man macht. *Mit dem performativen Ausdruck ›ich‹ bezeichnet man sich als Vollzugssubjekt der besprochenen Handlung, indem man sich explizit (nämlich das Wort ›ich‹ gebrauchend) als Sprecher inszeniert.* Für die Beherrschung natürlicher Sprachen ist das dialektische Verhältnis zwischen besprochenem Ereignis und Sprechereignis ebenso fundamental wie das zwischen Objektsprache und Metasprache (vgl. Jakobson 1957).

Bei Äußerungen in der dritten Person sind das Vollzugssubjekt des besprochenen außersprachlichen Aktes und das Vollzugssubjekt des Sprechaktes verschieden (›Er malt‹ – ›*Ich* behaupte, daß *er* malt‹). Äußerungen in der zweiten Person (›Du malst‹ – ›Du

sollst kommen‹) sind komplexe Mischformen. Die zweite Person fungiert zugleich als Adressat des Sprechaktes und als Vollzugssubjekt der besprochenen Handlung. Sie fungiert mit anderen Worten in unterschiedlich strukturierten Rollen. Einerseits ist sie als Adressat des Sprechaktes (›Ich sage/befehle *dir*: ...‹) Objekt (Zielpunkt) einer (Sprech-)Handlung, andererseits ist sie Subjekt (Ausgangspunkt) einer (besprochenen) Handlung (›*Du* malst‹).
Die Feststellung der späten Beherrschung von performativen Ausdrücken im Spracherwerb konvergiert mit der allgemeinen Feststellung, daß die frühesten Phasen der Kindersprache durch einen unifunktionalen Gebrauch der sprachlichen Äußerungen charakterisiert sind. Das Kleinkind ist unfähig, zwei Funktionen auf einmal explizit zum Ausdruck zu bringen. So ist es unfähig, sich zugleich als Subjekt einer außersprachlichen Handlung und explizit als Vollzugssubjekt einer sprachlichen Handlung zu bezeichnen.
Die performative Bezeichnung als Sender bzw. als Adressat einer sprachlichen Äußerung setzt die Beherrschung der zugrundeliegenden Performation voraus, d.h. des *kommunikativen* Gebrauchs der Sprache. Es gibt für diese These eine patholinguistische Bestätigung. Der kranke Hölderlin scheint in seinen letzten Jahren unfähig oder zumindest unwillig geworden zu sein, mit Besuchern in eine ›ordentliche‹ Kommunikation zu treten. In der gleichen Zeit verschwanden in seinen Gedichten die entsprechenden performativen Ausdrücke, die Personalpronomina der ersten und der zweiten Person, mit denen eine Kommunikationssituation inszeniert wird, fast ausnahmslos (vgl. Jakobson 1976: 77ff.).

4. Der Nullpunkt der Orientierung

Mit der hinweisenden Äußerung ›dies so-und-so‹ wird auf etwas in »einer ersten Stufe der Identifizierung« (Tugendhat 1979: 82ff.) verwiesen, das in nachfolgenden, ergänzenden Stufen für andere als ›jenes so-und-so‹ und dann situationsunabhängig als ›an dieser und dieser Raumzeitstelle Vorzufindendes‹ identifiziert werden kann. Mit ›hier‹ wird nach Tugendhat hingegen eine Raumzeitstelle nicht identifiziert, sondern nur »als identifizierbar gemeint [...], weil man weiß, daß das Hier von einer anderen Stelle aus ein Dort ist«. Ebenso behauptet Tugendhat (1979: 130) vom Wort ›ich‹, daß »der Sprecher mit diesem einzigartigen singulären Terminus auf sich so Bezug nimmt, daß er sich damit nicht identifiziert, aber weiß, daß derselbe, den er nichtidentifizierend meint, durch andere singuläre Termini (›dieser da‹, ›Herr K‹) identifizierbar ist«. Es bleibt unklar, weshalb man nicht auch beim Gebrauch von ›hier‹ und ›ich‹ wie beim Gebrauch von ›dies‹ von einer ersten (und von vornherein im Hinblick auf eine alternative Möglichkeit der Identifikation angelegten) Stufe der Identifikation sprechen kann, und zwar auch für sich selbst.[5] Zumindest im Deutschen kann ich über das Wort ›ich‹ auch auf mich selber aus der Perspektive der dritten und der zweiten Person Bezug nehmen: ›Ich, der allein gekämpft hat, den du mit *Du* ansprichst, den er nicht ansehen will, ...‹. Die Bestreitung der *referentiellen* Symmetrie der Pronomina der ersten, zweiten und dritten Person wird einem wesentlichen kommunikativen Aspekt unserer Sprache nicht gerecht.[6] Mit dem Gebrauch von ›ich‹ verschafft der Sprecher seinen Hörern einen Ausgangspunkt der Orientierung, aber nur, indem er sich selber incins mit diesem korrelativ auf die Personalpronomina der zweiten und dritten Person bezogenen Deiktikum vom Standort und vom kommunikativen Rollenverständnis seiner Hörer aus orientiert. *Mit dem Gebrauch der korrelativ aufeinander verweisenden Personalpronomina wird ein plurizentrisches Orientierungsgeflecht inszeniert.*

Mit ›ich‹ wird auf einen Gegenstand, den Sprecher, in einer ersten Phase der Identifikation, die von ihrer relationalen Struktur her auf weitere implizit vorgegebene und explizit realisierbare Phasen verweist, referiert, analog wie mit den Deiktika ›hier‹ und ›dies‹. Mit ›hier‹ wird eine Raumzeitstelle durch die Herkunftsqualität und die konventionelle Lautgestalt dieses Ausrufes ausgezeichnet und als so ausgezeichnete identifiziert. Mit ›dies‹ wird eine Entität durch die Verweisungsqualität der das Wort begleitenden Blickrichtung und/oder Geste des Sprechenden ausgezeichnet und als solche identifiziert. Mit dem Wort ›ich‹ wird der Sprecher nicht primär mittels einer Zusprechung von Attributen der (äußeren oder inneren) Wahrnehmung, sondern mittels der funktionalen Charakterisierung als Sprecher des Wortes ›ich‹ bzw. des Satzes, in dem dieses Wort vorkommt, identifiziert. Diese funktionale Charakterisierung ist zur Identifikation durch andere Personen jedoch nur brauchbar, weil sie eine wahrnehmungsmäßige Charakterisierung impliziert. Mit der Äußerung von ›ich‹ gibt sich der Sprecher als auditiv wahrnehmbare Person zu erkennen.

Obwohl nach Tugendhat mit dem Wort ›ich‹ der Sprecher nicht identifiziert wird, sondern nur als aus der ›er‹-Perspektive identifizierbare Person gemeint ist, bezeichnet das Wort ›ich‹ nach ihm doch den letzten Bezugspunkt aller Identifizierung. Als Grund für diese fundamentale Bezeichnungsfunktion des Wortes ›ich‹ nennt Tugendhat die Tatsache, daß jede mit einem ›dies‹ ansetzende Identifikation eines Gegenstandes auf die jeweilige Wahrnehmungssituation des Sprechers zurückverweist. *Für den Sprecher fungiert jedoch nicht er selber als Nullpunkt der Orientierung, sondern ein gegenständlicher ›Blickfang‹ in seinem Wahrnehmungsfeld, und für den Hörer fungiert der Sprecher nicht qua ›ich‹-Sager als Ausgangspunkt der Orientierung, sondern schlicht qua Sprecher.*

Für einen Wahrnehmenden fungiert nicht er selber oder sein jeweiliger Standort als Bezugspunkt der Orientierung, sondern ein dominierender Gegenstand des Wahrnehmungsfeldes (Holenstein 1972b). Dominanz wirkt zentrierend. Dominanz ist freilich teilweise subjektiv bedingt. Für Dominanz bzw. Auffälligkeit eines Gegenstandes sorgt nicht nur seine Größe und seine Beschaffenheit, sondern auch die Bedeutung, die er für den Wahrnehmenden hat. Was für jemand bedeutsam ist, hängt mindestens partiell von seinem subjektiven Wertsystem ab. Bei einem entsprechenden Selbstwertgefühl kann so auch ich selber mir zum Nullpunkt der Orientierung werden. In der Regel plaziert man sich in bezug auf einen überragenden Gegenstand: ›Ich stehe hinter dem Haus‹. Bei entsprechender Eingenommenheit von sich selbst wird die Beziehung jedoch umgekehrt, nicht anders als wenn man das Haus von einem (zentrierenden) Hügel herab aus einer gewissen Entfernung sieht: ›Vor mir liegt das Haus‹.

Jeder Gegenstand hat überdies eine ihm immanente Struktur, die ebenfalls orientierend wirkt. Wenn ich in einigem Abstand seitwärts zu einem Auto stehe, vor dessen Motorhaube ein Mädchen und vor dessen uns zugewandten Seitentür ein anderes Mädchen steht, weiß mein Gesprächspartner nicht, welches Mädchen ich meine, wenn ich von dem ›Mädchen, das vor dem Auto steht‹ spreche. Je nachdem, ob die dem Auto immanente Struktur oder unser Standort als ausschlaggebend für das Verständnis der Präposition ›vor‹ aufgefaßt wird, ist das erste oder das zweite Mädchen betroffen.

Man mag einwenden, daß für den Aufbau eines Orientierungssystems das Auto überhaupt erst identifiziert werden müsse und daß dies für Kommunikanten letztlich nur mit einem Hinweis, der vom Sprecher ausgehe, möglich sei: ›Dies ist das Auto, das ich meine‹. Der jeweilige Sprecher scheint in einer Kommunikationssituation also doch den Nullpunkt der Orientierung abzugeben. Man muß jedoch bei der Blickrichtung wie beim Zeigegestus zwischen dem Ausgangspunkt und dem Zielpunkt des orientierenden Hinweises unterscheiden. Es ist der Zielpunkt, der als Nullpunkt des auszubauenden Orientierungssystems fungiert. Außerdem fungiert der Sprecher qua Blickender, manuell Zeigender und ›dies‹-Sager und nicht qua ›ich‹-Sager als intersubjektiv wahrnehmbarer Indikator. Ein Kind vermag ja auch Gegenstände zu identifizieren, lange bevor es sich selbst mit dem Gebrauch von ›ich‹ ›identifizierbar‹ macht.

Der Hinweis des Sprechers ist von vorneherein ein intersubjektiv orientierter, ausgerichtet auf die Wahrnehmungsmöglichkeiten der Gesprächspartner. Die Ausrichtung des Hinweises auf den Hörer kann genauso explizit gemacht werden wie die Rückbezüglichkeit auf den Sprecher. Der Zielpunkt des Hinweises weist dann über Blickrichtung und Zeigegestus nicht nur auf den Sprecher zurück, sondern ist antizipatorisch und ›in entgegenkommender Weise‹ zugleich auf den Hörer hin ausgerichtet. So explizit beim japanischen Demonstrativum *sore*, das für etwas in der Nähe des Hörers gebraucht wird, im Unterschied zu *kore*, das wie unser ›dies‹ für etwas in der unmittelbaren Umgebung des Sprechers gebraucht wird. Der japanische Sprecher orientiert sich beim Gebrauch von *sore* immer auch vom Standort seines Adressaten aus.

Letztes Koordinatensystem der Orientierung ist ein in der Kommunikationssituation vorgegebenes und von vorneherein intersubjektiv geltendes Wahrnehmungsfeld, in dem auffällige Vorkommnisse zentrierend wirken. Identifizierbar wird ein Gegenstand des Wahrnehmungsfeldes nicht erst, wenn ich in der ersten Person sprechend auf ihn verweise, sondern schon zuvor durch mein manuelles Hervorheben des entsprechenden Gegenstandes (z.B. sein geräuschvolles Schütteln), durch meinen Fingerzeig, durch meine Blickrichtung mit oder ohne begleitende sprachliche Äußerung. Nicht als ›ich‹-Sager, sondern als Sprechender überhaupt lenke ich die Aufmerksamkeit von Gesprächspartnern auf einen Nullpunkt der Orientierung. Mich selber mache ich dabei nicht erst identifizierbar, indem ich ›ich‹ sage, sondern performativ, indem ich (geräuschvoll) spreche. Ich mache mich performativ qua Sprecher im Hinblick auf einen andern identifizierbar, als dessen Blickfang ich mich durch das Sprechen konstituiere.

Sich selber sieht und identifiziert man nicht nur so, wie es Mach (1911: 15) in einer berühmten Skizze darstellt, so wie die nicht zur ›Reflexion‹ fähigen Augen den eigenen Körper wahrnehmen, nämlich nur soweit er ihnen ›positiv‹ gegeben ist, ohne Stirn, Hinterkopf, Rücken und natürlich auch ohne die blickenden Augen selber, mit einigen Auslassungen (derjenigen des Halses, der vom Kinn verdeckt wird) von der Nasenspitze an abwärts. Man sieht sich selber vielmehr von variablen Standorten aus, die nur andere eigentlich einem gegenüber einnehmen können.

Man erfährt sich auch als Person nicht nur so, wie es in vermeintlich realistischen Romanen, in der ersten Person geschrieben, zum Ausdruck gebracht wird. Man erfährt sich vielmehr auch auf der Ebene des personalen Selbstverständnisses von variablen Standorten aus, wie es im *Nouveau Roman* und seinen Nachfolgern zum Ausdruck gebracht wird (vgl. Zeltner 1980), wenn man Glück hat, in der zweiten Person von einem Gegenüber aus, im allgemeinen in der dritten Person oder überhaupt unpersönlich als ›man‹. Das ›man‹ wird nicht mehr nur, wie bei Heidegger, als Ausdruck einer defizienten Seinsweise verstanden, der man verfallen ist und die es zu überwinden gilt, ähnlich wie das ›Es‹ bei Freud, sondern als eine genuine Seinsweise unter anderen, mit der man sich abzufinden hat. Wo ›Es‹ ist, darf es bleiben. Durch die laufende Variation der Personalpronomina werden in diesen Romanen Labilität, Dynamik und Mannigfaltigkeit der Selbstidentifikation zum Ausdruck gebracht. Das Selbstverständnis mit dem Wörtchen ›ich‹ ist nur eines unter vielen, dasjenige, das man selber sprechend in einem Gespräch pflegt.

In der intersubjektiven Erfahrungswelt kann man sich immer auch aus der Sichtweise anderer plazieren. Die Fähigkeit zu solchen Fremdorientierungen ist die Voraussetzung für ein Gespräch mit wechselnden Standpunkten.

Das Selbstverständnis, das die Grammatik des Wortes ›ich‹ zum Ausdruck bringt, Grammatik im Wittgensteinschen Sinn synchronisch als Gebrauchsweise verstanden, über Wittgenstein hinausgehend auch diachronisch als Erwerbsweise solcher Ausdrücke und komparatistisch als deren Variationsweise in fremden

Sprachen verstanden, ist ein dreifaches: Die Grammatik von ›ich‹ dokumentiert 1. die Fähigkeit zu einer komplexen metasprachlichen Reflexion, deren Gegenstand über die sprachlichen Äußerungen hinaus auch Sprechakte und der Sprecher selber sein können, 2. ein reversibles Rollenverständnis, das als solches die Voraussetzung für eine glückende intersubjektive Verständigung ist, und 3. die Fähigkeit, sich mit einem plurifunktionalen Sprechakt zugleich als Vollzugssubjekt dieses Sprechaktes und als Subjekt der mit ihm gemachten Aussage zu bezeichnen.

Das ist ein reiches Ergebnis der Analyse von ›ich‹ (mit einem kleinen Anfangsbuchstaben geschrieben) und zugleich eine Enttäuschung für Bewußtseinstheoretiker. Der eigenartige Gebrauch des Pronomens ›ich‹ ist erhellend, was unser intersubjektives und praktisches Selbstverständnis anbelangt. Über die eigenartige Struktur des menschlichen Selbstbewußtseins verrät er jedoch nichts. Das geht auch daraus hervor, daß wir uns Roboter vorstellen können (die angekündigten Computer der fünften Generation), von denen Personalpronomina wie ›ich‹ und ›du‹, *watashi* und *boku*, korrekt beherrscht werden. Zum korrekten Gebrauch von ›ich‹ genügt die Fähigkeit eines Roboters, sich selber (seinen Körper, sein gespeichertes Wissen, sein Verhalten, das sprachliche miteingeschlossen) in einer expliziten Reflexion abzutasten, um zu registrieren, ob er gewisse Eigenschaften aufweist. Unser Selbstbewußtsein besteht in einer andersartigen Reflexion, in einer Reflexion, die unserer Erkenntnis von etwas implizit ist und sich gerade nicht von außen, in einer von ihr abhebbaren (Meta-)Erkenntnis, auf sie bezieht, wie eine gewöhnliche metasprachliche Äußerung sich auf eine von ihr unabhängige objektsprachliche Äußerung bezieht. Um mehr über diese eigenartige Form der Selbstgewahrung zu erfahren, die menschliches Erkennen gegenüber dem Erkennen von Computern (noch immer) auszeichnet, wird man von der Sprachphilosophie an die Bewußtseinsphilosophie verwiesen. Sprachtheorie und Bewußtseinstheorie sind nicht koextensive Disziplinen. Die Fähigkeit, grammatisch richtig ›ich‹ zu sagen, und die Fähigkeit, etwas zu tun und in diesem Tun implizit und unvermittelt zu wissen, daß ich es tue (d. h. eine Entität zu sein, für die sich ›Ich‹, mit einem großen Anfangsbuchstaben geschrieben, eingebürgert hat), sind nicht dasselbe. Das Verfügen über die implizite Form des Selbstbewußtseins ist keine notwendige Voraussetzung für den richtigen Gebrauch des Wörtleins ›ich‹.

4.
Gewissen und rationale Verantwortung

Unter einer Intuition versteht man ein unmittelbares Erfassen von etwas, vor allem von Beziehungen, von Zusammenhängen. Ist der Gegenstand einer Intuition ein Wert, spricht man gemeinhin von ›Gewissen‹. Zur Eigentümlichkeit von intuitiven Erkenntnissen gehört, daß sich dasjenige, was in ihnen zur Gegebenheit kommt, als selbstevident gibt, keines weiteren Kriteriums bedürftig. Von Descartes bis Husserl wurde intuitive Gegebenheit entsprechend als primäre Rechtsquelle von Erkenntnissen angesehen. Das intuitive Erfassen eines Zusammenhangs kann sich jedoch ebensosehr als eine Illusion herausstellen wie die visuelle Wahrnehmung eines gebrochenen Stabes im Wasser. Intuitionen bedürfen daher nicht anders als andere Beobachtungen zusätzlicher Kriterien, der Kohärenz mit anderen Erkenntnissen und des intersubjektiven Konsenses. Unabhängig von der brüchig gewordenen Rechtfertigungsfunktion *haben Intuitionen eine* Entdekkungsfunktion, *mit der sich vor allem die Kreativitätsforschung beschäftigt. Das intuitive Erfassen dessen, was im Hinblick auf ein bestimmtes Ziel relevant ist, erspart das Durchrechnen aller möglichen Entscheidungen. Die intuitiv motivierte Entscheidung ist nicht unfehlbar. Aber die deshalb unumgängliche Kontrolle durch ein legitimierendes Beweisverfahren ist weniger aufwendig als die Anwendung dieses Verfahrens einer willkürlichen Reihe nach auf alle denkbaren Entscheidungen. Intuition, in bezug auf Werte als ›Gewissen‹ bezeichnet, hat keine* juristische, *sondern eine* heuristische *Funktion.*

An kognitiven Fragestellungen auch im Bereich von Praxis und praktischer Philosophie interessiert, fällt einem bei gesellschaftspolitischen Diskussionen immer wieder ein Auseinanderklaffen auf zwischen der beliebten Berufung auf das Gewissen und der Argumentationsweise, derer man sich gleichzeitig bedient. Man appelliert an das Gewissen, das man als eine absolute, letzte, ›nichthintergehbare‹ Instanz versteht, und verteidigt seine Meinung doch handkehrum mit Überlegungen, die empirisch abgestützt und rational einsichtig und diskutierbar sind. Warum wendet man sich zu ihrer Beurteilung mit solcher Vorliebe an das Gewissen und nicht gleich an die Vernunft, die für derartige Argumentationen in erster Linie zuständig ist?

Ein Grund dafür scheint darin zu liegen, daß zwei gängige Begriffe von ›Gewissen‹ vermengt werden. Maßgebend für den einen ist ein bestimmter Inhalt, maßgebend für den anderen eine bestimmte Weise oder Schicht des Bewußtseins.

Der erste Begriff kommt dadurch zustande, daß das menschliche Bewußtsein nach seinen Inhalten aufgeteilt wird. Verschiedene Inhalte werden verschiedenen Bewußtseinsinstanzen zugewiesen. Die Beurteilung sachlicher Qualitäten, wie es physikalische und logische Eigenschaften sind, wird z.B. dem Verstand zugeordnet, die Beurteilung von sittlichen Qualitäten oder Werten wird einer Instanz zugewiesen, die seit alters ›Gewissen‹ genannt wird. Gewissen in diesem ersten Sinne bedeutet nichts anderes als sittliches Bewußtsein oder Wertbewußtsein. In dieser Bedeutung gebrauchen wir das Wort, wenn wir von jemand sagen, er sei ›ein Mann mit Gewissen‹. Wir meinen damit nur die Tatsache, daß er seine Handlungen nach ethischen Prinzipien ausrichtet. Woher er diese Prinzipien schöpft, aus einer religiösen Quelle, aus seiner Erziehung, aus seinen Gefühlen oder aus einer rationalen Überlegung über die Voraussetzungen und Folgen seines Tuns, darüber besagt dieser Wortgebrauch weiter nichts.

Der zweite Begriff von Gewissen fußt auf einer psychologischen Analyse des menschlichen Bewußtseins. Man kann mehr oder weniger präzis verschiedene Weisen oder Anlagen des Bewußtseins voneinander abheben, Sinnlichkeit (die ›fünf‹ Sinne), Gefühl, Phantasie, Verstand sind die bekanntesten. Es läßt sich auch eine Schicht isolieren, die nicht einfach in eine der angeführten Kategorien einzuordnen ist. Es handelt sich um das Innesein von sittlichen Werten, das zugleich eine starke gefühlsmäßige und eine erkenntnismäßige Komponente hat. Auch diese Instanz wird gemeinhin ›Gewissen‹ genannt. Ihre Eigenart gegenüber der Vernunft liegt darin, daß sie bei der Bejahung oder Verwerfung einer Handlung auf nichts anderes zurückgreift als auf ihre eigene Gewißheit. Entscheidend ist das Innesein der eigenen Gewißheit und nicht ein Urteil, das man begründen und dessen Begründung man zur Diskussion stellen kann. Das Gewissen in diesem Sinne hat die psychoanalytische Theorie einer scharfen Kritik unterzogen. Sie behauptet, daß die Selbsteinschätzung des Gewissens eine Illusion ist. Für die Gewißheit des Gewissens gibt es sehr wohl Gründe. Sie sind jedoch so gut verborgen, daß jedermann auf den ersten Anhieb glaubt, die Gewißheit stelle sich ›von selbst‹ ein oder sei – da man den Grund nicht in sich selbst findet – von einer außermenschlichen Macht eingegeben.

Eine Reihe von vertrauten Erfahrungen sprechen für die Annahme von verschiedenen Vermögen des menschlichen Geistes weit über die grobe Zweiteilung von Sinnlichkeit und Verstand hinaus. Es kann einer sprachlich begabt sein und in der Mathematik versagen oder über ein hervorragendes räumliches Orientierungsvermögen verfügen und ein miserabler Menschenkenner sein. In der Neurologie und Psychologie ist es in den letzten Jahren zu einer hypothetischen Neubelebung der lange Zeit verpönt gewesenen Annahme von unterschiedlichen kognitiven Vermögen gekommen. Man spricht nun (statt von ›Seelenvermögen‹) von ›Moduls‹ oder ›Modularitäten‹ des menschlichen Geistes. Die Frage, ob es ein relativ eigenständiges Wertbewußtsein gibt, ist also empirisch zu entscheiden, ebenso sein eigener Wert, und nicht *apriori* von der Hand zu weisen.

Die Vermengung der beiden Gewissensbegriffe wird durch ihre wechselseitige Überlagerung gefördert. Die sittlichen Werte sind uns außer in dem eben beschriebenen tiefenpsychischen Innesein auch noch verstandesmäßig zugänglich. Der Verstand wird, soweit er auf sittliche Werte eingestellt ist, seit Kant als »praktische Vernunft« bezeichnet. Die Vermengung der beiden Gewissensbegriffe hat eine Verwischung der Grenzen zwischen dieser praktischen Vernunft und dem Gewissen im zweiten Sinn des Wortes zur Folge. Diese Begriffsverwischung führt dann ihrerseits dazu, daß für verstandesmäßige oder, im besten Sinn des Wortes, vernünftige Gründe die gleiche Geltung und die gleiche Behandlung gefordert wird wie für ›herzhafte Gewissensgründe‹.

Wenn ich mich im folgenden von traditionellen Einschätzungen des Gewissens distanziere, dann verstehe ich ›Gewissen‹ immer nur in der zweiten Definition des Wortes als eine außerrationale Instanz, die vermeintlich eine spontane Gewißheit darüber hat, ob eine Handlung gut oder schlecht ist.

Ein anderer Grund für die eingangs festgestellte Berufung auf das Gewissen statt auf die Vernunft dürfte historischer Natur sein. Vorab im deutschen Sprachbereich mit seiner starken romanti-

schen, lebens- und existenzphilosophischen Tradition gibt es ein tiefsitzendes Mißtrauen gegen jede Argumentation, die sich in humanwissenschaftlichen und in ethischen Fragen unumwunden als rational oder gar als rationalistisch ausgibt. Auswüchse des klassischen, aufklärerischen Rationalismus und der nachfolgenden Wissenschaftsgläubigkeit können das Mißtrauen bis zu einem gewissen Grad verständlich machen. Tatsache ist aber auch, daß die eindrücklichsten und fundiertesten Belege für die Grenzen der Vernunft und Fehlentwicklungen der Wissenschaften von diesen selber vorgebracht werden.
Die prägnanteste Formulierung des antirationalistischen Standpunktes in Sachen Gewissen stammt von Pascal: »Le cœur a ses raisons que la raison ne connait point« (»Das Herz hat seine Gründe, die der Verstand gar nicht kennt«). Neben dem Verstand gibt es eine andere Instanz, die mehr weiß und auf die man sich gegebenenfalls berufen kann. So ansprechend Pascals Aphorismus ist, so kritikbedürftig ist er auch.
Der Psychoanalyse fällt das Verdienst zu, dem ethischen Irrationalismus der traditionellen Auffassung vom Gewissen einen Schlag versetzt zu haben, der seine Wurzeln trifft. Sie vermochte nicht nur »die Gründe des Herzens« rational zu hinterfragen, sie hat auch viele davon als Scheingründe und Vorwände entlarvt. Die Abneigung, die jemand verspürt und mit seiner intuitiven Menschenkenntnis begründet, kann ihren eigentlichen Grund in einer enttäuschten Liebe haben. Ein Geschenk, das ein anderer unter dem eigenen Eindruck der Selbstlosigkeit präsentiert, kann als ein uneingestandenes Mittel, sich den Beschenkten zu verpflichten, enthüllt werden. Hinter einer religiös motivierten Gewissenhaftigkeit bis in die kleinsten Verrichtungen des Alltags hinein kann sich ein Schuldgefühl verstecken, das nicht einmal auf eine böse Tat, sondern nur auf einen verdrängten Impuls zu einer solchen Tat zurückgeht. Die Folgerung, die aus den psychoanalytischen Entdekkungen zu ziehen ist, lautet: Herz und Gewissen sind keine letzten Instanzen, auf die man sich blind verlassen kann. Die Ergebnisse der Psychoanalyse decken sich mit der allgemeinen psychologischen Erkenntnis, daß jede menschliche Überzeugung und jede menschliche Handlung in einem Motivationszusammenhang steht, d.h. mit früheren seelischen Erlebnissen verbunden ist, die als deren Motive wirksam sind. Motive sind aber grundsätzlich, wenn auch nicht immer leicht, aufklärbar.

Die klassischen Gewissenslehren sind nicht widerspruchsfrei. Nach ihrer Hauptthese braucht jemand, der sich auf das Gewissen beruft, die Annahme oder die Verwerfung einer Handlung durch nichts anderes zu rechtfertigen als durch die eigene seelische Gewißheit der Güte seiner Entscheidung. Obwohl einerseits diese Selbstvergewisserung als ein letztes und absolutes Kriterium beansprucht wird, gesteht man zur Erklärung von ›abwegigen‹ Gewissensentscheidungen, deren es nur zu viele gibt, doch zu, daß das Gewissen eine Geschichte hat und intersubjektiven Einflüssen ausgesetzt ist. Das Gewissen ist etwas, das man ausbilden oder auch verderben kann. So redet man vom ›unterentwickelten‹ und vom ›irrigen‹ Gewissen. Diese Zugeständnisse, konsequent zu Ende gedacht, decken sich mit der psychoanalytischen Theorie der genetischen und der intersubjektiven Konstitution des Gewissens.

Bevor die Gewissensauffassung vorgestellt wird, zu der man von einer erkenntniskritischen Philosophie her kommt, soll, um hartnäckigen Vorurteilen vorzubeugen, klar zwischen einem ›guten‹ und einem ›schlechten‹ Rationalismus unterschieden werden. ›Schlechter‹ Rationalismus behauptet, daß von allen seelischen Anlagen allein der Verstand zu wertvollen Erkenntnissen fähig ist. ›Schlechtester‹ Rationalismus behauptet darüber hinaus in Sachen Ethik, daß gut nur ist, was für den Verstand notwendig oder nutzbringend ist. Schlechtesten Rationalismus beinhaltet z.B. die These, daß menschliches Leben darum ein schützenswertes Gut darstelle, weil das ›nackte Leben‹ die minimale Bedingung für die Ausübung der Vernunft sei.

›Guter‹ Rationalismus zeichnet sich gerade dadurch aus, daß er nicht nur auf die Bedeutung der Vernunft pocht, sondern auch ihre Grenzen in Betracht zieht. Das Resultat, zu dem ein solcher Rationalismus kommt, findet sich am prägnantesten ebenfalls bei Pascal formuliert, von dessen Aphorismus über das »Herz« ich mich absetzte: »La dernière démarche de la raison est de reconnaître qu'il y a une infinité de choses qui la surpasse« (»Der letzte Schritt des Verstandes ist die Anerkenntnis, daß es eine Unmenge von Dingen gibt, die ihn übersteigen«). Ein ›vernünftiger‹ Rationalismus anerkennt, daß es eine ganze Reihe von seelischen Anlagen oder Instanzen geben kann, die Leistungen vollbringen, zu denen der Verstand oder die Vernunft (von sich aus und allein) nicht fähig ist. Dabei handelt es sich keineswegs nur um Schöpfungen affektiver, gefühlsmäßiger Natur, sondern durchaus auch um erkenntnismäßige Leistungen. Wodurch sich eine rationale Philosophie jedoch von allen Formen und Gattungen irrationaler Weltanschauungen unterscheidet, ist der Anspruch, daß die Vernunft allein über das Recht und den Stellenwert dieser erkenntnismäßigen Leistungen zu entscheiden hat. Der Vernunft fällt die Kompetenz zu, nicht nur über ihre eigenen Grenzen, sondern auch über die Grenzen der anderen Bewußtseinsanlagen zu Gericht zu sitzen.

Von einer rationalen Philosophie wird die Existenz von so etwas wie Gewissen keineswegs in Frage gestellt. Ja, es wird als eine wertvolle Anlage begrüßt. Sein Geltungswert jedoch wird mit Entschiedenheit eingeschränkt. Die Auffassung von Gewissen, zu der eine rationale Philosophie kommt, läßt sich in einem Satz formulieren: *Das Gewissen ist ein heuristisches, kein juristisches Prinzip.* Das heißt: Das Gewissen kann zur Auffindung von Erkenntnissen förderlich sein (heuristisches Prinzip), das Urteil über die Geltung seiner Eingebungen bleibt jedoch der Vernunft vorbehalten (juristisches Prinzip). Das Gewissen wurzelt in seelischen Tiefen, die weit sensibler sind als der vorwiegend auf äußere Beobachtungen und explizite Thesen und Theorien ausgerichtete Verstand. Es vermag Zusammenhänge ins Bewußtsein zu rücken, die sonst übersehen würden. Solches außerrationales ›Wissen‹ kann jedoch von der Vernunft niemals als eine zureichende Rechtsquelle anerkannt werden. Aus zwei Gründen: Erstens wegen der widersprüchlichen Konsequenzen, die ein solches Zugeständnis zur Folge hätte: die Eingebungen des Gewissens widersprechen sich bei verschiedenen Menschen und Menschengruppen. Zweitens läßt die Vernunft nur Erkenntnisse gelten, für die sachliche Gründe angegeben werden und die intersubjektiv ausdiskutiert worden sind. Die intersubjektive Diskussion garantiert dafür, daß möglichst viele Aspekte eines Problems in Rechnung gestellt werden.

Zur Wahrheitsfindung ist erforderlich, daß Vertreter aus möglichst vielen unterschiedlichen Interessengruppen herangezogen werden und auf keinen Fall nur Leute, die von dem zur Klärung stehenden Problem unmittelbar betroffen sind. In den modernen Demokratien hat diese Einsicht zum Prinzip der Gewaltenteilung geführt. Diese Gewaltenteilung sollte sich nicht auf die drei klassischen Gewalten der Legislative, der Exekutive und der

Justiz beschränken. Zum mindesten in der Meinungsbildung ist sie noch weiter zu treiben, und in verschiedenen Demokratien, z.B. der amerikanischen, reicht sie institutionell auch weiter. Anders als etwa in der schweizerischen Demokratie ist es in der amerikanischen ausgeschlossen, daß eine Person gleichzeitig Parlamentarier, Offizier und Chefredaktor einer Zeitung ist. Zu einer umsichtigen Meinungsbildung ist es notwendig, daß sich die Gewaltenteilung auch auf Institutionen wie das Militär, die Kirche, die Universitäten und die Medien erstreckt. Auf Probleme bezogen, die in den gegenwärtigen Gewissensdiskussionen zur Debatte stehen, bedeutet das rationale Prinzip der intersubjektiven Meinungsbildung, daß z.B. über Militärdienstverweigerer nicht allein Militärpersonen zu Gericht sitzen. Was den Schwangerschaftsabbruch angeht, ist der bekannte Spruch »Über meinen Bauch bestimme ich«, in dieser Ausschließlichkeit, naiv. Er erweist sich als falsch, sobald man seine Verfechter einer soziologischen Untersuchung unterzieht. Ob eine Frau für oder gegen die Abtreibung eines eigenen Kindes entscheidet, hängt weitgehend von der sozialen Gruppe ab, zu der sie gehört. Der einzelne Mensch entscheidet nicht allein. Sein Milieu ist an der Entscheidung mitbeteiligt. Ebenso unvernünftig ist es selbstverständlich, wenn von allen Gruppen ausgerechnet die direkt betroffenen von der Meinungsbildung und Entscheidungsbefugnis ausgeschlossen werden.

Es gibt nicht nur Wahrheitsprobleme, sondern auch ethische, die nicht entscheidbar sind. Es fehlen feste Kriterien, die es erlauben würden, den Wert ungeborenen menschlichen Lebens zu bestimmen. Der einzige Konsens, den man bei solchen Problemen vernünftigerweise erwarten kann, ist der Konsens, daß das Problem unbestimmt zu lassen ist. Jedem soll in einer solchen Lage erlaubt sein zu handeln, wie es ihm sein Gewissen oder seine Kultur und die Tradition, der er sich anzuschließen wünscht, nahelegt.

Was bei den herkömmlichen Gewissenstheorien durchgehend auffällt, ist ihre individualistische Einstellung. Jeder ist sich selbst überantwortet. Der Akzent schwankt dabei zwischen dem Selbst als dem eigentlichen Täter und dem Selbst, der je eigenen Natur, als dem Maß der Tätigkeit. Das Selbst muß nicht unbedingt ein einzelner Mensch sein, es kann auch eine bestimmte Gruppe, ein Volk, sein. Bemerkenswert sind z.B. in den politischen Reden des frühen Heidegger, von dem wohl der interessanteste neuere Beitrag zur Gewissenslehre stammt, die Appelle an die »Selbstverantwortung«. Rationalistischen Moraltheorien ist dagegen eine verallgemeinernde Tendenz eigen. Annehmbar ist, was intersubjektiv tragbar ist. Nicht ›Selbstverantwortung‹, sondern ›intersubjektive Verantwortung‹ ist gefragt.

Ansatzweise und in einer speziellen Form ist die intersubjektive Orientierung oder Kontrolle der eigenen Einsichten auch in den traditionellen theologischen Morallehren enthalten. Nur hat man sich nach diesen Lehren nicht an eine offene, möglichst vielfältige und vielschichtige Gesellschaft zu wenden, sondern an eine einzige, für privilegiert angesehene Gesellschaftsschicht, die Kirche oder die kirchliche Hierarchie, z. B. Papst und Konzil, mit deren Auffassung man die eigene in Einklang zu bringen hat. Der persönliche Individualismus wird hier durch einen gesellschaftlichen Partikularismus ersetzt, der dem rationalen Grundsatz der intersubjektiven Wahrheitsfindung zur Hälfte entgegenkommt. Bedenkenswert ist es andererseits, daß man in diesen theologischen Morallehren nicht einseitig an eine zeitgenössische Gruppe verwiesen wird, sondern auch an eine, wenngleich wiederum privilegierte, historische Gruppe, etwa die Personen und Verfasser von Heiligen Schriften. Es kommt hier eine Einsicht zum Zuge, die in den gegenwärtigen Diskussionen über intersubjektive Kommunikation und die Herausbildung eines Konsensus fast gänzlich ausfällt. Die intersubjektive Verständigung, die eine Bedingung der Wahrheitsfindung ist, hat eine geschichtliche Dimension. Ein Problem ist auch von Standpunkten her zu überprüfen, über die wir heute nicht mehr direkt, sondern nur über geschichtliche Quellen verfügen.

Eingebungen des Gewissens haben nur *die* Geltung, die ihnen eine nachträgliche, in intersubjektiven Diskussionen ausgetragene, rationale Begründung zugestehen kann und muß. Die Psychoanalyse prägte den Begriff der »sekundären Rationalisierung«. Sie versteht darunter die Tatsache, daß jemand, der etwas aus einem unbewußten Interesse heraus tut, seine Handlung nachträglich mit rationalen Gründen zu rechtfertigen sucht, d. h. mit Gründen, die von der Sache selbst her vertreten werden können und nicht bloß subjektiven Bedürfnissen entsprechen. Ein harmloses Beispiel: Jemand leidet unter Waschzwang. Die Psychoanalyse macht als das eigentliche treibende Motiv dieser Zwangshandlung ein verdrängtes Schuldgefühl namhaft. Der Patient jedoch verteidigt sich mit hygienischen Gründen, die bis zu einem bestimmten Grad nur zu berechtigt sind.

Leider ist die Psychoanalyse dem Phänomen der »sekundären Rationalisierung« nur ungenügend nachgegangen. Sie verallgemeinerte ihre Skepsis über deren Tragweite von den offensichtlichen psychischen Krankheitsfällen auf alle Formen der rationalen Begründung. Es stellt sich in der Tat sehr oft heraus, daß die Rationalisierung nur so weit getrieben wird, wie es die geheimen Interessen zulassen. Dabei hat gerade die Psychoanalyse die Bedingung herausgearbeitet, unter der es gelingt, diesen leitenden Interessen auf die Spur zu kommen und sie in ihre Schranken zu weisen. Der Betroffene selber ist dazu allein faktisch unfähig. Voraussetzung ist, daß er sich einem anderen, dem Analytiker, anvertraut. Auch nach den Erkenntnissen der Psychoanalyse also ist erforderlich, was schon die rationale Philosophie als Bedingung der Wahrheitsfindung aufgezeigt hat: die intersubjektive Kommunikation. In ihr gelingt am ehesten die Scheidung von subjektiven, psychischen Motiven und objektiven, sachhaltigen Gründen. Eingebungen des Gewissens sind so viel wert, wie eine uneingeschränkte, intersubjektive »sekundäre Rationalisierung« ihnen zugestehen kann.

Gewissensentscheide geben sich absolut. Sie haben etwas Definitives an sich. Man kann ihnen nur folgen oder nicht folgen. Sich widersprechende Gewissensentscheide zweier Menschen prallen hilflos aneinander ab. Anders Vernunfturteile; man kann ihnen nicht nur folgen oder nicht folgen, man kann sie auch widerlegen. Vernunfturteile sind grundsätzlich offen und revisionsfähig. Und sie sind vor allem offen gegenüber widersprechenden Ansichten. Zu einer vernünftigen Theorie gehört es, daß sie nicht nur ihre eigene Position positiv begründet, sondern auch abweichende Ansichten entkräftet. Solange sie dazu unfähig ist, relativiert sie sich selbst.

Und nun die konkrete Frage: Wie stellt man sich vom Standpunkt einer rationalen Philosophie zu jemandem, der in einem neutralen Staat (wie der Schweiz), der sich zur Selbstverteidigung auf eine Gewaltanwendung innerhalb der eigenen Grenzen (und mit konventionellen Waffen) beschränkt, aus rationalen Gründen den Militärdienst ablehnt, und wie zu jemandem, der, wie zur Unterscheidung formuliert worden ist, aus ›herzhaften Gewissensgründen‹ den Dienst verweigert?

Einsichtige rationale Argumentationen zu politischen und gesellschaftlichen Problemen sollten jedenfalls nicht allein im Gerichtssaal anzuhören sein. Es muß ihnen ein Forum geschaffen werden, vor dem der intersubjektive Meinungsbildungsprozeß nicht durch die Möglichkeit, den Willen und die Befugnis einzelner Teilnehmer zu gerichtlichen Sanktionen beeinträchtigt wird. Staatliche und insbesondere juristische Institutionen sind ihrer Verfassung nach eher konservativ. Neue Erkenntnisse in neuen Situationen gehen selten von den etablierten Institutionen aus. Um so dringlicher ist die Schaffung oder Gewährung von Freiplätzen intersubjektiver Kommunikation, wo neue, sachhaltige Argumente für Probleme von gesellschaftlicher Bedeutung zur Ausformulierung gelangen können. Nur derartige Freiplätze der Diskussion garantieren, daß Anpassungen der vorhandenen Institutionen an neue Einsichten in neuen Situationen rechtzeitig eingeleitet werden. Freilich ist es mit der Existenz von Freiplätzen der Forschung und der Diskussion an sich nicht getan. Gruppen oder Zirkel, die für sich allein diskutieren, ohne Kontakt, ohne Resonanz und Kritik von seiten der Gesamtgesellschaft, werden rasch sektiererisch und weltfremd. Sie brauchen die Möglichkeiten und Mittel, sich Gehör zu verschaffen. Ganz abgesehen davon, daß das Anliegen solcher Freiplätze ja gerade darin besteht, die herrschende Meinung auf Lücken, Inkonsequenzen und Revisionsmöglichkeiten aufmerksam zu machen.

Die Lage ist anders, wenn jemand so stark den Eingebungen seines Gewissens verhaftet ist, daß er auf rationale Argumente nicht einzugehen vermag. Eine öffentliche Diskussion mit dem Betroffenen selbst scheint in solchen Fällen unangebracht. Zum einen ist die Gewissensentscheidung zu sehr mit der persönlichen Lebensgeschichte des einzelnen verbunden. Dies gilt auch, wenn man zugibt, daß psychische Beschränkungen nicht zuletzt gesellschaftliche Ursachen haben und als ein unbewußter Protest gegen verfehlte gesellschaftliche Verhältnisse zu interpretieren sind. Zum anderen verlangt die Aufklärung einer solchen Gewissensbindung die Kompetenz von Fachleuten, von Spezialisten also und gerade nicht von Menschen möglichst verschiedener Herkunft und Ausbildung. Der Psychotherapeut ist in solchen Fällen der Vermittler zwischen dem Einzelnen und der Öffentlichkeit. Mit der Abschiebung von ›Gewissenstätern‹ an einen Therapeuten ist allerdings das letzte Wort noch nicht gesprochen. Insbesondere wenn es sich um ganze Gruppen handelt, die sich an eine bestimmte Gewissensentscheidung gebunden fühlen, mögen ihre Ansichten im einzelnen noch so abstrus erscheinen und fanatisch vorgetragen werden, ist Respekt die richtige Einstellung. Die Vermutung läßt sich nicht so leicht von der Hand weisen, daß solche Randgruppen für gewisse Probleme sensibler und anfälliger sind als der ›gesunde Durchschnitt‹, der sich nur zu rasch angesichts einer komplexen Situation, die vor die Wahl zwischen zwei Übeln stellt, mit einem einigermaßen lebbaren Kompromiß zufrieden gibt. Als zweiter Vermittler zwischen den gesprächsunfähigen Parteien hat denn auch neben dem Psychotherapeuten der Gesellschaftskritiker seinen Platz eingenommen.

5.
Intersubjektive Verantwortung
Phänomenologische Rechtfertigung eines ethischen Rechtfertigungsprinzips

Die phänomenologische Forderung der Ergänzung der individuellen Evidenz durch den intersubjektiven Konsens als Wahrheitskriterium und als Rechtfertigungsprinzip für ethische Entscheidungen stützt sich auf eine radikalisierte Analyse eben dieser Evidenz von Erkenntnissen selber. Zur vollen Evidenz eines Erkenntnisgegenstandes gehört die Thematisierung seiner Bezogenheit nicht nur auf mich, das aktual erkennende Subjekt, sondern auch auf mögliche andere Subjekte mit ihren je andern Gesichtspunkten. In der Übereinstimmung der verschiedenen Gesichtspunkte konstituiert sich objektive Geltung, d.h. etwas, das nicht nur für mich und jetzt gilt, sondern für jedermann und jederzeit Geltung beansprucht. Ein Dialog, bei dem man sich auf die sprachlichen Bekenntnisse und Behauptungen der andern beschränkt, reicht zur Feststellung der Übereinstimmung nicht aus. Zur Ausschaltung von möglichen Mißverständnissen ist das Verstehen des andern durch die Beobachtung seines Verhaltens zu überprüfen. Das hermeneutische Ideal, den Dialogpartner stets nur als Person und niemals als Untersuchungsobjekt zu behandeln, hält weder der empirisch-wissenschaftlichen noch der phänomenologischen Analyse von ›Fremderfahrung‹ stand.

Bei der Diskussion ethischer Fragen, z.B. der aktuellen Dreiheit von Abtreibung, Euthanasie und Militärdienstverweigerung, fällt eine merkwürdige Diskrepanz auf zwischen der Argumentation von Politikern, Ärzten, aber auch von engagierten Schriftstellern, alle nicht-professionelle Theoretiker der Ethik, und der Argumentation von Philosophen, die sich von Berufs wegen und mit professionellen Methoden mit der theoretischen Grundlegung der Ethik befassen.

Die erste Gruppe appelliert an das persönliche Gewissen als die letzte Entscheidungsinstanz. Moralische Anerkennung verdient, wer sein Handeln nicht nach seinen Bedürfnissen, sondern nach den Überzeugungen seines Gewissens richtet. In der zweiten Gruppe ist, abgesehen von einer Sektion traditioneller, meist religiös gebundener Philosophen, der Begriff ›Gewissen‹ fast gänzlich verschwunden. Genauso wie die individuelle subjektive Evidenz in Sachfragen gilt das Gewissen in ethischen Wertfragen nicht mehr länger als eine zuverlässige Instanz. Will man sicher gehen, darf man sich nicht mit seinen persönlichen Evidenzen begnügen, sondern hat sich an dem zu orientieren, was einen intersubjektiven Konsens zu finden vermag, was man im Eingehen auf die Argumente anderer intersubjektiv zu verantworten imstande ist.

In nicht-philosophischen Diskussionen wird kaum je Notiz genommen von der separaten Entwicklung der ethischen Grundlagenforschung, die unter Philosophen im kontinentaleuropäischen Raum seit einem guten Jahrzehnt, im angelsächsischen Bereich schon früher eingesetzt hat: ein für die Philosophen nicht eben ermutigendes Zeichen für die Wirksamkeit ihrer Denkarbeit. Man fragt sich, ob die neue Position noch immer zu wenig schlüssig und griffig vorgetragen wird. Es verstärkt sich auch der Eindruck, daß sie bereits mit der gleichen dogmatoiden Selbstverständlichkeit eingenommen wird, mit der zuvor die alte Position gehalten worden ist. So ist man nicht verwundert, bei Autoren, die mit der Übersiedlung in das Lager der Philosophen die neue Grundlegung der Ethik nicht blind übernehmen wollen, die nach Rat Ausschau haltende Standortbestimmung zu lesen: »Der Kontext der intersubjektiven Rechtfertigung ist der weiteste und allgemeinste, der denkbar ist, stellt aber selbst eine Norm dar, die erklärt und begründet werden muß« (Weisshaupt 1974: 95). In der Tat lassen die gängigen Begründungen Wesentliches zu wünschen übrig.

1. Konsenstheorien

1. Die Erlanger Schule mit ihren Begründern Lorenzen und Kamlah gehört in Deutschland zu den tatkräftigsten Promotoren der Konsenstheorie. Sie stützt sich einerseits auf das Verifikationsprinzip der modernen Naturwissenschaft, nach dem eine Aussage nur dann anerkannt wird, »wenn sie der [methodischen] Nachprüfung durch jedermann standhält« (Kamlah 1962: 127),

andererseits auf den traditionellen Begriff der »vérités de raison« mit ihrem universalen Geltungsanspruch. Das Prinzip der intersubjektiven Universalität wird dann – ebenfalls in der Tradition der rationalistischen Philosophie – vom Wissen von Sachverhalten auf das Verständnis von Normen ausgedehnt.

Das Verifikationsprinzip der Wissenschaften hat sich auf eine so eindrückliche Weise bewährt, daß es niemand ernsthaft in Zweifel ziehen wird. Eine praktische Bewährung ist jedoch nicht auch schon eine erkenntnistheoretisch zufriedenstellende Begründung. Das Verifikationsprinzip der Wissenschaften ist erkenntnistheoretisch unterbestimmt, ebenso wie die spekulative These von der Universalität rationaler Wahrheiten, bei der man zudem eine explizitere Trennung wünschen würde zwischen der ›objektiven‹ Universalität im Sinne ihrer Geltung »in allen möglichen Welten«, d.h. für alle möglichen Aktualisierungen einer Kategorie, und der ›subjektiven‹ Universalität im Sinne ihrer Geltung für alle vernünftigen Wesen, denen die Bedeutung der entsprechenden Kategorie zugänglich ist. (Der Satz, daß die Winkelsumme des Dreiecks der Summe zweier rechter Winkel gleichkommt, ist ›objektiv‹ universal, insofern er für alle möglichen euklidischen Dreiecke, die man sich denken kann, gilt, und zugleich ›subjektiv‹ universal, insofern er bei allen möglichen Subjekten, die ein solches Dreieck vergegenwärtigen, Anerkennung zu finden beansprucht.)

2. Die eindrücklichste Infragestellung der Verläßlichkeit von individuellen Evidenzen stützt sich auf soziologische und psychoanalytische Befunde. Evidenzen sind, mehr als der einzelne es wahrhaben möchte, von persönlichen Interessen geleitet. Die egoistischen Bedürfnisse, gegen deren Priorität sich das Gewissen zur Wehr setzt, sind nur die Spitze eines Eisberges und im übrigen ein willkommenes Alibi, sich selber die Durchsichtigkeit und Selbstbeherrschung der eigenen Interessen vorzutäuschen. Neben den bewußten Interessen gibt es unbewußte Interessen, die sich dem Gewissen nicht offen und frontal entgegenstellen, sondern ihm durch eine geschickte Ablenkung auf Argumente, mit denen ein erwünschtes Ereignis sekundär rationalisiert werden kann, die eigentlichen Motive und die rationalen Gegenargumente abblenden. Die These der Psychoanalyse geht bekanntlich dahin, daß der einzelne nicht in der Lage ist, seine Handlungsmotivationen ohne die Gefahr der Selbsttäuschung zu analysieren.

Dazu hat er sich andern zu stellen, die von seinen persönlichen Bedürfnissen und Interessen nicht betroffen sind.
Diese Befunde genügen an sich, um das persönliche Gewissen als letzte ethische Entscheidungsinstanz zu desavouieren. Sie haben zudem den Vorteil, daß sie leichter zugänglich sind als die phänomenologische Argumentation, die als Hauptthese dieses Referates vorgelegt werden soll. Deren Stärke liegt jedoch für jemand, der es auf philosophische Grundlegung abgesehen hat, darin, daß sie die intersubjektive Ausweisung nicht nur negativ aus dem Versagen der subjektiven Einsicht begründet, sondern aus der Struktur der allen Rechtfertigungen zugrunde liegenden Evidenz selber.
3. Die anspruchsvollste Begründung der Intersubjektivität von ethischen Normen kommt von Karl-Otto Apel (1976: 116ff.). Die Intersubjektivität von Normen wird nicht erst in einem Diskurs argumentativ gerechtfertigt. So etwas wie ein Diskurs ist ohne die implizite Anerkennung von ethischen Geboten wie der Ehrlichkeit durch sämtliche Kommunikationspartner gar nicht möglich. Ethische Normen sind nicht das Ergebnis einer intersubjektiven Kommunikation, sondern – wie es heißt – ihre transzendentalpragmatische Bedingung der Möglichkeit. Der Einwand, daß man sich ja nicht auf einen argumentativen Diskurs einzulassen braucht, zieht nicht. Jemand, der nicht argumentiert, ist, wie Apel, Aristoteles zitierend, zu bedenken gibt, nicht als ein Mensch, sondern »von vornherein gleichsam wie eine Pflanze« anzusehen.
Apels Begründung gleicht der Widerlegung des skeptischen Satzes »Es gibt keine Erkenntnis« mit dem Hinweis, daß die Behauptung des Skeptikers gerade voraussetze, was sie leugne. Sie teilt mit dieser die Stärke und die Schwächen aller mit widersprüchlichen Implikationen argumentierenden Beweisführungen. Ihre Stärke liegt im apodiktischen Charakter, der dem Widerspruchsgesetz eigen ist. Ihre eine Schwäche besteht jedoch darin, daß die Ausweitung der gewonnenen Geltung über das jeweilige Argumentationsbeispiel hinaus – die Behauptung des Skeptikers im einen Fall, das intersubjektive Gespräch im andern Fall – überhaupt nicht gesichert ist, und ihre andere Schwäche, daß nur ein ›Daß‹, aber kein genügendes ›Wie‹ und ›Warum‹ aufgezeigt ist. Bei der Widerlegung der skeptischen Behauptung »Es gibt keine Erkenntnis« wird überhaupt kein positives ›Warum‹ gebo-

ten, bei Apels Begründung der Ethik nur ein bedingtes (die Ehrlichkeit als eine Bedingung der Wahrheitsfindung), jedoch gerade nicht ein absolutes, unbedingtes, wie das im Anspruch von ethischen Normen liegt. Die einzige Bedingtheit, die ethische Normen zulassen, ist negativer Art, die Rücksicht auf rivalisierende ethische Normen in einer konkreten Situation, wenn etwa das Leben eines Menschen nur mit einer Unehrlichkeit zu retten ist.

11. Phänomenologische Begründung der Konsenstheorie

Die phänomenologische Rechtfertigung des Intersubjektivitätsprinzips zeichnet sich gegenüber den drei bisher angeführten Begründungsstrategien durch zweierlei aus. Sie bietet eine positive Begründung für die geforderte Intersubjektivität, und sie mag die Verbindung mit der traditionellen Gewissensethik zu wahren, von der ja auch die Konsenstheorie nicht völlig absehen kann, soll die Übernahme eines intersubjektiven Konsenses durch die einzelnen Teilnehmer nicht in autoritätsgläubiger Unterwürfigkeit einer Mehrheit gegenüber, sondern ihrerseits kritisch erfolgen. Der Übergang von der Gewissensethik zur Ethik des intersubjektiven Konsenses stützt sich auf eine radikalisierte Analyse gerade jenes Rechtfertigungsprinzips, auf das sich die Gewissensethik selber beruft, die evidente Gegebenheit von etwas.
Es ist die Einsicht, die Husserl (1913b: 43) als »Prinzip aller Prinzipien« formuliert hat, nämlich »daß jede originär gebende Anschauung eine Rechtsquelle der Erkenntnis sei, daß alles, was sich uns in der ›Intuition‹ originär darbietet, einfach hinzunehmen sei, als was es sich gibt«. Es handelt sich um ein Prinzip, dessen Stichfestigkeit jedermann selber überprüfen kann. Was mir seiner Struktur nach voll durchsichtig ist, etwa eine elementare arithmetische Wahrheit, an dem kann ich, solange die Evidenz anhält, grundsätzlich nicht zweifeln. Das Kreuz dieses Prinzips ist nur, daß uns herzlich wenig in der erforderlichen vollen Evidenz gegeben ist und mit der von den ethischen Normen beanspruchten Objektivität eigentlich überhaupt nichts.
Zur vollen Evidenz eines Gegenstandes gehört immer auch die Mitgegebenheit seines Bezugs zum erkennenden Subjekt. Augenfällig ist dieser Subjektbezug in der sinnlichen Erfahrung, wo er

sich in der Perspektivität des visuell Wahrgenommenen manifestiert. Die Analyse der Dingwahrnehmung zeigt nun sehr bald, daß zu den Dingen nicht nur der Bezug zum Gesichtspunkt, den das Subjekt zufällig besetzt hält, gehört, sondern der Verweis auf eine unendliche Reihe von anderen Gesichtspunkten, von denen aus die Welt der Dinge ebenfalls betrachtet werden kann. Es ist mir unmöglich, alle diese Gesichtspunkte abzulaufen. Das Evidenzdefizit wird dadurch gemildert, daß es andere Subjekte gibt, die die Möglichkeit haben, wenigstens einen Teil dieser Gesichtspunkte einzunehmen. Meine antizipierte Dingwahrnehmung von diesen zusätzlichen Blickpunkten aus kann von ihnen berichtigt oder bestätigt werden. Die als Rechtsquelle der Erkenntnis geforderte Evidenz verweist mich an andere Subjekte, an deren Zustimmung zu meinen in jeder Erfahrung und in jeder Erkenntnis vorgenommenen Präsumtionen.

Dies trifft erst recht für eine Erkenntnis zu, die Anspruch auf Objektivität erhebt. Objektiv ist, in positiver Wendung, was ›an sich‹ gilt, und in negativer Abgrenzung, was nicht nur gerade jetzt und ›für mich‹ gilt. Objektivität impliziert als Geltung Überzeitlichkeit und Transsubjektivität.

Verwunderlich ist nun, daß Husserl, der Überzeitlichkeit und Intersubjektivität schon sehr früh und häufig miteinander als Korrelate der Objektivität anführt, das prinzipielle Evidenzdefizit, das sie für eine objektive Erkenntnis mit sich führen, nur für die Überzeitlichkeit explizit zu Wort kommen läßt. Im Spätwerk *Formale und transzendentale Logik* (1929: 239) spricht er von »einer peinlichen und doch unvermeidlichen Relativität, einer Vorläufigkeit statt der erstrebten Endgültigkeit« aller Evidenz. Ansichseiendes läßt sich als solches subjektiv dadurch ausweisen, daß man immer wieder auf es zurückkommen kann. Ansichsein konstituiert sich im Subjekt durch die iterative Deckung seiner Gegebenheitsweisen. Das ist, wie Husserl in der gleichen Schrift (1929: 157) einprägsam formuliert, »eine offenbare Idealisierung, da *de facto* niemand immer wieder kann«.

Angesichts der abschätzigen Klassifizierung von Husserls Wahrheitstheorie als einer individualistischen Evidenztheorie seitens der Konsenstheoretiker ist abermals verwunderlich, daß noch kein Phänomenologe die explizite Ausweitung der Rechtfertigungsproblematik von der Dimension der Überzeitlichkeit auf die Schwesterdimension der Intersubjektivität vorgenommen hat.

Die Notwendigkeit der intersubjektiven Ausweitung der Evidenz- und Rechtfertigungsproblematik, aber auch der präsumtive, auf ein im Unendlichen liegendes Ideal vorgreifende Charakter eines intersubjektiven Konsenses liegt in Husserls langen Ausführungen zur Evidenz- und Intersubjektivitätsproblematik geradezu auf der Hand. Sie drängt sich jedem Dissertanten, der nicht am Buchstaben hängen bleibt, auf (vgl. Holenstein 1972a: 72f.).

Exkurs: Ebenso unhaltbar wie die Behandlung der Evidenz- und der Konsenstheorie nicht als komplementäre, sondern als alternative und rivalisierende Theorien ist die Ausdehnung der wechselseitigen Ausschließlichkeit auf die beiden andern bedeutenden Wahrheitstheorien, die Korrespondenz- und die Kohärenztheorie. Das wird offenbar, sobald man nach einem Kriterium für die Unterscheidung zwischen einem berechtigten und einem unberechtigten Konsens Ausschau hält. Wollte jeder einzelne seinen Konsens mit nichts anderem als der Einigkeit aller übrigen Kommunikationspartner rechtfertigen, hätte man den lasterhaftesten Zirkel der gesamten Philosophiegeschichte vor sich. Die neuere Kritik der Korrespondenztheorie stützt sich auf die zugegebenermaßen nicht leicht überwindbare Schwierigkeit, den Begriff der Wirklichkeit unabhängig vom Begriff der ›wahren Aussage‹ einzuführen.[1] Einen Ansatz dazu bildet der Nachweis, daß die Prädikation keine nicht-hintergehbare Operation ist, wie das von vielen Philosophen erkenntnispsychologisch naiv angenommen wird; sie ist es kognitiv nicht und nicht einmal sprachlich. Sprachgenetisch geht die Modifikation (›rotes Haus‹) der Prädikation (›Das Haus ist rot‹) voraus (vgl. Holenstein 1980: 26ff.). Bevor etwas zum Subjekt von (wahren) Prädikationen wird, erscheint es als ein Substrat von (relationalen) Eigenschaften. Die Realität dieser Eigenschaften ist bei mathematischen und logischen Entitäten in ihrer Kohärenz fundiert, bei realen Entitäten in ihrer kausalen Abhängigkeit und der Einwirkung umgebender Entitäten und bei beiden neben dieser inneren Konsistenz in ihrer Resistenz gegenüber subjektiven Einflußmaßnahmen, deren Resultat sich immer wieder als bloßer Schein vor der eigengesetzlichen Wirklichkeit verflüchtigt. Die von der Korrespondenzfrage losgelöste Konsenstheorie stützt sich auf ein bloßes subjektives und faktisch keineswegs notwendiges Korrelat einer wahren Aussage, das mit der Begründung der Wahrheit so wenig gemein hat wie ein Symptom mit der Krankheitsursache. In der Tradition sprach man von einem »externen« Kriterium. Als solches ist ein Konsens theoretisch zwar kein hinreichendes, praktisch jedoch ein unverzichtbares Kriterium. So schon Kants Argumentation (1798: 128):

Der *logische Egoist* hält es für unnötig, sein Urteil auch am Verstande anderer zu prüfen; gleich als ob er dieses Probiersteins (*criterium veritatis externum*) gar nicht bedürfe. Es ist aber so gewiß, daß wir dieses Mittel, uns der Wahrheit unseres Urteils zu versichern, nicht entbehren können, daß es vielleicht der wichtigste Grund ist, warum das gelehrte Volk so dringend nach der *Freiheit der Feder* schreit; ... Man sage ja nicht, daß wenigstens die *Mathematik* privilegiert sei, aus eigener Machtvollkommenheit abzusprechen; denn wäre nicht die wahrgenommene durchgängige Übereinstimmung der Urteile des Meßkünstlers mit dem Urteile aller anderen, die sich diesem Fache mit Talent und Fleiß widmeten, vorhergegangen, so würde sie selbst der Besorgnis, irgendwo in Irrtum zu fallen, nicht entnommen sein...

III. Die Idealisierungen der Konsenstheorie

Die Konsenstheorie steckt voller Idealisierungen, so sehr, daß man auf den Verdacht kommt, daß die Teufel der individualistischen Evidenztheorie, die man mit soviel Eloquenz gebrandmarkt und ausgetrieben hat, auf der neuen intersubjektiven Ebene des Konsenses mit Verstärkung wiedergekehrt sind. Zwei empfindliche Beeinträchtigungen des Konsensprinzips werden von seinen Verfechtern ausdrücklich in Rechnung gestellt, die prinzipielle Unabgeschlossenheit der intersubjektiven Beratung – es ist unmöglich, die Meinung aller Vernunftbegabten einzuholen, zumal man außer an die vergangenen auch noch an die zukünftigen Generationen als potentielle Kommunikationspartner zu denken hat – und die faktische Unrealisierbarkeit eines freien, chancengleichen, durch keine weder offene noch geheime Verführungen, Privilegien und Sanktionen verfälschten Diskurses. Die Konsequenzen freilich, die sich aus diesen Einschränkungen für die Wahrheitssuche und die rationale Verantwortung von Handlungsnormen ergeben, sind nur minimal abgesteckt und gezogen worden. Gerade das ist vordringlich. Der normative, jede Argumentation leitende Vorgriff auf eine ideale Sprechsituation, die antizipatorische Unterstellung ihrer Realität, kann zwar überzeugend (vgl. Habermas 1971: 122ff., 141) als eine konstitutive Notwendigkeit für die Durchführung eines konkreten Diskurses aufgewiesen werden. Von dieser normativen Funktion abgesehen, stellt sich jedoch alsbald die Frage: Was nützen uns sterblichen Erdenbewohnern die Regeln der Konsensbildung und Zielsetzungen, die in Utopia für eine klassenlose Gesellschaft und im Himmel für Engel praktikabel sind, wenn wir uns in einer spätkapitalistischen oder frühstaatsmonopolistischen, jedenfalls in einer verrotteten und sich von einer Krise in die nächste verfahrenden Welt zurechtzufinden haben? Die Gefahr ist, daß abstrakte Geltungsansprüche Illusionen wecken und mehr schaden als nützen.

Beim Umschauen nach einer Orientierungshilfe in diesem weithin undurchsichtigen Problemkomplex bin ich auf eine politologische Studie zur Totalrevision der Schweizerischen Bundesverfassung von Raimund E. Germann (1975) gestoßen. Staatsverfassungen gehören bekanntlich seit Plato zu den vornehmsten Themen und Aufgaben oder zumindest Interessen der Philosophie. Dazu bietet sich die Schweiz mit ihrer direkten Demokratie und ihrem ausgeprägten Föderalismus, mit dem, was man hierzulande ›Konkordanzdemokratie‹ nennt, als eine verheißungsvolle Fundgrube für die Konkretisierung oder, wie man im wörtlichen Sinn sagen könnte, ›Säkularisierung‹ der Konsenstheorie an. Eine Verfassungsrevision wird in der Schweiz durch ein breit angelegtes Vernehmlassungsverfahren, also eine Art intersubjektiver Argumentensammlung und -sichtung eingeleitet. Aus der Prozedur, die zum Zwecke der Totalrevision der Bundesverfassung seit 1967 im Gange ist, hat Germann bedenkenswerte Folgerungen zur Optimalisierung einer demokratischen Willensbildung vorgelegt. Sie haben mit den Maximen wenig gemein, die von den philosophischen Konsenstheoretikern von der utopischen Sprechsituation her, in der sich jeder gleich, frei und zurechnungsfähig zu Wort meldet, insinuiert werden. Zum Teil laufen sie diesen diametral entgegen. So ist es ratsam, von vornherein auf thematische Vollständigkeit zu verzichten. Die Diskussion wäre von niemand zu bewältigen. Sie würde in der komplexen Fülle der Probleme ersticken. Das bedeutet aber gleichfalls, daß von vornherein Anliegen gewisser Gruppen zu kurz kommen.[2] –

Innovationschancen verringern sich, wenn sich die Reformvorschläge nicht mit den Interessen strategisch wichtiger Gruppen vertragen. – Dem Wissenschaftler fällt die Aufgabe zu, den politischen Konsens, der sich am ehesten einstellt, nämlich den Konsens, daß Sachzwänge einfach keine Änderung zulassen, zu brechen, indem er mit dem Entwurf von Alternativmodellen zum Gesamtsystem neue Handlungsmöglichkeiten sichtbar macht. Bevor entschieden wird, was notwendig ist, ist abzuklären, was möglich ist.

In diesem Zusammenhang ist auch auf die reiche Literatur über die Vor- und Nachteile des Proporz- und des Majorzsystems bei Wahlen zu verweisen. Wenn es keinen einstimmigen Konsens gibt, was ist dann von allen Implikationen her vernünftiger, die Begünstigung von Mehrheitsverhältnissen oder der Vielheit unterschiedlicher Anliegen? Das Majorzsystem privilegiert mäßige Programme, da in der Regel nur solche eine absolute Mehrheit finden. Proporzsysteme, die gerechter zu sein scheinen, ermöglichen in Krisenzeiten über unheilige Allianzen die Machtergreifung extremistischer Formationen. Eine Behauptung geht dahin, daß dem Faschismus bislang nur in Staaten mit einem Proporzsystem die Machtübernahme auf legalem Weg gelungen sei, obwohl Rechtsextremisten in Staaten mit dem Majorzsystem keineswegs weniger zahlreich seien. Mehr als diese skizzenhafte Absteckung von Konsequenzen, die sich aus der Irrealität des einstimmigen Konsenses ergeben, ist an dieser Stelle nicht möglich.

IV. Die hermeneutische Idealisierung des Dialogs

Eine dritte Idealisierung der Konsenstheorie wird von ihren Verfechtern ebenfalls ungenügend problematisiert. Gemeint ist der durchgängig dialogische Charakter der intersubjektiven Rechtfertigung. Wenn ethische Fragen zur Untersuchung anstehen, ist das dialogische Vorgehen noch zusätzlich gefordert durch den »praktischen Imperativ« Kants (1785: 429), niemals eine Person, weder die eigene noch die eines andern bloß als Mittel, sondern jederzeit zugleich als Zweck zu behandeln. Die dialogische Idealisierung verbietet, einem Kommunikationspartner unbewußte Motive zu unterschieben, die sich seiner Zurechnungsfä-

higkeit entziehen. Ansonsten würden wir ihn als ein Objekt behandeln, »*über* das wir mit dritten kommunizieren können, aber eben nicht *mit* ihm selber«. »Wir supponieren«, so Habermas (1971: 119, 128), »daß die Subjekte sagen können, welcher Norm sie folgen *und warum* sie diese Norm als gerechtfertigt akzeptieren.« »Wir lassen kein Motiv zu, das die Subjekte nicht nötigenfalls selbst zu ihrer Rechtfertigung mitteilen könnten.« Zwei Ausnahmen werden freilich akzeptiert, Fälle individueller und kollektiver Pathologie. Hier haben Psychoanalyse und Ideologiekritik den ungestörten Zugang zu den Intentionen des eigenen Handelns gegen Widerstände freizulegen, denen mit einem bloßen Dialog nicht beizukommen ist. Der die Selbsterkenntnis blockierende Widerstand muß zuerst abgebaut werden, gegebenenfalls, wenn man die Erfahrungen der Psychiatrie mitberücksichtigt, durch medizinische Eingriffe, die neue affektive Verhältnisse ermöglichen, jedenfalls in Abstützung auf Theorien, die mit einer phänomenologischen Selbstreflexion oder einem hermeneutischen Gespräch nur teilweise begründbar sind.
Vertreter der existentialistischen Dialogphilosophie würden sich kaum wundern, daß gerade von der Husserlschen Phänomenologie her Vorbehalte gegen eine dialogische Konzeption des intersubjektiven Erfahrungsaustausches angemeldet werden. Husserls Intersubjektivitätsanalysen wird der Vorwurf gemacht, daß sie den andern objektivieren und verdinglichen, sind doch nach Husserl für die Fremderfahrung die gleichen Kategorien maßgebend wie für die Dingerfahrung. Zum unmittelbar präsenten Leibkörper des andern werden zusätzliche Gehalte appräsentiert, und zwar durch eine assoziative Übertragung und Verallgemeinerung selbsterlebter Intentionen. Selbst wenn man eine unmittelbare Erfahrung von Personalem nicht ausschließt, kann man sich doch davon überzeugen, daß die von Husserl analysierte objektivierende Fremderfahrung eine wesentliche, ständige und nichtüberkommbare Begleitform ist, andere Personen zu verstehen. Die Inkongruenz zwischen sprachlichen Aussagen und expressiver Mimik und Gestik auf der einen Seite und Handlungen auf der andern Seite, die den psychisch Kranken so sehr kennzeichnet, ist in nicht-krankhaften Formen ein sehr allgemeines Phänomen. Nicht nur Politiker hören die (An-)Klage[3], ein Ding zu sagen und ein anderes zu tun. Selbst wenn man eine Verallgemeinerung der Diskrepanz zwischen Wort und Tat für zu pessimi-

stisch, wenn nicht gar für zynisch hält, wird man doch beistimmen müssen, daß zumindest eine Inkongruenz in bezug auf die Verständlichkeit besteht. Gänzlich unreflektiert ändern wir immer wieder unsere Einstellung zum Kommunikationspartner und verlegen uns offen oder diskret auf eine Beobachtung seines Tuns, nicht weil wir ihm mißtrauen und noch weniger in einer unmenschlichen Absicht, ihn zu verdinglichen, sondern einfach, um uns zu vergewissern, ob wir seine Sprache und seinen Ausdruck auch richtig verstehen, oder sogar bloß, um ihn rascher zu verstehen. Wir realisieren das vor allem im Kontakt mit Kindern und Jugendlichen und mit Angehörigen anderer Kulturen mit uns fremden Ausdrucksformen und Argumentationsstrategien. Immer wieder entpuppen sich Konsense, zu denen man mit Fremden erstaunlich rasch gelangt, als Pseudokonsense, beruhend auf Selbstmißverständnissen und Fehleinschätzungen des Partners. Der Entwicklungspsychologe Kohlberg (1971: 181) berichtet, wie ein 17jähriger einer moralischen Überlegung, die sich nach seiner, Kohlbergs, Hierarchie von moralischen Urteilen auf der altruistischen Stufe 6 befindet, spontan zustimmt, mit seiner eigenen Formulierung jedoch gleichzeitig verrät, daß er sie ahnungslos als eine Argumentation verstanden hat, die auf der sehr egozentrischen Stufe 2 zu plazieren ist. Damit soll nicht insinuiert werden, daß man jeden Neuling, bevor man ihn am allgemeinen ethischen Diskurs teilnehmen läßt, auf die für eine vernünftige Argumentation erforderliche affektive Reife und kognitive Kompetenz zu testen hat, obwohl bekanntlich solche Tests für die Aufnahme in wirtschaftliche Entscheidungsgremien immer mehr eingeführt werden. Es soll nur die Tatsache festgehalten werden, daß jeder vernünftige Diskurs zumindest eine virtuelle Objektivierung des Partners impliziert.

Die Evidenz, die zur intersubjektiven Rechtfertigung einer Erkenntnis gefordert ist, erstreckt sich also auch auf die Übereinstimmung zwischen dem Verständnis der Sprache und des Ausdrucks des andern *und* der Beobachtung seines Tuns. Nun mehren sich harte Indizien, daß selbst der Ansatz der traditionellen Phänomenologie für eine solche dualistische Erfahrung des andern noch zu eng ist. Für die klassische Phänomenologie gilt der Grundsatz, allein in Betracht zu ziehen, was in reiner Anschauung zugänglich ist, und alles zur bewußtseinsimmanenten Erfahrung theoretisch Hinzuapperzipierte, wie etwa ihr neurologisches

Substrat und dessen physikalische Kausation, aus ihrer Struktur- und Motivationsanalyse auszuklammern. Neuere sozio- und neurolinguistische Befunde legen nahe, daß die traditionelle Handhabung der phänomenologischen Reduktion unser Wissen über die Grundlagen des menschlichen Handelns nicht nur unnötig einschränkt, sondern darüber hinaus bodenlosen motivationalen bzw. hermeneutischen Interpretationen Vorschub leistet.
Zwei Beispiele: Dialektforscher ließen sich von New Yorkern sagen, daß sie kein postvokalisches /r/ gebrauchen, daß für sie also die Aussprache von ›source‹ und ›sauce‹ identisch sei. Nachfolgende spektrographische Aufzeichnungen zeigten dagegen einen regelmäßigen Unterschied in der Aussprache der beiden Vokalkerne von ›source‹ und ›sauce‹, der mit dem Unterschied in der Aussprache der gleichen Vokalkerne in andern Dialekten übereinstimmt, in denen das postvokalische /r/ noch immer hörbar ist. Solche Diskrepanzen zwischen der eigenen Sprache und ihrer Wahrnehmung und Beurteilung sind wiederholt festgestellt worden (Labov 1975: 109f.). Das zweite Beispiel: Die amerikanischen Sprachforscher Lenneberg und Roberts fanden, daß Zuni-Indianer, die nur ein Wort für Gelb und Orange kennen, gelbe und orangefarbige Farbmuster mit größerer Mühe auseinanderhalten als englisch sprechende Personen, die dafür zwei verschiedene Wörter haben. Der Befund wurde weithin mit Befriedigung zur Kenntnis genommen, bestätigte er doch eine der wenigen Thesen, in denen sich traditionelle Linguisten, sprachanalytische und hermeneutische Philosophen einig wußten, die These von der sprachlichen Determination unserer Welterfahrung, ja vielleicht unserer gesamten Weltanschauung. Leider steht ausgerechnet diese These, die so viele einander fremde und feindliche Lager vereinigt, unter Dogmaverdacht. Zwei Forscher an der ETH, von Wattenwyl und Zollinger (1979), stellten fest, daß die Quechi-Indianer, die nur ein Wort für Blau und Grün haben, die beiden Farben in Wahrnehmungstests doch mehrheitlich unterscheiden. Sollten sich diese Ergebnisse in weiteren Untersuchungen bestätigen, läge eine Verhaltensdiskrepanz zwischen verschiedenen Volksgruppen vor, bei der keine Introspektion, kein hermeneutisches Gespräch und auch keine durch psychoanalytische Erkenntnisse und Prozeduren angereicherte ›Tiefenhermeneutik‹ Aufklärung verschaffen dürfte. Von Wattenwyl und Zollinger halten dagegen eine neurologische Erklärung bereit, die

einige Plausibilität in Anspruch nehmen kann. Elektroretinogramme zeigen, daß grüne und blaue Farbmuster neurophysiologisch von zwei verschiedenen Elektropotentialen bearbeitet werden, während ein orangefarbiges Muster zugleich den Gelb/Blau-Rezeptor (wie ein gelbes Muster) und den Rot/Grün-Rezeptor stimuliert. Für das menschliche Gehirn sind also Gelb und Orange einander ähnlicher als Grün und Blau. Die Farbwahrnehmung scheint weniger sprachlich als neurologisch determiniert zu sein.

In diesen Beispielen stehen sprachliche und nicht ethische Regeln und Normen auf dem Spiel. Und glücklicherweise ist es so, daß sprachliche Regelunkenntnis und Regelverstöße gemeinhin – von spezifischen Situationen abgesehen – nicht als ein moralisches Versagen geächtet sind. Mit den beiden Beispielen war nur beabsichtigt, eine in Philosophenkreisen mit einer starken humanistischen und vor allem idealistischen Tradition noch immer weitverbreitete Vertrauensseligkeit in bezug auf klassische phänomenologische und hermeneutische Erkenntnismodelle grundsätzlich anzuschlagen.

Andere soziolinguistische Befunde dürften sich ohne weiteres auf moraltheoretisches Gelände extrapolieren lassen: Wer eine sozial geächtete Sprachform gebraucht, tendiert dazu, diese Tatsache bei sich selber und ihm nahestehenden Personen zu überhören (Labov 1975: 107). Umgekehrt macht das Bewußtsein vom Gebrauch solcher Formen überdurchschnittlich hellhörig für ihren Gebrauch auch durch fremde Personen (105). Viele Leute behaupten, daß sie gewisse Regeln, die sie zusammen mit ihrer Sprachgemeinschaft seit längerem aufgegeben haben, noch immer befolgen (109). Der Gebrauch von Sprachregeln ist gewöhnlich konsistenter als ihre reflexive Anerkennung und Beurteilung durch die Sprecher. Beobachtungsdaten sind darum zuverlässiger als die Reflexionen und Beteuerungen der Sprecher selber (112).

Erkenntnistheoretisch am vertracktesten ist der Befund, daß nicht nur Introspektionen, sondern auch ganze, Regeln betreffende Gruppenkonsense besonders unzuverlässig sind, wenn sie in das von den jeweiligen Personen und Gruppen vertretene theoretische Konzept passen. Der Soziolinguist Labov (1975: 102) führt als ein besonders eklatantes Beispiel die These zweier dissidenter Chomsky-Schüler an. Sie begründeten die Nichtgrammatikalität eines von Chomsky verteidigten Satzes mit der Behauptung, daß neun der zehn von ihnen befragten Personen ihnen zugestimmt hätten. Von einer andern Universität, an der Chomskys Theorie dominierte, kam dagegen der Bescheid, daß die überwiegende Mehrheit Chomskys Urteil folge. Als besonders suspekt führt Labov Dissertationen an. Sie stehen bekanntlich in mancherlei Weise unter dem Einfluß des leitenden Professors. Ausgerechnet jene Arbeit, mit der ein Student seine Wissenschaftlichkeit legitimieren sollte, ist von wissenssoziologischer Warte aus als dubios anzusehen, was ja durch das traurige wissenschaftsgeschichtliche Schicksal der meisten und nicht zuletzt der schulintern erfolgreichsten Dissertationen bestätigt wird. Aber wichtiger als Bedenken in bezug auf die bestehenden Prüfungsordnungen ist das erkenntnistheoretische Problem, das dahinter steckt und das man, wie gesagt, nur vertrackt nennen kann. Es gibt nämlich ein vielfach bewährtes wissenschaftstheoretisches Rechtfertigungsprinzip, dem die angeführten Beobachtungen widerstreben. Eine wissenschaftliche Hypothese ist um so plausibler, je besser sie sich mit den bereits etablierten Hypothesen verträgt, je besser sie sich in das bereits bestehende Wissenschaftsgebäude einfügt bzw., wenn es eine neue Theorie ist, je besser sie die bisherigen Theorien zu integrieren vermag. Je einfacher und allgemeiner eine Theorie, desto gewichtiger ist sie auch.

Als Ausweg aus diesem Dilemma bietet sich die methodische Trennung an zwischen einem innovatorischen Diskurs, dessen Ziel die Aufstellung neuer Hypothesen ist, und dem eigentlich rechtfertigenden Diskurs, in dem eine Hypothese an den vielfältigsten Kriterien überprüft wird, die alte Trennung mit anderen Worten zwischen *ars inveniendi* und *ars iudicandi*, wobei freilich darauf zu bestehen ist, daß die erste der zweiten nicht nur vorgeordnet, sondern immer auch als *ars innovandi* nachgeordnet ist. Ein bewährtes Rechtfertigungsprinzip, wie der intersubjektive Konsens und die intra- und intertheoretische Harmonie, ist nicht unbedingt auch schon ein fruchtbares heuristisches Prinzip. Für die kreative Fortentwicklung einer Wissenschaft wie für die Innovation von politischen Strukturen (vgl. Germann 1975: 137f.) ist gerade der bewußte und strategische Verzicht auf einen vorschnellen Konsens und die Entwicklung von alternativen Modellen zu erstreben. Rivalitäten machen Relativitäten sichtbar, verweisen auf funktionale Äquivalenzen und motivieren so eine gewisse Toleranz Andersdenkenden gegenüber. Der fruchtbarste Boden für Alternativen ist ein Dissens in Teilaspekten eines Problemkreises. Die menschliche Natur und die menschliche Gesellschaft sind derart, daß man um Anlässe für solche kreativitätsfördernde Dissense nicht besorgt zu sein braucht. Anders in der von den Konsenstheoretikern antizipierten idealen Sprechsituation. Das Fehlen gruppendynamischer Spannungen, die allseitige Eintracht in bezug auf Interessen und Erkenntnisse, würde nur den *status quo* begünstigen, auch wenn dieser in einer sachlich unzureichenden Rechtfertigung aller Überzeugungen bestehen würde. Ein alle Interessen zufriedenstellender Konsens ist zwar erkenntnisbestätigend, aber nicht weiterhin erkenntnisfördernd.

Die vorgetragenen Überlegungen lassen sich in eine Hauptthese und zwei Ergänzungsthesen zusammenfassen: 1. Jeder Erkenntnisgegenstand verweist intentional auf eine unendliche Zahl von erkennenden Subjekten mit einem je verschiedenen Horizont. Das phänomenologische Evidenzideal einer adäquaten Gegebenheit erfordert die Aufrollung dieses unendlichen intersubjektiven Verweisungsnetzes, wozu immer nur dürftige Anfänge möglich sind. 2. Die intersubjektive Rechtfertigung impliziert eine Abstimmung zwischen der dialogisch eingeholten Meinungsäußerung eines Partners und der Beobachtung seines faktischen Tuns. Dazu ist verschiedentlich das ethische Prinzip, den andern stets nur als Person und nicht als Untersuchungsobjekt zu behandeln, vorübergehend zu suspendieren. 3. Ein erreichter Gruppenkonsens ist erkenntnisstagnierend. Fortschreitende Wahrheitsfindung und Willensbildung profitieren von einem Alternativen fördernden Dissens.

6. Interkulturelle Beziehungen – multikulturelle Verhältnisse

Im Ausgang von Japan-Berichten in der westdeutschen Presse

Nach einer um die Jahrhundertmitte in der Philosophie angelsächsischer wie kontinentaleuropäischer Ausrichtung nahezu einhellig gepflegten Meinung unterscheiden sich Kulturen in einer Weise, die transkulturell gültige Aussagen ausschließt. Als ebenso unmöglich, ja als naiv, auf einer mangelnden Einsicht in die kulturelle Relativität der menschlichen Fähigkeiten beruhend, galten Versuche, Errungenschaften einer Kultur in eine andere zu übernehmen. Von Ansichten dieser Art – manifest in den Pressereaktionen auf die wirtschaftliche Herausforderung Japans – lassen sich noch immer weite Kreise deutscher Intellektueller bestimmen, obwohl die Forschung, führend in den Sprachwissenschaften, die sie nährenden Hintergrundannahmen als ablösungsbedürftig ausgewiesen hat.

Bei Kulturvergleichen paart sich die Bestreitung von interkulturellen Invarianten *mit einem inkonsequenten Übersehen von* intrakulturellen Varianten, *das sich in pauschalen Gegenübersetzungen von ›abendländisch‹ und ›orientalisch‹, von ›europäisch‹ und ›asiatisch‹ oder ›chinesisch‹, ›japanisch‹ usw. verrät. Beides,* inter*kulturelle Invarianz und* intra*kulturelle Variation sind, im Anschluß an sprachwissenschaftliche Pionierforschungen, neu einzuschätzen. Ineins damit bedarf das Ausgehen von* diskontinuierlich *einander ausschließenden Kulturtypen einer Korrektur durch die Einsicht in* kontinuierlich *ineinander übergehende Typen. Eine einzelne Kultur erweist sich zudem nie ausschließlich als der Endpunkt einer Abstammungslinie, einer homogenen* Tradition, *sondern immer auch als ein Schnittpunkt von Kontaktlinien, von ›arealen‹* Diffusionen *über geschichtliche Verwandtschaftsgrenzen hinweg. Das philosophische Ideal einer Universalsprache gilt mit guten Gründen als gescheitert. Ebenso bemerkenswert wie diese Gründe sind die Kompromisse, die approximativ geglückte*

Teilrealisationen dieses ausgeträumten Traums möglich gemacht haben. Sie sind verwandt mit den Kompromissen hinter dem sich abzeichnenden Gebrauch – zum ersten Mal in der Geschichte der Menschheit – einer universalen lingua franca.

1. Siamo barbarissimi

Bis in die sechziger Jahre stand das moderne Japan als Modell für andere Länder der Dritten Welt zur Diskussion. Wohlwollend wünschte ihm, wer kosmopolitisch gesinnt war, Erfolg. Bei einem Mißerfolg befürchtete man, was Bertrand Russell (nicht zu Recht, wie sich herausstellte) bereits 1922 (168) bei einer Niederlage der damals militärischen Großmacht Japan prophezeit hatte: daß die gesamte nichtweiße Welt darunter zu leiden hätte, daß das ins Taumeln geratene Überlegenheitsgefühl der Weißen neu erstarken würde und daß die letzte Chance für das Überleben nichtwestlicher Zivilisationen verloren ginge.[1]
Seit sich Japan in zukunftsträchtigen Industrien daran gemacht hat, Spitzenpositionen einzunehmen, und zudem die allgemeine Wirtschaftskrise der letzten Jahre besser zu bestehen vermochte, hat sich die Perspektive verschoben. Zur Debatte steht Japan jetzt als Muster für die industrialisierten westlichen Länder. So auch seit drei oder vier Jahren in den Medien der Bundesrepublik Deutschland. Die hier vorherrschende Philosophie ist jedoch befremdend. Es ist nicht die Russells und keine, die dem internationalen Stand der Forschung in den Kulturwissenschaften auch nur nahekommt.
Für seine bislang eingehendste Auseinandersetzung mit dem »Modell Japan« wählte *Der Spiegel*[2] den Titel »Von den Japanern lernen? Nein!« – Begründung: »Was als originär japanischer Weg . . . feststeht, ist gerade deshalb nicht exportierbar. Lernen von Japan dürfte ein kaum mögliches Unterfangen sein, denn die Verhältnisse und die Menschen in anderen Ländern – die sind nicht so.« – »Lernen von Japan? Für Europäer und Amerikaner scheint das kaum möglich, wäre es doch im Kern ein sozialer, ja emanzipatorischer Rückschritt.« – Schluß: »Japan als Modell taugt nicht, taugt bestenfalls als bestaunenswerte Rarität.«
Das ist nicht jedermanns Ton. Aber die Denkweise, das ergibt ein Umlesen in anderen Blättern und ein Umhören unter Kollegen

und Studenten einer deutschen Universität, ist mit offensichtlich alten Wurzeln über ein weites intellektuelles Spektrum verbreitet. Die zweite Zitatengruppe aus der zweiten bedeutenden deutschen Wochenzeitschrift ist dafür ein Beleg, um so mehr, als hier die Abstandnahme nicht wie häufig mit einem Herunterspielen der wirtschaftlichen und gesellschaftlichen Leistungen des anderen Landes einhergeht.

Unter dem Titel »Wieder besucht: Japan. Wie standhalten im Wettbewerb mit einer wesensfremden Gesellschaft«? schreibt Gerd Bucerius in *Die Zeit* (1983)[3]: »Auch in Japan gibt es ›Gehorsam‹. Er stammt aber aus einer langen Geschichte und ist wohl schon eine genetisch verwurzelte Denkweise. Sie fordert freiwillige Anstrengung durch Verzicht auf Urlaub, auf manche Lebensfreude. . . . Die Familie steht im zweiten Rang. Die Beziehungen zur Firma werden mit denen der Mutter zu ihrem Kind verglichen (›*amae*‹). Nichts davon können wir übernehmen. Wir müssen mit dieser uns endgültig fremden Gewalt fertig werden.« – »Wir müssen diese Gesellschaft akzeptieren. Übernehmen können wir sie nicht; es sei denn, wir wollten 2500 Jahre europäischer Geschichte aufgeben. Unsere Lebensform kann nur sein: Unabhängigkeit und Selbständigkeit des einzelnen, der sich allenfalls vor Gott zu verantworten hat.«

Das ist in einer anderen Sprache geschrieben, in einer, die aus dem Jahre 1910 oder 1920 datieren könnte. Man liest sie mit um so mehr Verstörung, als sie von jemand stammt, dem große Verdienste um den Aufbau und den weithin sichtbaren Erfolg einer liberalen deutschen Nachkriegspresse zugeschrieben werden.

Es fehlt sicherlich nicht an Gegenstimmen.[4] Seit einiger Zeit werden sie auch mehr gehört, auch in den zitierten Wochenzeitschriften.[5] Ihnen ist dieser Essay als kulturphilosophischer Sukkurs gewidmet. Bei einem solchen Vorhaben geht man am besten von Kontrasten aus.

1. An erster Stelle ist anzuerkennen, daß die gleichen Publikationsorgane, die, mit Japanischem konfrontiert, eine so abschottende Haltung einnehmen, der feindlichen Stimmung gegenüber den Ausländern im eigenen Land kompromißlos widerstehen. Aber man sollte nicht der Illusion anhängen, man könne sich selber, dem Innenminister und den Leuten, die in jenen Stadtteilen leben, in denen auch die ungeliebten Gastarbeiter ein- und ausgehen, jegliche Fremdenfeindlichkeit verbieten und gleichzei-

tig der Abneigung gegen eine außereuropäische Kultur in den gehobenen Kanälen, die einem Intellektuellen zur Verfügung stehen, einen ungehemmten Lauf lassen, ohne daß sich dies früher oder später auf die Einstellung gegenüber Fremdem und Fremden ganz allgemein auswirkt. Was da auf verschiedenen Ebenen und mit verschiedenen Mitteln abgewehrt wird, ist nicht nur eine fremde Kultur, die türkische hier, die japanische dort, sondern auch – und weniger bewußt – die Bereitschaft zu einem Leben in einer multikulturellen Gesellschaft.

2. Die heute in der Bundesrepublik vorherrschende Einstellung zu Japan kontrastiert in auffallender Weise mit der in den USA dominierenden. Für den *Spiegel* ist Japan »bestenfalls eine bestaunenswerte Rarität«. Nach dem *Stern*[6], an einer alten ptolemäischen Weltkarte orientiert, »sollten wir das ›Modell Japan‹ dort lassen, wo es hingehört – auf einer Insel in Fernost«. Das amerikanische Nachrichtenmagazin *Time*[7] gebraucht zur Eröffnung seiner Sonderausgabe über Japan ebenfalls ein altes Bild, aber ein wohl doch realitätsnäheres: Japan, das ist »that vigorous, fascinating nation poised at a hazardous crossroad between East and West«.

Zu viele westdeutsche Reportagen über Japan erinnern an Berichte osteuropäischer Parteizeitungen über den Westen: ein borniertes Sicheinschießen auf die dunklen Flecken, die beim erfolgreichen Rivalen immer auch auszumachen sind, auf Halbwahrheiten, mit denen man sich selber betört. Schlechte Verlierer reagieren so.[8] Starke Verlierer, die sich bei einem anstehenden Wettbewerb wiederum einen Spitzenplatz zutrauen, wissen, auf was sie zu achten haben, auf die Stärken des Konkurrenten. Ihn holt man am besten mit den Mitteln ein, mit denen er einen selber überrascht hat. Sie wissen entsprechend, seine Leistung zu schätzen.

3. Die pauschale Zurückweisung japanischer Lehrstücke in den eingangs zitierten Wochenzeitschriften kontrastiert auch mit der selektiven Akkulturation, zu der sich Japans Restauratoren vor gut hundert Jahren entschieden hatten. Sie waren zu einem Eintausch von weit mehr gesellschaftlichen und kulturellen Werten bereit, als dies heute in Europa ansteht. Um ihre nationale Unabhängigkeit zu bewahren, hatten sie einen Teil ihrer kulturellen Eigenart aufzugeben. Um einer fremdbeherrschten Verwestlichung zu entgehen, leiteten sie selber – souverän – eine Teilverwestlichung ein. Das Resultat ist heute eine Mischkultur, in der

japanische und europäisch-amerikanische, traditionelle und moderne Elemente so gut zusammengehen wie, mit einem linguistischen Vergleich, die germanischen und romanischen Komponenten in der englischen Sprache. Zusammen mit den geretteten Elementen wird auch der Stil der Mischung als japanisch empfunden. Die Möglichkeit (und das Selbstwertgefühl) einer kulturellen Identifikation ist erhalten geblieben.

Nach dem *Stern* (1981) ist in Japan »fast alles anders, nicht vieles aber besser als bei uns«. Das ist eine einfache Zusammenfassung langer Recherchen. In der Tat dürfte sich die Wahrheit, wenn man sie zur Wahl einer angemessenen Einstellung rein formal abfaßt, zwar einfach ausnehmen, aber doch etwas anders, als der *Stern* sie formuliert. Von verschiedenen Ländern ist zu erwarten, daß in ihnen nicht nur manches, sondern, je mehr man ins einzelne geht, immer zugleich vieles gleich und vieles verschieden, vieles schlechter und vieles besser ist. In den erfolgreicheren dürfte für den Vorsprung Entscheidendes besser sein.

Mir einer realistischen Einstellung dieser Art scheinen sich die Kundschafter der japanischen Modernisierer auf den Weg nach Europa und Amerika gemacht zu haben.[9] In einem Memorandum um 1880[10] wurde ausdrücklich festgehalten, daß es angesichts der »schrecklichen Folgen der Industrialisierung«, angesichts der Proletarisierung der Arbeiter und der Klassenkämpfe im Westen, gelte, »von den fortgeschrittenen Ländern nicht nur zu lernen, was zu tun, sondern auch, was nicht zu tun ist«. Vorbildliche Wohlfahrtseinrichtungen fanden die damaligen Kundschafter unter anderem in Deutschland bei Krupp. Hinter der vielgerühmten japanischen Betriebsleitung steckt mehr rationale Umsicht, als es Europäern auffällt. Die Folgen der »Post-Industrialisierung« werden nicht weniger »schrecklich« sein als die der Industrialisierung vor einem Jahrhundert. Was zu ihrer Eindämmung zu tun und was zu lassen ist und vor allem, wie man vor ihnen den Kopf nicht in den Sand steckt, wird man zuerst in Japan erfahren können.

4. Am schroffsten schließlich, bis in den Wortlaut, ist der Kontrast der in den letzten Jahren in Westdeutschland gepflegten Einstellung zu Japan mit derjenigen der europäischen Vergangenheit. Wenn man sich in der Abschirmung gegen eine fremde Kultur auf eines nicht berufen sollte, dann auf die »2500 Jahre europäischer Geschichte«. Zwei Dokumente aus dem 16. und 17. Jahrhundert seien hier angeführt.

Das erste stammt von Organtino, einem italienischen Jesuitenmissionar in Japan aus dem Jahre 1577[11]:

Man muß zur Einsicht kommen, daß die Menschen hier keinesfalls Barbaren sind. Wenn man vom Vorteil der Religion absieht, den wir genießen, sind wir selbst, verglichen mit ihnen, die größten Barbaren (*siamo barbarissimi*). Ich lerne jeden Tag etwas von den Japanern, und ich bin überzeugt, daß es auf der ganzen Welt kein Volk gibt, das von Natur aus so begabt ist wie dieses.

Das andere Dokument ist eine berühmte Stelle im *Traktat über die Gesetze* (1612: § 2.19.9) von Francisco Suarez (1548-1617), einem der Begründer des Völkerrechts.[12]

Das Menschengeschlecht, obgleich in verschiedene Völker und Reiche eingeteilt, bildet stets eine gewisse Einheit, nicht nur als Art, sondern auch gleichsam politisch und moralisch – wie es von der natürlichen Vorschrift der Liebe und der Nachsicht angezeigt wird. Diese erstreckt sich auf alle, auch auf die Ausländer, welcher Nation auch immer. Daraus ergibt sich für jeden souveränen Staat, jede Republik und Monarchie, daß sie, selbst wenn sie mit ihren eigenen Angehörigen eine vollkommene Gemeinschaft bilden, nichtsdestoweniger irgendwie ein Mitglied dieser universalen menschlichen Gesellschaft sind. Keine dieser Gemeinschaften ist sich nämlich derart selbst genug, daß sie nicht der wechselseitigen Hilfe, Partnerschaft und Kommunikation bedarf, manchmal aus Nützlichkeitsgründen, manchmal aber auch aus moralischer Notwendigkeit und Bedürftigkeit – wie es aus dem Lauf der Erfahrung selber hervorgeht.

II. Geschichtliche Wurzeln des intellektuellen Ethnozentrismus

Wie kam es zu einer so bedenklichen Horizontverengung zwischen dem 16. und 17. Jahrhundert (in Italien und Spanien) und dem 20. Jahrhundert (in Deutschland[13])? Eine Reihe von geschichtlichen Entwicklungen sind dafür in Betracht zu ziehen.

1. Die romantische Idealisierung individueller Volkskulturen

In der Romantik kam es zu einer Idealisierung der einzelnen Volkskulturen als Individualitäten mit je besonderen, einander nicht angleichbaren, ja infolge ihrer Situationsbedingtheit nicht einmal angemessen miteinander vergleichbaren Charaktereigenschaften. Kulturelle Eigenschaften können danach nur von jemand, der in der entsprechenden Tradition aufgewachsen ist, verstanden und in ihrer Eigenart gerecht eingeschätzt werden. Was für eine Kultur spezifisch ist, werde von den Angehörigen anderer Kulturen nicht nur nicht als Wert empfunden, sondern auch häufig überhaupt nicht verstanden.

Seit etwas über zwanzig Jahren gibt es hauptsächlich in der amerikanischen Linguistik und Anthropologie eine starke Gegenbewegung gegen einen derartigen kulturellen Individualismus und Relativismus. Sie wendet sich mit überaus interessanten Forschungsstrategien und Resultaten wiederum vermehrt dem zu, was als universal (allen Sprachen bzw. Kulturen gemeinsam) in Frage kommt.[14] Diese erneuerte Universalienforschung ist von den Kulturwissenschaften in Westeuropa, in Deutschland wie in Frankreich, bisher nur am Rande zur Kenntnis genommen worden. Ein solches Defizit macht sich früher oder später über die universitären Elfenbeintürme hinaus bemerkbar. Die Japan-Berichterstattung in der deutschen Presse ist dafür ein Beispiel.

Es sind nicht immer nur Sorgen um Abstriche an der eigenen kulturellen Selbständigkeit, die zu einer Abwehreinstellung gegenüber Nachweisen von universalen Gesetzmäßigkeiten führen. Manchmal ist es auch nur die Faszination durch die Vielfalt der Variationen, die eine Ausblendung der Invarianten zur Folge hat. Ein Nachlesen der Schriften von Ernst Cassirer und Leo Weisgerber ergibt, daß diese beiden hervorragenden deutschen Vertreter des sprachlichen Relativismus in diesem Jahrhundert ausreichend Material kannten, ja teilweise dasselbe, um z. B. im Bereich des Farbvokabulars und der Verwandtschaftsterminologie die gleichen universalen Gesetzmäßigkeiten aufzufinden, die seit den sechziger Jahren als Paradebeispiele für sprachliche Universalien vorgeführt werden. Von was sie sich allem Anschein nach allein begeistern und zu verabsolutierten Schlußfolgerungen verleiten ließen, war die unleugbare Vielfalt der Formen. Beim Lesen ihrer Schriften denkt man an jene antiken und mittelalterlichen Physiker, die sich, von der ebenfalls unleugbaren Verschiedenheit der Bewegung himmlischer und irdischer Körper fasziniert, zum Schluß verführen ließen, daß die sich verschieden verhaltenden Körper auch aus einem verschiedenen Stoff beschaffen sein müssen, aus einer ätherischen Stofflichkeit, was sich in Kreisbahnen bewegt, aus irdischen Stoffen, was senkrecht zu Boden fällt. Newton suchte dagegen und fand auch einen Standpunkt, von dem aus ansichtig wurde, was den so verschieden sich verhaltenden irdischen und himmlischen Körpern gemeinsam ist, und einsichtig, weshalb sie sich verschieden verhalten, sich aber in gleichen Situationen auch gleich verhalten würden. Folglich stand für ihn auch der Annahme nichts mehr im Weg, daß sie aus dem gleichen Stoff sind. Entdeckungen einer vergleichbaren Art sind den Universalienforschern der letzten Jahrzehnte in der Linguistik und in der Anthropologie gelungen.

Eng verknüpft mit der Abwehrhaltung gegenüber universalen Invarianten ist in den kontinentaleuropäischen Kulturwissenschaften die unter dem allgemeinen Titel ›Hermeneutik‹ vertretene Theorie des Verstehens. Zurecht kritisieren japanische Hermeneutiker, konstant mit fremdkulturellen Phänomenen beschäftigt, ihre deutschen Lehrer, nach denen das, was ein Verstehen möglich macht, die Tradition sein soll, die Autor und Interpret gemeinsam ist.[15] Von manchen Hermeneutikern wird das zum Vorbild und Modell erhoben, was leichthin geschieht, wenn man etwas Fremdem ausgesetzt ist: Man gleicht es dem an und führt es auf das zurück, was einem bereits vertraut ist. Das ist nicht das einzige, was im Umgang mit Fremdem menschenmöglich ist. Um dies aufzuzeigen, mag es vorteilhaft sein, sich an andern als den üblichen Beispielen des Verstehens zu orientieren, (a) am Spracherwerb von Kindern, (b) am Umgang mit verschiedenen Sprachen bei Bilingualen und (c) an einer Erfahrung, wie sie während der Ausbildungszeit von vielen gemacht wird.

a) Kinder können sich ihre Sprache und alles, was sie sonst an Erkenntnissen erwerben, gar nicht nach dem hier kritisierten hermeneutischen Modell aneignen. Sie besitzen noch gar keine hinreichende Tradition, von der her sie Neues verstehen könnten. Über was sie verfügen, so nimmt man an, ist vielmehr ein angeborenes Potential von Kategorien, Regeln und Einstellungen, mit dem sie jede der menschlichen Sprachen, denen sie ausgesetzt werden, erlernen können. Aus diesem universalen Code[16] werden jene Kategorien, Regeln und Strategien aktualisiert, die für das Verständnis einer gegebenen Sprache erforderlich sind. Ein Teil von ihnen ist für alle Sprachen notwendig, andere Teile werden immer nur (nicht beliebig, sondern nach vorgegebenen Entwicklungsprinzipien) von einzelnen Sprachtypen in Anspruch genommen.

b) Ein Bilingualer, insbesondere einer, der von Anfang an zweisprachig aufgewachsen ist, reduziert nicht (oder nur sehr beschränkt) die Kategorien, Regeln und Strategien, die er für die eine Sprache braucht, auf diejenigen, die ihm in der anderen geläufig sind. Er wechselt vielmehr spontan und problemlos von einem Teilsatz seines universalen Stocks an Kategorien, Regeln und Strategien zum anderen. Bilingualismus aber, so heute ein soziolinguistischer Gemeinplatz, ist keine Ausnahmeleistung, sondern nur ein paradigmatischer Grenzfall einer allgemeinen sprachlichen Fähigkeit. Der Code jedes normalen Sprechers ist aufgegliedert in eine Reihe von Teil- oder Subcodes, im Fall von berufsspezifischen Codes als ›Register‹ bezeichnet. Mit größter Selbstverständlichkeit und meistens unüberlegt wechselt man je nach Gesprächsthema, Gesprächspartner und Gesprächssituation von einem Subcode, Stil oder Register zum anderen.[17] Kein kompetenter Sprecher übersetzt (heimlich oder auch nur unbewußt) die hochsprachlichen Sätze, die er hört, zuerst in seinen struktural oft stark abweichenden Dialekt, um sie zu verstehen. Erst recht legt er sich die Sätze, die er sprechen will, nicht zuerst in seinem Dialekt zurecht. Dazu ist er nur mit Mühe oder gar nicht fähig. Er hat vielmehr jenen Teil seiner angeborenen sprachlichen Kompetenz beim Erlernen der Hochsprache entwickelt und auf Abruf bereit, der ihm ein unvermitteltes Sprechen und Verstehen ermöglicht.

c) Das vertrauteste außersprachliche Beispiel für diesen Typ des Verstehens sind Erlebnisse während der Ausbildungszeit, wenn ein Student auf eine Denkrichtung stößt, die von der Tradition, in der er bisher aufgewachsen ist, abweicht, von der er jedoch den festen Eindruck hat, daß sie ihm, seinem Naturell, seiner noch unterentwickelten Denkart, mehr entgegenkommt als das, mit dem er sich bisher abgefunden hat. Nicht wenigen ergeht es so, wenn sie erstmals mit einer fremden Kultur konfrontiert werden. Aber nicht immer ist die Erfahrung und die Folgerung, die aus ihr gezogen wird, eine radikale. Häufig bleibt es bei der Erkenntnis, daß die andere Kultur ein Potential fordert und fördert, das man sich selber zwar zutraut, das man aber nach der Festlegung in andere Richtungen nicht mehr aktualisieren mag und zu aktualisieren vermag oder nurmehr partiell, als eine Art Nebenregister der eigenen Person sozusagen.

Ein geläufiger Einwand gegen eine solche (universalistische) Konzeption des Verstehens lautet, das sie nicht wirklich Neues zu lernen übriglasse. Der Einwand beruht auf schiefen Vorstellungen. Ein begabter Schachspieler kennt selbstverständlich nicht nur die Figuren und Regeln seines Spiels, sondern besitzt auch die Kompetenz für alle denkbaren Strategien. Dennoch ist es für ihn ein Vorteil, wenn er bei einem erfahrenen Schachmeister in die Lehre geht. Es ist ein Unterschied, zu etwas der Begabung nach fähig zu sein und die Begabung zu aktualisieren. Darüber hinaus ist es leichter, eine Strategie aufgrund einer Vorlage zu erlernen, als sie ›eigenmächtig‹ zu entwickeln. Die Kreativität des einzelnen bleibt stets hinter dem an sich Möglichen und dem in der Geschichte bereits Verwirklichten zurück. Wie Schachspieler werden auch Sprachwissenschaftler und Kulturanthropologen auf ihren Feldern immer wieder von erfolgreichen Kombinationen mit den bekannten Figuren und Regeln überrascht, auf die sie in ihren Studierstuben (und *think tanks*) nicht gekommen sind.[18]

Eine zweite Annahme, die in der herkömmlichen Hermeneutik beliebt ist, bedarf ebenfalls einer Überholung, das sogenannte Vico-Prinzip[19], nach dem (der üblichen Lesart zufolge) ein Mensch nur verstehen kann, was er auch selber machen kann. Kein Sprachwissenschaftler und kein Entwicklungspsychologe kann dieses beliebte philosophische Prinzip aufrechterhalten. Jeder weiß, daß die passive Kompetenz, das Vermögen, eine fremde Sprache zu verstehen, der aktiven Kompetenz, dem Vermögen, sie zu sprechen, um mehrere ›Lektionen‹ voraus ist. Bei jedem Erwerb einer neuen kognitiven Kompetenz lassen sich in der Regel deutlich drei Phasen auseinanderhalten, das passive Verstehen einer neuartigen Problemlösung, die Problemlösung nach einer Vorlage und die Fähigkeit, das Problem auf die neue Art spontan, aus eigener Einbildungskraft, zu lösen. Weil es leichter ist, sich etwas passiv anzueignen, als es in eigener Regie herzustellen, und weil das passive Verständnis als eine Vorstufe für die aktive Verwirklichung dient, ist es ein Gewinn, sich mit anderen Kulturen vertraut zu machen.

2. Das Scheitern des romantischen Ideals der Ausgestaltung einer partikularen Kultur zu einer Universalkultur

Komplementär zur Idealisierung partikularer Volkskulturen und im Widerstreit mit ihren extremen Formulierungen kam es in der Romantik zur Pflege eines Ideals, dem gemäß eine einzelne Kultur dadurch zu einer Universalkultur werden könne, daß sie sich die Errungenschaften der anderen Kulturen zu eigen mache und mit ihren eigenen Leistungen zu einem harmonischen Ganzen verbinde. Als Vorbild galt den Vertretern dieses Ideals die Art und Weise, wie sich die deutsche Klassik und Romantik Kunstgriffe, Motive und etwas vom ›Geist‹ der griechischen und der Shakespeareschen Dramen anzueignen verstanden hatte. In einer Zusammenfassung der Jenaer Habilitationsschrift *De idea philologiae* (1811) von Friedrich Rückert liest man dazu[20]:

> Was man einst unserer [deutschen] Sprache als Fehler angerechnet, daß sie bei dem Mangel eines eigenen Charakters in der Nachahmung fremder Sprachen sich ergehe, darin liege gerade ihre höchste Universalität. Denn während die übrigen Sprachen in ihrer jedesmaligen besonderen Form beschränkt seien, deren Grenze sie nicht überschreiten könnten, versuche unsere Sprache durch Zusammenziehung aller jener Formen in eine einzige sich als eine universelle Form der Sprache, als eine wahrhaft ideale Sprache auszubilden.
>
> So habe auch unsere Poesie im Durchschreiten so verschiedener Gebiete der Poesie aller Zeiten und Völker die Blüten aller abgepflückt und mit heimgenommen, und sie bemühe sich, dieselben zu einem einzigen, schönen Blumenkranz zusammenzuwinden, mit dem sie nach Erreichung dieses Zieles ihr Haupt wie mit einem königlichen Diadem schmücken werde, wie solches kein anderes Zeitalter jemals getragen.

Zu oft stellte es sich heraus, nicht zuletzt bei den glühendsten Verfechtern einer solchen universalen Assimilation selber, daß dasjenige, was man glaubte, von anderen Kulturen gelernt zu haben, nur Projektionen der eigenen Kultur auf die mehr oder weniger attraktiv verfremdende Oberfläche einer anderen Kultur waren.[21]

Rückerts romantisches Ideal wird heute nicht nur als eine Utopie, sondern oft auch als ein verkehrtes Ideal angesehen. Einflüsse von außen werden nicht als bereichernde Variation, sondern als Überfremdung von Sprache und »kulturellem Erbe« empfunden. Beide, Utopieverdacht und Überfremdungsangst, scheinen auf eine monolithische Konzeption der einzelnen Kulturen, den Mischcharakter jeder von ihnen außer acht lassend, festgelegt zu sein oder zumindest auf eine unrealistische Vorstellung der Assimilation einer fremden Kultur. Die Aneignung einer anderen Kultur ist etwas, das nur phasenweise und nicht in jedem Zeitpunkt in voll zufriedenstellenden Formen vor sich gehen kann. Statt sich bei den für die ersten Aneigungsetappen typischen Oberflächlichkeiten und Schiefheiten aufzuhalten, wäre es besser, die Gesetzmäßigkeiten in der Reihenfolge der fremdkulturellen Entleihungen und die situationsbedingten Formen von interkulturellen Beeinflussungen, die möglich sind, zu studieren. Ansätze dazu, wenn auch bescheidene, sind vorhanden.[22]

Die Desillusionierung über das romantische Ideal einer Universalsprache sollte auch nicht den Blick für jene kulturellen Bereiche verstellen, in denen eine Universalierung eher möglich ist als in der Sprache oder gar schon Wirklichkeit ist. So kann heute, was als internationale Wissenschaft angesehen wird, im Bereich von Physik und Mathematik nicht nur deshalb als solche gerühmt werden, weil sie sich über den ganzen Planeten durchzusetzen vermochte, sondern auch deshalb, weil sie in ihrer Entwicklung ihrerseits ein interkulturelles Produkt ist, von Entdeckungen gespeist, die aus verschiedenen Kulturkreisen stammen, aus dem chinesischen, dem indischen, dem vorderasiatischen und dem arabischen ebenso wie aus dem seit dem 17. Jahrhundert dominierenden europäischen Kreis.

Darüber hinaus sind auch andere Weisen und andere Träger der Ausweitung einer partikularen Sprache und Kultur ins Auge zu fassen als die von der Romantik vorgestellten. Nach Rückert ist die Universalisierung die Tat eines einzelnen, dafür von der Geschichte ausgewählten Volkes. Realistischer ist die Erwartung einer weitgehenden interkulturellen Bereicherung einer Sprache bei einer gleichzeitig interethnischen Trägerschaft. Die Chance einer solchen, nahezu universalen Trägerschaft hat heute die englische Sprache, die in mehreren außereuropäischen Ländern von Einheimischen als Literatursprache, an einzelnen Orten auch als adoptierte Muttersprache fungiert (in einem Prozeß, den die Soziolinguistik unter den Titeln ›Nativization‹ und ›Indigenization‹ verfolgt). Die Wandlungen, denen das Englisch dabei unterliegt, durch die Übernahme von grammatischen Strukturen, Wortbildungen, Metaphern und dergleichen, ist ein reizender

Beleg dafür, daß Rückerts Ideal einer Universalsprache nicht ohne partielle und als solche schon positiv zu würdigende Realisationsmöglichkeiten ist. Jeder, der Englisch auch nur als Zweitsprache liest, kann daran partizipieren. Als Ganzes bleibt Rückerts Ideal natürlich utopisch, aber doch mehr, was den Grad der interkulturellen Integration, als was den weltweiten Radius dieses Prozesses anbelangt. So verwundert es nicht, daß auch die Bewertung, die dieser Prozeß heute in der Soziolinguistik erfährt, ebenfalls an Rückerts überschwengliche Sätze erinnert.

Using a non-native language [in literature] in native contexts to portray new themes, characters, and situations is like redefining the semantic and semiotic potential of a language, making language mean something which is not part of its traditional ›meaning.‹ It is an attempt to give a new African or Asian identity [to the English language], and thus an extra dimension of meaning (Kachru 1982: 341; vgl. 344).

3. Universale Menschenrechte: europäischer Ursprung und Vorsprung?

Ein weiterer Grund für den intellektuellen Ethnozentrismus hat mit der im 19. Jahrhundert extremen Betonung der rechtlichen Souveränität der einzelnen Staaten zu tun, die man mit der Behauptung und dem Versuch zur Verwirklichung einer weitgehenden wirtschaftlichen und kulturellen (vor allem sprachlichen) Autarkie zu legitimieren suchte. Inzwischen sind die Grenzen einer solchen institutionell geplanten und geförderten Eigenständigkeit und Eigenart kaum mehr zu leugnen.

Neue Anlässe für antiuniversalistische Entwicklungen gibt es dennoch. Nach der Deklaration einer wachsenden Anzahl von universalen Menschenrechten wird zusehends die Frage laut, ob hier nicht vorschnell Werte als universal aufgestellt wurden, die nur in einer westlichen oder verwestlichten Gesellschaft als solche erscheinen. Was man bei derlei Einwänden vermißt, ist das Zugeständnis, daß vergleichbare Konflikte zwischen den proklamierten Rechten und ungeschriebenen, traditionsbedingten Wertvorstellungen, ja zwischen den proklamierten Rechten selber, keineswegs nur in nichtwestlichen Ländern, sondern ebenso in westlichen an der Tagesordnung sind. Die proklamierten Rechte konfligieren nicht nur mit schierem Unrecht, sondern auch miteinander. Das Verhältnis von individueller Freiheit und sozialer Gerechtigkeit ist dafür das Schulbeispiel. Was von Kultur zu Kultur variiert, sind nicht die Rechte an sich, wenigstens nicht die fundamentalsten, sondern das Gewicht, das bei einem Konflikt den einzelnen Rechten zugemessen wird. Unterschiedliche Auffassungen, mit derselben Unerbittlichkeit vertreten, über das Verhältnis der einzelnen Rechte zueinander sind ebenfalls im Westen, von einer philosophischen Schule zur nächsten, auszumachen.

Bedenken der angeführten Art sind auch hinter der Abwehr des »japanischen Modells« in der westdeutschen Presse auffindbar: »Für dieses Gefühl der Sicherheit [einer lebenslänglichen Anstellung] sind die Japaner bereit, auf so manches zu verzichten, was Europäern als unabdingbare soziale Errungenschaft gilt.«[23] Sicherlich ist hier keine einfache Lösung vom Typ ›entweder *A* oder *B*‹ zu erwarten. Als Tatsache ist zur Einleitung der Diskussion aber doch festzuhalten, daß Arbeiterverbände in der amerikanischen Autoindustrie zu eben der Zeit, aus der das angeführte *Spiegel*-Zitat datiert, mit Berufung auf das japanische Modell die Nichtentlassung in die Arbeitslosigkeit gegen finanzielle Abstriche eingehandelt haben, die eine nicht weniger empfindliche Beschneidung der individuellen Freiheit bedeuten als eine Arbeitszeitverlängerung, die deutsche Gewerkschaften in erster Linie vom japanischen Modell zu befürchten scheinen.

Es ist ein arger Schluß und eine Selbsttäuschung, wenn schlicht behauptet wird, ein »Lernen von Japan« wäre »im Kern ein sozialer, ja emanzipatorischer Rückschritt«. Es ist nicht zu bestreiten, daß es in Europa und in Amerika soziale Leistungen und emanzipatorische Möglichkeiten gibt, die in Japan nach wie vor fehlen.[24] Aber bei solchen selbstgerechten Feststellungen ist nach den Erfahrungen der letzten Jahrzehnte doch mehr Umsicht angezeigt. Nicht nur technologische, auch soziale Errungenschaften können Nebenfolgen zeitigen, die das menschenwürdige Leben, das man mit ihnen anstrebte, in sein Gegenteil verkehren. Ein einfaches Beispiel: Viele Wohnquartiere in japanischen Großstädten machen einen wirtlicheren Eindruck als die europäischer Städte. Ein Grund, nicht der alleinige, scheinen die abendlichen und sonntäglichen Öffnungszeiten kleiner Dienstleistungsbetriebe zu sein. In Europa hat man diese unter anderem zum Schutz von Frauen und Kindern vor übermäßiger Arbeitsbelastung in Familienbetrieben abgeschafft. Man scheint hier vor einem Dilemma zwischen zwei sozialen Leistungen zu stehen: Allgemeine Arbeitszeitbeschränkung oder Wirtlichkeit der Städte. Die Wahrscheinlichkeit, daß eine Verbindung der beiden Leistungen gelingt, dürfte in Japan größer sein als in Europa.

In Japan gibt es weniger Polizisten, Richter und Rechtsanwälte als in anderen industrialisierten Staaten. In der Bundesrepublik war das Verhältnis zwischen Polizei und Einwohner nach einer Statistik von 1982 1: 321, in Japan 1: 550.[25] Die Richter haben in Japan zudem eine differenziertere Funktion als ihre westlichen Kollegen. Ihre Hauptaufgabe besteht darin, zwischen Ankläger und Angeklagtem außerhalb des Gerichts eine gütliche Einigung zustande zu bringen, einen Vergleich, der beide Parteien befriedigt und die viel beschworene Harmonie wiederherstellt.[26] Es kann kaum einen Zweifel geben, wo hier die Emanzipation größer ist und wo es etwas zu lernen gibt.[27] Das Mindeste, was einem in Japan aufgehen kann, ist, daß mehr traditionelle Elemente in einer modernen Gesellschaft und auch mehr ländliche Gepflogenheiten in einem städtischen Milieu (länger und in kontinuierlicher, nicht restaurativer Form) haltbar sind, als das in Europa aufgrund eigener schlechter Erfahrungen vorschnell als universal gültig angenommen wurde.

Es ist auch ein Vorurteil, zu glauben, emanzipatorische Errungenschaften seien etwas spezifisch Europäisches und Neuzeitliches. Eine der fundamentalsten emanzipatorischen Leistungen ist die Befreiung von biologischen Bindungen und ihre Ersetzung durch gesellschaftliche Vereinbarungen. Während in Europa noch bis tief in die Aufklärungszeit hinein wegen des Fehlens eines männlichen Nachkommens blutige Kriege ausgetragen wurden, war in Japan die Adoption eines männlichen Familienhauptes (anläßlich der Heirat mit einer eigenen oder einer ebenfalls adoptierten Tochter) eine der selbstverständlichsten Gewohnheiten.

Emanzipatorische Leistungen sind jedoch nicht etwas, das vor Rückfällen sicher ist. Das lehrt die Geschichte Deutschlands genauso wie die Japans. Ein japanisches Beispiel: Von ungefähr 900 bis 1200 war in Japan die Todesstrafe unter dem Einfluß der buddhistischen Achtung vor dem Leben abgeschafft. Heute gehört Japan unter den rechtsstaatlichen Ländern zu denjenigen mit den häufigsten vollstreckten Todesurteilen.

Wenn zur Zeit von Emanzipation die Rede ist, denkt man primär an die gesellschaftliche Stellung der Frau. Auch hier gibt es kaum Zweifel, daß die Chancen der Frau in manchen westlichen Ländern in manchen Belangen besser sind. Aus mehr als einem Grund kommt dies aber auch nicht als eine Überraschung. In Europa dauerte es über ein Jahrhundert, bis nach der ersten offiziellen Erklärung von allgemeinen Menschenrechten nicht nur von Außenseitern, sondern von der entscheidenden Mehrheit realisiert wurde, daß die verkündete Gleichheit aller Menschen mit nicht aufrechterhaltbaren Argumenten in den meisten öffentlichen Angelegenheiten den Frauen vorenthalten wurde. Es ist nicht zu erwarten, daß dieser Prozeß in anderen Gesellschaften mit noch stärkeren traditionellen Bindungen weniger Zeit braucht.

Der Faktor, von dem man eine Beschleunigung des Prozesses erwarten könnte, der westliche Einfluß, ist ein zweischneidiges Schwert. Die Stellung der Frau in der Gesellschaft ist eng verflochten mit der jeweiligen Kultur. Im Iran konnte man feststellen, daß Frauen vor der Wahl zwischen den Vorzügen ihrer Tradition und den Vorzügen der Emanzipation sich (mindestens vorläufig) in großer Zahl für die Tradition, den Schleier sichtbar miteingeschlossen, entschieden. Das Stigma der Verwestlichung, das dem Feminismus anhaftet, wirkt sich auf seinen Erfolg nachteilig aus, ebenso das Stigma der Modernität beim zyklischen Aufkommen konservativer Wellen.

Vielleicht wird in Japan (wie in anderen Ländern) ein wirtschaftlicher Faktor (neben dem hohen Niveau der Ausbildung) die Gleichstellung der Frau stärker und sicherer fördern, als dies ein ideologischer Überbau allein vermöchte. Mit dem Rückgang der Kinderzahl kommt es immer mehr dazu, daß Frauen als Alleinerben die Rechte und Pflichten, die früher dem männlichen Familienoberhaupt vorbehalten waren, übernehmen und mit diesen auch den ökonomischen und politischen Einfluß.[28]

4. Geopolitische und institutionelle Faktoren

Der Kontakt mit außereuropäischen Kulturen erfolgte bisher in Deutschland größtenteils mittelbar, über süd- und andere westeuropäische Länder. Alles deutet darauf hin, daß es weiterhin bei einem indirekten Kontakt bleiben wird, nur daß der Vermittler zunehmend die USA sein werden. Die intensivsten Kontakte, längst nicht mehr nur ökonomischer und technologischer, sondern auch gesellschaftlicher und kultureller Art, bestehen heute seitens der führenden Länder Asiens zu den USA. Sie können sich eine solche Ausrichtung selbst im Hinblick auf Europa leisten und die Rezeption ihrer Kultur und das Verständnis für sie in Europa dem kulturellen Gefälle überlassen, das mittlerweile zwischen Amerika und dem alten Kontinent herrscht. Nur in den Künsten, im Bereich der Literaturwissenschaft vor allem, ist Frankreich als internationalem *trendsetter* eine Nische geblieben. Diesen Realitäten angepaßt, beschränkt das Unesco-Projekt, das die weltweite Kenntnis östlicher Literaturen durch die Unterstützung von Übersetzungen fördert, ihre finanzielle Hilfe auf Übersetzungen ins Englische und Französische – ein weiterer Grund, weshalb der romantische Traum Rückerts von der deutschen Sprache als einer universalen Literatursprache ausgeträumt ist.[29]

Am zumeist indirekten Kontakt mit außereuropäischen Kulturen mag es auch liegen, daß die Institutionen, die sich mit interkulturellen Problemen befassen, und das öffentliche wie akademische Interesse, von denen sie getragen werden, in Deutschland schwach entwickelt sind. Symptomatisch ist die bescheidene Rolle, die im Vergleich zu Frankreich und England, zur Sovietunion und zu den USA die Ethnologie im kulturellen Leben Deutschlands spielt. Den Platz der Ethnologie nimmt hier die Soziologie ein. Der Titel ›Anthropologie‹, der in anderen Sprachgebieten für die empirische Disziplin der Ethnologie gebraucht wird, ist hier einer philosophischen Disziplin reserviert, die sich hauptsächlich mit der abendländischen Geistesgeschichte befaßt.

Vielleicht ebenfalls mangels eines unmittelbaren Umgangs scheint in der deutschen Philosophie die Beschäftigung mit fremden Kulturen, wenn sie selten und beiläufig genug angegangen wird[30], nicht ohne Stocken und häufig nicht ohne eine gewisse feierliche Sprache möglich zu sein. Im Verhältnis zu fremden Kulturen ist wie überall, wo die Selbstidentität tangiert und leicht emotionalisierte Parteinahmen provoziert werden, eine Entkrampfung anzustreben. Mindestens für die Philosophie und die Wissenschaften sollte die Einstellung zu einer fremden Tradition grundsätz-

lich die gleiche sein wie die zur eigenen Überlieferung. Beiden gegenüber ist dieselbe zugleich aufgeschlossene und kritische Haltung angebracht.
Was bei einer ersten Begegnung als schöpferische Weiterentwicklung der eigenen Tradition oder als kreative Auseinandersetzung mit einer fremden Kultur erscheint, erweist sich bei genauerer Nachforschung nicht selten als eine den Bedürfnissen der neuen Situation angemessene Auswertung von Vorlagen, die sich in der Tradition bzw. in der anderen Kultur fanden, dort jedoch aus irgendwelchen Gründen, manchmal äußerlicher Art, unausgewertet blieben. Das war in der von Heidegger 1937 als Vorbild empfohlenen »schärfsten, aber schöpferischen Auseinandersetzung« des griechischen Volkes »mit dem ihm Fremdesten und Schwierigsten – dem Asiatischen«[31] nicht wesentlich anders, als es heute in Japan dem Westen gegenüber ist. Die alphabetische Schrift, eine der vielgerühmten griechischen Kulturtaten, kann dafür als anschauliches Beispiel dienen. Ansätze, die Silbenzeichen in Anpassung an die komplexere Lautstruktur einer anderen Sprache zu alphabetischen Zeichen umzufunktionieren, gab es auch schon in den vorderasiatischen Schriftsystemen. Die griechische Leistung bestand im konsequenten Ausbau dieser Ansätze.[32]

5. Die historisierende Unterordnung fremder Kulturen unter die eigene Kultur als Relikt früherer Phasen der eigenen Kulturentwicklung

In der Romantik wurden einst beide Interessen gleichermaßen gepflegt: das Interesse an fremden Kulturen und das an der eigenen abendländischen Tradition, mit Humboldt und Schleiermacher als jeweilige Symbolfiguren. In der anschließenden Entwicklung ist in Deutschland der Einfluß Humboldts hinter dem Schleiermachers zurückgeblieben. Von Anfang an gab es aber auch eine Kombinationsform, von der das eine Interesse in den Dienst des anderen gestellt wurde: Fremde Kulturen sind interessant, weil sie sich als geschichtliche Vorstufen der eigenen Kultur interpretieren lassen. Hier ist Hegel die Symbolfigur. Noch Wundt schrieb um die Jahrhundertwende seine *Völkerpsychologie* in dieser Perspektive: Die Anfangsphasen der Entwicklung des menschlichen Geistes seien »nicht unter der Erde, sondern auf der Erde« (1912: 18) zu suchen, nämlich in den sogenannten primitiven Gesellschaften.

Daß Wundt gleich beim ersten Thema, der Sprache, mit seiner Forschungsstrategie scheitert, vermochte ihn nicht umzustimmen. Als er von den Pygmäen und Buschmännern, den »relativ primitivsten Stämmen«, Sprachen berichtet erhielt, die sich mehr als ebenbürtige Alternativen denn als Vorformen zu unseren Sprachen ausnahmen, erklärte er sie – mit einem Rückgriff auf Darwin – als Übernahmen von Sprachen der Nachbarvölker: »Ihre wahrscheinlich sehr dürftig angelegte Sprache erlag einer höher entwickelten« (1912: 21, 55).

Bei einer solchen Einstellung muß es zu schaffen machen, wenn man in anderen Kulturen auf einmal Entdeckungen macht, die sich nicht wie vergangene, sondern wie zukünftige Phasen der eigenen Entwicklung ausnehmen. Im 16. und 17. Jahrhundert fanden die europäischen Seefahrer in Asien Gesellschaften vor, die in Wissenschaft, Technologie, wirtschaftlicher Organisation und in Lebenspraxis in einzelnen Bereichen überlegen, in anderen bereits unterlegen, insgesamt aber auf einer fruchtbar vergleichbaren und wettbewerbsfähigen Stufe waren. Dies war auch noch Leibniz' Befund (1697: 11 f.):

> Wie es das chinesische Reich allein schon an bebautem Land mit Europa aufnehmen kann und dieses an Bevölkerungsreichtum sogar übertrifft, so hat es noch vieles anderes, womit es uns den Rang streitig machen kann . . . In den für das Leben notwendigen Künsten und an Naturkenntnis sind wir, alles in allem betrachtet, ungefähr gleich; beide Seiten haben etwas, das sie der anderen zu deren Vorteil mitteilen könnten. Aber in der Gedankentiefe und in den theoretischen Wissenschaften sind wir ihnen überlegen . . . In der praktischen Philosophie sind wir hingegen sicherlich die Unterlegenen. Das gilt besonders für die Normen in der Ethik und Politik . . .

In der frühen Neuzeit gibt es noch keine Fortschrittsideologie, von der jede Gesellschaft auf einer allgemeinen Entwicklungsskala eingestuft wird. Vom 19. Jahrhundert an jedoch ist die mit Wundts *Völkerpsychologie* illustrierte Entwicklungskonzeption eine kaum mehr in Zweifel gezogene Evidenz und vor allem auch ein fester Bestandteil der Populärwissenschaft. Als man um die Mitte des Jahrhunderts im Uferbereich von Schweizer Seen zahlreiche Pfahlstümpfe aus der Jungsteinzeit und der Bronzezeit entdeckte, deuteten die Archäologen sie anfänglich als Überreste von ins Wasser hinaus gebauten Dörfern – in direkter Anlehnung an zeitgenössische Berichte und Bilder von Wasserpfahlbauten in tropischen Gegenden, nachweislich von solchen aus der Doreh Bay in New Guinea. Heute werden sie als Relikte von wahrscheinlich ebenerdigen Siedlungen im Uferbereich der Seen gedeutet. Gleichzeitig wurde auf volkstümlichen Zeichnungen das Leben in diesen Siedlungen so dargestellt, wie es Rückwanderer aus Nordamerika bei den dortigen Indianern kennengelernt hatten. Analog wird das Leben der Menschheit im Jäger/Sammler-Stadium heute von der Soziobiologie mit kulturanthropologischen Berichten von ›Naturvölkern‹ illustriert. Lumsden und Wilson (1983: 122 f.) zum Beispiel halten sich dafür an Aufzeichnungen aus diesem Jahrhundert über die Tapirapé-Indianer in Zentralbrasilien.

Die Annahme, daß andere zeitgenössische Kulturen als geschichtliche Vorstufen der eigenen Kultur deutbar sind, setzt voraus, daß die Entwicklung eine unilineale mit ungleichmäßig verteilten Stagnationen ist oder, wenn sie eine sich verzweigende ist, daß die gemeinsame menschliche Natur und vergleichbare Umgebungen zur Ausbildung von homologen und analogen Zügen führen.

Wie immer es sei, für die Idee, daß man in anderen Ländern ältere Phasen der eigenen Kultur, nicht als Ganze, aber doch ausschnittweise, studieren kann, gibt es noch andere Anlässe. Reisende in Asien und Afrika stoßen häufig auf Gewohnheiten und Institutionen, die in den letzten Jahrhunderten oder auch nur Jahrzehnten aus Europa eingeführt wurden und die sich dort erhalten haben (in Japan am augenfälligsten die Schuluniformen), während sie in den Ursprungsländern anderen Formen gewichen sind. Was man an ihnen studieren kann, sind nicht Überbleibsel aus den Anfängen einer gemeinsamen Kulturgeschichte, wie sie Wundt in der Völkerpsychologie suchte und Wilson in der Soziobiologie sucht, sondern erratische Ausschnitte aus der eigenen jüngsten Vergangenheit. Es ist jedoch ein Kurzschluß, wenn man deswegen auf einen größeren Konservativismus oder eine mangelhafte Eigendynamik in der Entwicklung dieser Kulturen schließt. Das ist schon deshalb verkehrt, weil sich solche Diffusionen mit anschließenden Konservierungen nach allen Richtungen ausmachen lassen.

Wenn sich etwas in einer anderen Kultur länger zu halten vermag als in der Ursprungskultur, dann ist der naheliegendste Grund eine Affinität zwischen den übernommenen Elementen und den Gewohneiten oder auch nur Vorlieben in ihrem neuen Milieu. In der Sprachwissenschaft sind solche Erscheinungen wohlvertraut und relativ durchsichtig. Das urgermanische Wort für ›schön‹ **skauni-* (gotisch: **skaun[ei]s*) hat sich im Finnischen, in das es vor gut zwei Jahrtausenden als Lehnwort übernommen wurde, als *kaunis* reiner erhalten als in jeder neueren germanischen Sprache, dank einer glücklichen Angepaßtheit an die Lautstruktur der finnischen Sprache. Wie das Beispiel belegt, hat man es bei derartigen Konservierungen von Fremdeinflüssen keineswegs mit einem neuen Phänomen aus der europäischen Kolonialzeit zu tun. Chinesen nehmen in Japan mit Staunen wahr, daß sich Elemente aus der Tang-Dynastie, einer der Blütezeiten ihrer Kultur, die sie selber nur aus historischen Dokumenten und Monumenten kennen, in Japan, am auffälligsten in der Architektur, bis heute lebendig erhalten haben. Auch Chinesen kommen bei solchen Überraschungen, nicht anders als Europäer, auf die fragwürdige Vermutung, daß die Japaner ein konservativeres Volk seien als sie selber (Dewey 1920: 52).

III. Zehn tentative Thesen

Die nachfolgenden Thesen sind hauptsächlich an Erfahrungen aus den Sprachwissenschaften ausgerichtet. Es sind zu einem guten Teil kulturelle Verallgemeinerungen aus dem Bereich der Sprache, dem am besten erforschten, durchsichtigsten und zugleich alle anderen Teile am meisten durchdringenden und prägenden Teil der menschlichen Kultur. Sie sind als Leitsätze gedacht, als eine Art Faustregeln, auf die bei interkulturellen Überlegungen zu achten sich lohnen dürfte.

1. Die menschlichen Kulturen weisen
sehr viel mehr spezifische Invarianten auf,
als in der ersten Häfte dieses Jahrhunderts,
dem Höhepunkt des kulturellen Relativismus[33],
angenommen wurde.

Die vorherrschende Meinung in der Anthropologie bis in die fünfziger Jahre hinein war, daß den verschiedenen Kulturen nur eine Art allgemeiner Rahmenkategorien (*empty frames*, *blanket categories*) gemeinsam seien, Kapitelüberschriften (*chapter headings*) sozusagen, die es erlauben, die von Kultur zu Kultur variierenden Verhaltensweisen grob zu klassifizieren, nicht aber deren inhaltlich spezifiziertes »behavioristisches Detail«. Ohne Anspruch auf Vollständigkeit und Versuch einer systematischen Gliederung zählt Murdock (1945: 124) 73 solcher Rahmenkategorien in alphabetischer Ordnung auf. Die ersten sieben, zur Illustration der Reihe nach angeführt, sind: »age grading, athletic sports, bodily adornment, calendar, cleanliness training, community organization, cooking«. Andere und bekanntere sind: Erziehung, Gestik, Sprache, Medizin, Musik, Werkzeugherstellung. Einzelne dieser Kategorien lassen sich nach Murdock in ebenfalls universale Komponenten zerlegen, Sprache z. B. in konventionelle Lauteinheiten (Phoneme), bedeutungsvolle Verbindungen solcher Einheiten (Wörter) und Regeln zur Formung von Sätzen (Grammatik), so daß man auf »überaus zahlreiche« Ähnlichkeiten zwischen den Kulturen kommt, die sich jedoch nur »selten, wenn überhaupt« auf »spezifische kulturelle Inhalte« beziehen.[34]

Gerade solche, und zwar ebenfalls in unübersichtlich gewordener Anzahl, werden heute hauptsächlich von der Sprachwissenschaft und von der Verhaltensforschung belegt.[35] Der Einbruch des anthropologischen Dogmas, daß nur verhältnismäßig leere Rahmenkategorien universal sind, ist literarisch datierbar (Kluckhohn 1953: 516 f.). Er erfolgte in den frühen fünfziger Jahren und ist mit den Namen Roman Jakobson und Joseph H. Greenberg verbunden.[36] Kluckhohn nennt 1953 als ersten und massivsten Beleg für die Gegenthese die von Jakobson ein Jahr zuvor veröffentlichte Annahme, daß die Laute der natürlichen menschlichen Sprachen kein Zufallsgemisch sind, sondern ein System bilden, dem zwölf binäre Gegensätze zugrundeliegen. Dieses System erwies sich im einzelnen als revisionsbedürftig, seinen Modellcharakter jedoch vermochte es zu behaupten.

Die meisten Universalien sind keine absoluten, sondern *near universals*, interkulturelle Invarianten von großer Wahrscheinlichkeit. Diese Einschränkung ist nicht erstaunlich, insofern die Invarianten in der Regel nicht, wie in den traditionellen philosophischen Universalienlehren, logisch (apriorisch) begründet werden, sondern psychologisch und biologisch. Wie bei anderen wissenschaftlichen Hypothesen handelt es sich bei ihnen nur um Aussagen mit hoher statistischer Wahrscheinlichkeit.

Noch in einer anderen Sicht handelt es sich, besonders im Bereich der Sprachwissenschaft und der kognitiven Psychologie, um nicht absolute Universalien – ›absolut‹ hier nicht im Gegensatz zu ›statistisch wahrscheinlich‹ verstanden, sondern im Gegensatz zu ›relational‹. Von den einzelnen Eigenschaften wird nicht behauptet, daß sie in (annähernd) allen Kulturen anzutreffen sind, sondern nur, daß sie in Abhängigkeit von der Anwesenheit anderer, mit ihnen sachlich zusammenhängender Eigenschaften auftreten. (Annähernd) universal sind Implikationsgesetze von der Art: ›Wenn eine Kultur *C* hat, dann hat sie auch *B*, und wenn sie *B* hat, dann hat sie auch *A*, aber nicht notwendigerweise umgekehrt.‹ Diese relationale Einschränkung ist gleichfalls keine Überraschung. Sie ergibt sich aus dem nichtstatischen, evolutionären Charakter der Kulturen und innerhalb von ihnen aus dem nichtstatischen, entwicklungsmäßigen Charakter ihres Erwerbs durch die einzelnen Individuen.

Universal gilt z. B., daß eine Sprache, wenn sie einen Dual hat (ein grammatisches Mittel zur Angabe, daß von zwei Gegenständen die Rede ist), auch einen Plural hat, und wenn sie einen Plural hat, dann auch einen Singular. Das Implikationsgesetz gilt sowohl phylogenetisch (sprachgeschichtlich) wie ontogenetisch (für den Spracherwerb bei Kindern).[37]

Das Beispiel der Zahlkategorien ist kennzeichnend dafür, wie die moderne Universalienforschung in eins Invarianz und Variation zum Thema macht. Manche Relativisten bestreiten, daß es, von Trivialitäten abgesehen, interkulturelle Invarianten gibt. Kein Universalienforscher leugnet, daß es Varianten gibt, und zwar hochinteressante. Im Gegenteil, auf was die Universalienforschung, besonders die sprachwissenschaftliche, aus ist, sind zu einem guten Teil gerade die Variationsmöglichkeiten, für die invariante Gesetzmäßigkeiten gesucht werden. Wie das Beispiel zeigt, variieren die Sprachen in bezug auf ihre Zahlkategorien. Einzelne Sprachen unterscheiden nicht zwischen Singular, Plural und Dual, andere unterscheiden zwischen Singular und Plural, wiederum andere zwischen Singular, Plural und Dual. Diese Variation, so nun die universalistische These , ist nicht beliebig, sondern gesetzmäßig. Universal gilt: Dual impliziert Plural, und Plural impliziert Singular.

Es gibt keine Sprache, die Singular und Dual unterscheidet, aber keinen Plural aufweist. Ebensowenig gibt es Sprachen, die ausschließlich einen Plural oder einen Dual oder die Kombination Plural und Dual kennen. Solche Sprachen sind durchaus logisch denkbar. Bilinguale Sprecher könnten bei der Rückfrage nach einer wörtlichen Übersetzung behaupten, daß sie die Dinge als normalerweise in Gruppen oder Paaren auftretend betrachten und daher eine Plural- oder Dualform, die durch vorzeigbare Zahlmorpheme zudem als solche gekennzeichnet sind, als neutrale Form vorziehen, analog wie auch einige natürliche Sprachen für Dinge, die hauptsächlich in Gruppen auftreten, die Pluralform zur neutralen Form erheben[38], oder wie einige Sprachen für bestimmte Gegenstände, für die andere den Singular verwenden, von ihrer Sichtweise derselben Gegenstände her den Plural benutzen (vgl. engl. *scissors*, dt. ›Schere‹).

Nicht alles, was logisch möglich ist, ist auch natürlich. Eine ausschließlich plurale Ausdrucksweise entspricht nicht der Art, wie Menschen gewöhnlich Gegenstände erfassen. Mit dem Rückgriff auf natürliche Schranken (*constraints*) in der Weise, wie die Dinge der Welt wahrgenommen und kognitiv verarbeitet werden, verficht die moderne Universalienforschung eine Philosophie der Endlichkeit, d. h. eine Philosophie, wie sie Vertreter des kulturellen Relativismus gewöhnlich mit der Berufung auf die Geschichtlichkeit des Menschen für sich in Anspruch nahmen. Wenn man die Kategorien, die in verschiedensten Kulturen anzutreffen sind, auf ihre Kombinationsmöglichkeiten hin untersucht, entdeckt man, daß von allen logisch denkbaren Möglichkeiten immer nur eine beschränkte Anzahl, und zwar in einer ebenfalls beschränkten Reihenfolge, realisiert sind. Mit den drei genannten Zahlkategorien Singular (S), Plural (P) und Dual (D) sind insgesamt sieben verschiedene Sprachtypen denkbar: solche, die nur entweder den Singular, den Plural oder den Dual kennen; solche, die entweder den Singular und den Plural, den Singular und den Dual oder den Plural und den Dual kennen; und solche, die alle drei, Singular, Plural und Dual, kennen: S, P, D, SP, SD, PD, SPD. Von den sieben Varianten finden sich nur drei in natürlichen menschlichen Sprachen realisiert: S, SP, SPD. Wenn von den elf Grundfarbwörtern, die von Berlin und Kay (1969) in den natürlichen Sprachen ausgemacht worden sind, nicht alle realisiert sind, dann ist es nicht eine beliebige Auswahl von diesen elf. Wenn in einem Extremfall nur zwei realisiert sind, dann sind es schwarz und weiß, im Fall von drei schwarz, weiß und rot und nicht etwa grau und gelb bzw. grau, gelb und blau oder sonst irgendeine Kombination.[39]

2. Universale Gesetzmäßigkeiten gibt es in den menschlichen Lebensbedingungen (in den Dingen), in der Weise, wie die Menschen die Lebensbedingungen kognitiv verarbeiten (in den Ideen) und in der Weise, wie sie ihrem Verhältnis zu diesen Ausdruck verschaffen (in den Zeichen).

Nach den traditionellen philosophischen Universalienlehren waren die Dinge (die Natur und damit die natürlichen Lebensbedingungen) für alle Menschen weitgehend die gleichen, ebenso die Ideen (die sich die Menschen von ihnen machen), nicht aber die Ausdrucksweisen für die Ideen. In der Neuzeit wurden die Ideen (die Weltanschauungen) immer mehr als abhängig von ihren jeweiligen Ausdrucksweisen und damit ebenfalls als variierend angesehen. Für die moderne Universalienforschung ist dagegen charakteristisch, daß sie auch auf der Ebene der Ausdrucksweisen universale Gesetzmäßigkeiten annimmt und diese zu einem guten Teil kognitiv begründet, d.h. mit der erneuten Annahme von universalen Gesetzmäßigkeiten im Bereich der Ideen. Sie rückt damit nicht nur vom Relativismus der letzten Jahrhunderte ab, sondern geht mit der Annahme von universalen Ausdruckskategorien gar über die klassischen philosophischen Universalienlehren hinaus.

Wegleitend für die traditionelle, auf Platon[40] zurückverfolgbare Doktrin war die Formulierung, die ihr Aristoteles zu Beginn von

Perì hermeneéas (16a) gegeben hat: »Wie nicht alle dieselben Buchstaben [*grámmata*] haben, so auch nicht dieselben Laute (*phonaì*). Die seelischen Eindrücke (*pathémata thēs psychēs*), deren Zeichen die Laute an erster Stelle sind, sind jedoch bei allen die gleichen. Ebenso sind es die Dinge (*prágmata*), deren Abbilder die seelischen Eindrücke sind.«
In den folgenden Jahrhunderten wechselt in der Tat nur die Ausdrucksweise dieser Ideologie. Nach Boethius von Dacia im Mittelalter ist die *substantia sermonis* (die Substanz der Rede) universal, nicht aber die *articulatio vocis* (die Lautgestaltung), nach Leibniz im 18. Jahrhundert *les idées*, nicht aber *les mots*, nach Husserl zu Beginn dieses Jahrhunderts die »Bedeutungskategorien«, nicht aber ihr »Ausdruck« (die Ausdruckskategorien).[41] Dasselbe Denkschema findet sich im außersprachlichen Bereich. So nahm man an[42], daß die sittlichen Prinzipien im Grunde überall die gleichen sind, daß ihre Anwendung jedoch von Kultur zu Kultur wechselt, und zwar so extrem, wie es in einem legendären Bericht in Herodots *Historía* (3.38) geschildert wird. Überall findet man eine Ehrfurcht vor den verstorbenen Eltern. Während aber die Griechen sie dadurch zum Ausdruck bringen, daß sie ihre Väter verbrennen, zum Entsetzen der indischen Kallatier, besteht sie angeblich für diese darin, daß sie ihre verstorbenen Väter verspeisen. Desgleichen nahm man an, daß die Gefühle bei allen Menschen die gleichen sind, daß aber, wenn überhaupt etwas, dann der Ausdruck von so Subjektivem, wie es Gefühle sind, von Kultur zu Kultur verschieden ist.
In allen drei Bereichen gibt es jedoch Belege für universale Ausdrucksformen. Die erneute sprachwissenschaftliche Universalienforschung setzte gerade auf der Ebene der Ausdruckskategorien ein, mit dem Nachweis der Universalität von subtilen, ›inhaltlich‹ definierten Lauteigenschaften und Gesetzen ihrer Verbindung zu einem System. Dazu gibt es mannigfaltige Regelmäßigkeiten zwischen der Lautstruktur und der Bedeutung sprachlicher Ausdrücke, wenn auch nicht in erster Linie in der Hinsicht, auf die man sich zu lange versteift hat, daß nämlich dasselbe Wort für denselben Gegenstand in den verschiedenen Sprachen dieselbe Lautkombination aufweist. Ikonische Gesetzmäßigkeiten sind mehr relationaler als sinnlich-materialer Struktur. (Die Sprachformen haben, wenn man sich an Peirces Unterteilung der *icons* hält, eher den Charakter von Diagrammen als

von *images.*) Die Ausdrucksweise nimmt z.B. der Tendenz nach um so mehr an Länge zu, je höflicher sie ist (Haiman 1983: 800 f.). Die eindrücklichsten außersprachlichen Belege für universale Ausdrucksformen betreffen im Bereich des sozialen Verhaltens die Mutter-Kleinkind-Beziehung[43] und im Bereich der Mimik die Ausdrucksformen für die primären Gefühle (Glück, Zorn, Furcht, Überraschung, Ekel, Trauer). Die in einer Kultur als prototypisch oder optimal beurteilten Gesichtsausdrücke für die primären Gefühlszustände werden auch von Angehörigen anderer Kulturen als solche gedeutet. Die nervösen Erregungen, die den wichtigsten Emotionen zugrundeliegen, scheinen unmittelbar mit den entsprechenden Gesichtsmuskeln verbunden zu sein.[44]

Im Verlauf der europäischen Neuzeit, besonders seit dem Beginn des 19. Jahrhunderts und dann auf breiter Front in der ersten Hälfte dieses Jahrhunderts, kam es zu einem Abrücken von der klassischen Universalienkonzeption. Die Grenze zwischen invariant und variierend wurde nun nicht mehr zwischen den Ideen, die der Mensch sich von den Dingen macht, und ihrem Ausdruck gezogen, sondern, in Kants Sprache (1798: 119), zwischen dem, »was die Natur aus dem Menschen macht«, und dem, was der Mensch aus der Natur macht, was er »als freihandelndes Wesen aus sich selber macht oder machen kann und soll«. Die Ideen, die man sich von den Dingen macht, erwiesen sich als nicht unabhängig von ihren sprachlichen Ausdrücken. So wurde zwar weiterhin angenommen, daß man grundsätzlich in allen Sprachen über alles sprechen kann, daß man sich jedoch von den universal gleichermaßen gegebenen Dingen in Abhängigkeit von der jeweiligen Sprache unterschiedliche Ideen macht. An die Stelle des »Trugbilds« »einer schlechthin ›allgemeinen‹ Grammatik«, gestützt auf universale Bedeutungskategorien, trat nun als Programm »die besondere Stilistik der Einzelsprache« (Cassirer 1929: 1.83).

Die Einsicht, daß die kognitiven Kategorien von den sprachlichen Kategorien abhängig sind, war ein Fortschritt; voreilig war jedoch die damit verbundene Annahme, dasjenige, was man seit Humboldt als ›die innere Sprachform‹ zu bezeichnen pflegte und was Cassirer mit dem ›Stil‹ einer Sprache meinte, nämlich die Art der Wort- und Satzbildung, könne von Sprache zu Sprache »auf unendlich vielfältige und verschiedenartige Weise« variieren (Cassirer ebd.).

In der Wort- und Satzbildung, z.B. in der Aufteilung eines Wortfeldes mit unterschiedlich vielen Ausdrücken, die sich auf die Bedeutung der einzelnen Ausdrücke auswirkt, und ebenso in bezug auf die Gegenstandsdimensionen, in die metaphorische Übertragungen vorgenommen werden[45], gibt es universale Gesetzmäßigkeiten, häufig von der implikativen Art, wie sie für die Zahlkategorien vorgestellt wurden. Welche Gegenstände und Sachverhalte zusammen mit denselben Ausdrücken belegt werden, machen ›die innere Form‹ einer Sprache aus. In diesem Sinne verficht die moderne Sprachwissenschaft nicht nur eine universale Grammatik, sondern auch, *pace* Cassirer, so etwas wie eine universale Stilistik.

Der radikale Relativismus hatte sich auf ungesicherte Verallgemeinerungen von wissenschaftlich zumeist dürftig gesicherten und außerdem mehrdeutigen Beobachtungen berufen. Seine breite Gefolgschaft, in den verschiedensten philosophischen Lagern, im angelsächsischen wie im kontinentaleuropäischen, bei behavioristisch wie bei intellektualistisch eingestellten Wissenschaftlern verdankte er nicht gründlichen empirischen Untersuchungen, sondern, wie sich immer mehr zeigt, den bis in die fünfziger Jahre dieses Jahrhunderts vorherrschenden philosophischen Anschauungen.[46] Intellektualisten pflegten sich, wie Cassirer (1929: 1.82), auf »die Spontaneität des Geistes«, auf seine »freie Aktivität« in der Verbindung der Sinneseindrücke zu komplexen Gedanken zu berufen. Dazu kamen immer nur begrenzte Belege für die Abhängigkeit der Auswahl und der Ausgestaltung der Sinneseindrücke von den jeweiligen Einstellungen und Interessen der Wahrnehmungssubjekte. Behavioristen erhoben ihre ebenfalls nur in begrenzten Bereichen ausweisbaren Feststellungen, daß sich derselbe Reiz, in Abhängigkeit von Nützlichkeit und Belohnung, mit ganz verschiedenen Reaktionen koppeln läßt, zu einem allgemeinen Gesetz.[47]

Zu Beginn des Jahrhunderts hatte man sprachliche und kulturelle Verschiedenheiten mit einem unterschiedlichen Entwicklungsstand der menschlichen Rassen zu erklären versucht. Die Tatsache, daß noch jeder gesunde Mensch jede Sprache zu erlernen und jede Kultur sich anzueignen vermochte, in die er hineingeboren wurde, mit den gleichen individuellen Schwankungen, die intraethnisch festgestellt werden, führte dann zur Umkehrung der biologischen Erklärungsart. Heute werden mit Vorliebe die Inva-

rianten und nicht die Variationen mit angeborenen Strukturen begründet.
Skeptiker bezweifelten anfänglich die Tragweite von Nachweisen universaler Gesetzmäßigkeiten im Bereich der Sprachlaute und der visuellen Wahrnehmung mit dem Argument, daß hier periphere Sinnesorgane involviert seien, deren vorstrukturierte Funktionsweise niemand bestreiten wolle, während für abstraktere kognitive Leistungen allein zentrale Gehirnprozesse in Frage kämen, deren Plastizität sprichwörtlich sei. Aber die Freilegung universaler Gesetzmäßigkeiten ließ auch bei den ›höheren‹ Prozessen nicht auf sich warten. So gelang es Greenberg (1978: III 249 ff.)., in natürlichsprachigen Zahlwortsystemen über fünfzig empirische Verallgemeinerungen zu belegen.[48] Es zeigte sich zudem, daß auch die Universalien in der Phonologie und in der Farbwahrnehmung zu einem guten Teil nicht peripher, sondern zentral, d.h. gehirnneurologisch, zu erklären sind. Eine solche Erklärung ist auch für die Universalität der Gesichtsausdrücke elementarer Gefühle die naheliegendste, nämlich eine enge Verbindung der neuralen Grundlage der Gefühlserlebnisse mit den Programmen ihres mimischen Ausdrucks.
Die kantianische Trennungslinie zwischen dem, was die Natur aus dem Menschen macht, und dem, was der Mensch im Wahrnehmen, im Denken und im Handeln aus der Natur macht, bedarf der Revision. Was der Mensch aus der Natur macht, ist in einem weiten Ausmaß von eben dieser Natur mitbestimmt. Aber auch für das umgekehrte Verhältnis erscheint es immer mehr plausibel, daß die Natur im Fall des menschlichen Gehirns ihrerseits ihre Gestalt durch eine sukzessive Adaptation an die menschlichen Kulturleistungen gewonnen hat (Koevolution von Gehirn und Kultur), an das, was der Mensch zuvor aus der Natur gemacht hat.

3. Strukturen, die in einer Kultur sehr stark ausgeprägt sind, lassen sich (mindestens ansatzweise) in (nahezu allen) anderen Kulturen ebenfalls finden.

Wenn ein Großteil der universalen Gesetzmäßigkeiten, dem dynamischen, evolutionären Charakter der Kulturen entsprechend, eine implikative Form hat (Wenn *B*, dann *A*, aber nicht notwendigerweise auch umgekehrt), stellt sich die Frage nach jenen potentiell grundlegenden Phänomenen, die in (annähernd) allen Kulturen anzutreffen sind. Die dritte These ist hier als Faustregel in Betracht zu ziehen.[49]
Beispiele aus dem Japanischen sind sprachlich die Höflichkeitsformen und psychologisch die intensive Kind-Mutter-Beziehung, für die das Schlüsselwort *amae* heißt, ein Wort, das zusammen mit der Abhängigkeit des Kindes gegenüber der Mutter die nachsichtige Annahme des Kindes durch die Mutter zum Ausdruck bringt. Redewendungen, in denen dasselbe je nach Gesprächspartner mehr oder weniger höflich gesagt werden kann, gibt es in allen natürlichen Sprachen. Aber nicht überall sind diese Formen so extrem entwickelt, wie sie es im Japanischen sind (und früher noch mehr waren). Die Ausarbeitung von *amae* zu einem psychoanalytischen Grundbegriff stammt von Doi (1971). Doi ist zugleich einer der wenigen japanischen Kulturwissenschaftler, für welche die Tatsache, daß etwas als charakteristischer Ausdruck der japanischen Kultur angesehen werden kann, nicht ausschließt, daß es, in unterschiedlichen Graden der Ausgestaltung, zugleich eine universale Erscheinung ist. In der Regel scheint es so zu sein, daß für einen Phänomenbereich, der in einer Kultur stärker entwickelt ist, in dieser auch der entsprechende Wortschatz stärker ausgebaut ist und die wissenschaftliche Reflexion darauf früher einsetzt.[50]
Als ausgesprochen und ausgeprägt westlich wird immer wieder das Bestehen auf der Autonomie des Individuums angeführt. Die offensichtliche Wertschätzung von gruppenkonformem Verhalten in vielen außereuropäischen Gesellschaften sollte jedoch nicht zur Annahme verleiten, daß ihnen die Wertschätzung von individueller Autonomie abgehe. Sie mag sich in weniger gewohnten Weisen manifestieren, wie in Japan z. B. der Kult der individuel-

len Stärke und Selbstbeherrschung in Samurai-Filmen und Zen-Schriften nahelegt.[51]

Als Antrieb zur individuellen Autonomie gilt bei japanischen Psychologen die Hochschätzung des Kindes seitens seiner Mutter, die im Kind ein Leistungsstreben anregt, das ohne Selbständigkeit gar nicht möglich ist. Die Verinnerlichung der Erwartung der Mutter und ihrer Sorgen führt beim Kind zu einem Schuld- und Verantwortungsbewußtsein, das sich im Verlauf der Sozialisation über die Familie hinaus auf die gesamte Gesellschaft übertragen läßt.

Seit der amerikanischen und der französischen Revolution wird das politische Denken im Westen von unveräußerlichen Menschenrechten beherrscht. Dazu gehört eine gewisse Autonomie des Individuums als Legitimationsbasis für eine mindestens relative und partielle Rechtsgleichheit aller und eine gewisse Autonomie von Gruppierungen von Individuen als Legitimationsbasis für eine mindestens relative und partielle föderative und nationalstaatliche Gesellschaftsordnung.

Zur Erklärung des Mißerfolgs westlicher demokratischer Institutionen in Ländern der Dritten Welt wird gelegentlich unterstellt, daß in den entsprechenden Kulturen die Wertvorstellungen, die für das Funktionieren einer Demokratie vorausgesetzt sind, keine Tradition haben. In solchen Zusammenhängen kann man hören, die beiden Verse

When Adam dolve, an Eve span,
Who was then the gentleman?

seien eben europäischen Ursprungs. Sie waren das Losungswort im englischen Bauernkrieg von 1381. Dazu ist zu sagen, daß die beiden Zeilen auch in Europa nicht jedermanns (weder Luthers noch Bismarcks) Schlachtruf waren und daß es beispielsweise in China vergleichbare Verse gibt, die Jahrtausende älter und offenbar nicht weniger im Bewußtsein breiter Schichten verankert sind.

Grab deinen Brunnen und trink sein Wasser!
Pflüg deine Felder und iß die Ernte!
Was hat des Kaisers Macht mit mir zu tun?

Nach Dewey (1918/19: 211 f.), der die Verse zitiert, sind sie das älteste Gedicht in chinesischer Sprache. Statt »Wer war da der

Edelmann?« »Wo ist da der Edelmann?« – nach einem anderen chinesischen Sprichwort so weit außer Greifweite wie der Himmel: »Der Himmel ist hoch und der Kaiser weit weg.« Hegel hatte, ein Vorurteil übernehmend und weitergebend, noch anders geurteilt. Die Chinesen waren für ihn ein Volk, »das nur das schlechteste Selbstgefühl über sich selber hat und nur geboren zu sein glaubt, den Wagen der Macht der kaiserlichen Majestät zu ziehen« (1970: 174).

Eines der faszinierendsten politologischen Phänomene in den jungen Staaten der Dritten Welt ist die Tatsache, wie leicht und geschickt sich die modernen politischen Forderungen, auch universaler Art, mit landeseigenen Sitten unterbauen, motivieren und propagieren lassen. Der Synkretismus, an dem sich Puristen dabei stoßen, hat selber Tradition, hier wie dort, in Europa nicht weniger als in Asien und Afrika. Die *Pancasila* (»Fünf Regeln«), die Sukarno der indonesischen Verfassung als Präambel voranstellen ließ, sind dafür ein Schulbeispiel:

Diese Staatsmaximen enthalten eine geschickte Mischung von traditionellen und innovativen Elementen. Die Forderung nach Achtung *aller* Menschen und Rassen, die Idee der repräsentativen Demokratie, des sozialen Ausgleichs und letztlich auch das Konzept des auf einem nationalen Konsens gegründeten einheitlichen Staates sind recht modern. Anderseits lassen sich zu ihrer Untermauerung ohne weiteres alte Vorstellungen und Gepflogenheiten herbeiziehen, so die in einer Tendenz zum *Synkretismus* begründete religiöse Toleranz, die traditionell übliche Volkswahl des Dorfvorstehers, die verschiedenen Formen genossenschaftlicher Landbebauung, welche etwa den Unterhalt aufwendiger Bewässerungssysteme ermöglichen, ferner die Tradition gegenseitiger Nachbarhilfe bei größeren, die Kräfte der einzelnen Familie übersteigenden Vorhaben (Schweizer 1984: 5).

Kulturspezifische Erklärungen für politische, wirtschaftliche, wissenschaftliche und – als Symbol – ästhetische Entwicklungen, die für die europäische Moderne kennzeichnend sind, erweisen sich als überaus brüchig. Japan, Korea und Singapore brauchten sich nicht zu Calvinismus und Puritanismus zu bekehren oder von deren Lebensauffassungen auch nur angesteckt zu werden, um ihre kapitalistischen Wirtschaftssysteme zum Blühen zu bringen. Für die dazu erforderliche Mentalität von der Sparsamkeit bis zur Selbstbestätigung durch den wirtschaftlichen Erfolg gibt es in den eigenen und älteren Traditionen genügend Vorgaben.

Nicht minder fragwürdig ist die sprachrelativistische Annahme, daß das Aufkommen der neuzeitlichen Wissenschaften an die Beherrschung der »Muttersprache des abendländischen Geistes« und das von ihr getragene Weltbild gebunden sei. Danach könnten sich Nichteuropäer die europäischen Wissenschaftsentwicklungen nur zusammen mit dem Verständnis der spezifisch europäischen, aus dem Griechischen übernommenen Begrifflichkeit aneignen. Es fehlt hier die Reflexion auf die Möglichkeit, daß die Strukturen, die universal allen Sprachen zugrunde liegen, als Basis für den Erwerb der modernen Wissenschaften ausreichend sein könnten. Es fehlt die Reflexion auf die Tatsache, daß man in China und Japan im 17. und 18. Jahrhundert die astronomischen Theorien von Kopernikus und Newton, beides Modelle moderner wissenschaftlicher Vorgehensweise, ohne die gleichzeitige Übernahme einer europäischen Sprache als wissenschaftliche Hilfssprache rezipiert hat. Es fehlt schließlich die Reflexion auf die Tatsache, daß die Übernahme von modernen wissenschaftlichen Begriffsbildungen Heranwachsenden in einer europäischen Kultur nach wie vor eine Revolution ähnlichen Ausmaßes abfordert wie solchen, die in einer außereuropäischen Kultur aufwachsen. Nicht jeder, der sich mit noch so wachen Augen und kritischem Sinn in seiner Welt umsieht, durchschaut den Schein und kommt auf die Idee, daß die Erde eine Kugel ist und sich um die Sonne dreht.[52]

Wenn man in der doppelten Autonomie der modernen Kunst, in der Autonomie in bezug auf ihre Verwendung und in der Autonomie gegenüber ihrem Inhalt, ein Symbol der übrigen Autonomie-Entwicklungen der europäischen Neuzeit sieht, dann ist schließlich ein Verweis auf einen japanischen Maler zu Beginn des 19. Jahrhunderts, Kuwayama Gyokusho, am Platz. Kuwayama äußerte sich mit Spott über zeitgenössische realistische Malereien aus China. Sie könnten mit Werken der (europäischen) Barbaren oder mit solchen von Handwerkern verwechselt werden. Ein wahrer Künstler wolle nicht das genaue Aussehen eines Gegenstandes wiedergeben, sondern seinen Geist (vgl. Sansom 1950: 233).

4. Was Kulturen unterscheidet, ist weniger
eine spezifische Eigenschaft oder ein spezifisches Bündel
von Eigenschaften, das einer von ihnen ausschließlich eigen ist,
als der unterschiedliche Stellenwert, der in ihnen
einzelnen Eigenschaften zukommt.
Was eine Kultur von einer anderen unterscheidet,
ist eine unterschiedliche Hierarchie von Eigenschaften,
die sich auch in anderen Kulturen finden.
Unterschiedliche Eigenschaften sind stärker
oder weniger stark ausgebildet.
Unterschiedliche kulturelle Richtungen dominieren.

In Studien über Japan spielt die vertikale Ausrichtung der Gesellschaft eine große Rolle. Selbst was gegen sie zu sprechen scheint, die große Zahl der Bauernaufstände, läßt sich gerade zu ihrer Bestätigung auswerten. Im Unterschied von manchen (bei weitem nicht allen) europäischen Bauernkriegen wurde in den japanischen die feudale Ordnung nie in Frage gestellt. Man protestierte nicht gegen die bestehende Ordnung, sondern allein gegen ihren Mißbrauch mit maßlosen steuerlichen Belastungen. Aber diese Rebellionen weisen doch darauf hin, daß die hierarchische Struktur nicht nur zur Vermittlung von Geborgenheit in einem paternalistischen Gesellschaftsystem angelegt war, sondern auch als ein einklagbares Tausch-System verstanden wurde, in dem eine Seite die Loyalität kündigt, wenn das System nicht mehr angemessen funktioniert (vgl. Befu 1980).
Die Auffälligkeit der vertikalen Struktur läßt leicht die nicht weniger vorhandenen horizontalen Strukturen und egalitaristischen Tendenzen übersehen. Dewey (1918/19: 173), der in den japanischen Volkssitten »eine Art Sozialdemokratie« verkörpert fand, ist eine seltene Ausnahme. Horizontale Strukturen sind in Japan latent so vorhanden, wie im Westen hierarchische und arg autoritäre Strukturen unter der Decke der Gleichheitsideologie.[53]

In der Edo-Zeit [1605-1867] existierten zwei ganz verschiedene Typen des Familiensystems nebeneinander: das eine nach der konfuzianistischen Lehre, wie bei den Ritterfamilien . . .; das andere im gemeinen Volk . . . Obwohl man in bezug auf die Moral des japanischen Familiensystems im allgemeinen nur an die konfuzianistische Familienethik denkt, meint der Rechtssoziologe Takeyoshi Kawashima, daß sie in die Schicht der Mehrheit des Volkes nicht durchgedrungen sei. Das Familiensystem der unteren Schicht charakterisiert er wie folgend: die ›Atmosphäre‹ einer gemeinschaftlichen Ordnung herrscht hier (also keine einseitig hierarchische, ›vertikale‹) ... Wichtig war die Atmosphäre, in der man ein Gemeinschaftsgefühl hat, und in der alles verstanden werden konnte; und nicht einmal das Familienoberhaupt oder die Eltern durften ihr eigenes Bewußtsein oder Handeln hervorheben (Mae 1981: 13 f.).

Es wäre seltsam, angesichts des kognitiven Motivationsanteils von universalistischen Ethiken (vgl. Kohlberg 1969), wenn universalistische Ideen in irgendeiner Kultur über einen längeren Zeitraum bei niemandem aufkämen und bei keiner Gruppe Anklang fänden, z. B. Zeilen, wie sie Sakuma Shōzan (1811-1864) im selben Jahr 1854, in dem Commodore Perry die Öffnung Japans erzwang, im Gefängnis verfaßt hatte[54]:

Als ich 20 war, wußte ich, daß die Menschen in einer Provinz miteinander verbunden sind;
Als ich 30 war, wußte ich, daß die Menschen in einer Nation miteinander verbunden sind;
Als ich 40 war, wußte ich, daß die Menschen in einer Welt von fünf Kontinenten miteinander verbunden sind.

Wohnungsansprüche mögen ein durchsichtigeres Beispiel sein. Im eingangs zitierten *Spiegel*-Report heißt es: »Eine Studie der EG-Kommission kam zu dem bösartigen Schluß, die Japaner lebten in ›Kaninchenställen‹.«[55] Auch *Time* kennt das häßliche Wort von den »rabbit hutches«, aber *Time*[56] zitiert auch Zahlen, die auf unterschiedliche Wertvorstellungen hinweisen. Die Durchschnittsfamilie gibt in Japan einen geringeren Prozentsatz ihres Einkommens für die Wohnung aus als in den USA. Für das Essen dagegen ist das Verhältnis umgekehrt. Dem Japaner Ezawa (1980: 211), der über Deutschland schreibt, sind dort nicht nur die imponierenden Wohnungen aufgefallen, sondern auch ihr Verhältnis zum »recht bescheidenen« Essen. Er führt dazu eine Maxime an, die er in Westfalen gehört hatte: »Essen unter den Verhältnissen, kleiden nach den Verhältnissen, wohnen über die Verhältnisse«.

Was in Presseberichten als Eigentümlichkeiten der japanischen Wirtschaft hochgespielt wird, vom Arbeitseinsatz (›Arbeitswut‹ nach den einen, mehr spielerisch, mit der ebenfalls bekannten ›Spielwut‹ vergleichbar, nach anderen) über psychologische Flexibilität, innerbetriebliche Solidarität, Konsensbildung, Pflege des gesellschaftlichen Lebens mit den Arbeitskollegen, Identifikation mit der Firma, nationale Mystifizierung der eigenen Kompetenz und des Erfolgs bis zum ›Fatalismus‹ (zur nichtresignativen Einstellung gegenüber Sachzwängen, unaufhaltsamen geschichtlichen Entwicklungen und unbedachten Nebenfolgen technologischer und gesellschaftlicher Errungenschaften) finden sich sämtliche in mehr oder weniger starker Dosis, in dieser oder jener Büschelung, auch in anderen Industriegesellschaften, zumal sie auch in Japan von einem Ort zum anderen in unterschiedlicher Stärke und Mischung auszumachen sind.[57]

Exkurs: Vom Denken in kulturellen Gegensätzen

Zwei Typen von Typologien können gegeneinander ausgespielt werden. Nach dem ersten Typ unterscheiden sich zwei Kulturen dadurch, daß jede von ihnen durch eine Reihe von Eigenschaften ausgezeichnet ist, die ausschließlich in ihr zu finden sind. Das Verhältnis zwischen den beiden Kulturen ist ein diskretes, diskontinuierliches. Im Idealfall sind die beiden Kulturen nicht einfach nur durch je verschiedene Eigenschaften kontingent voneinander abgehoben, sondern einander durch sich kontradiktorisch ausschließende Eigenschaften entgegengesetzt.

Nach dem andern Typ unterscheiden sich Kulturen, wie von der vierten These formuliert, durch den unterschiedlichen Stellenwert von Eigenschaften, die mehr oder weniger in allen verglichenen Kulturen auszumachen sind. Das Verhältnis zwischen zwei Kulturen ist ein kontinuierliches, der Unterschied ein gradueller. Die charakteristischen Eigenschaften zweier Kulturen unterscheiden sich nicht dadurch, daß sie sich wechselseitig ausschließen, sondern durch den Rang, den sie in jeder von ihnen behaupten. Da Eigenschaften nicht unabhängig voneinander auftreten, entscheidet die jeweils vorherrschende Eigenschaft (bzw. das vorherrschende Eigenschaftsbündel) über die Rangfolge der übrigen. Im Idealfall, aber nur in einem solchen, ist die Rangliste in der einen Kultur gerade die umgekehrte von derjenigen in einer anderen. Dominiert in der ersten Kultur A, folgen dem Rang nach B, C und D. Dominiert in der zweiten Kultur D, folgen dem Rang nach C, B und A. In einem sol-

chen Grenzfall ergibt sich dank dieser Form der Inversion ebenfalls so etwas wie ein polarer Gegensatz zwischen den beiden Kulturen.
Der zweite Typ scheint in der Mehrheit der Fälle der angemessene zu sein. Dominiert aber werden Kulturvergleiche vom ersten Typ, und zwar seit alters. Beispiele lassen sich bis zum Überdruß, ja, wenn man ihren Inhalt zu gewichten beginnt, bis zur Absurdität aufzählen. Drei Listen genügen zur Veranschaulichung (und zur Erheiterung), zur Aufdeckung des Gedankengangs, der ihnen zugrundeliegt, und zum Nachweis der Schwäche in der Analyse der einzelnen Beobachtungen, die es ermöglicht, interkulturelle Gegensätze zu statuieren, wo ebensogut intrakulturelle Variationen auszumachen sind. Die erste, über Ägypten, stammt aus dem fünften Jahrhundert vor Christus vom griechischen Geschichtsschreiber Herodot; die zweite, über Japan, vom spanischen Jesuiten Luis Frois aus dem sechzehnten Jahrhundert; und die dritte, gleichfalls über Japan, vom deutschen Philosophen Karl Löwith aus diesem Jahrhundert.

Wie der Himmel bei den Ägyptern anders ist als in anderen Ländern, der Strom sich anders verhält als die anderen Flüsse, so stehen auch die Sitten und Bräuche der Ägypter größtenteils in allen Stücken im Gegensatz zu denen der übrigen Völker. Bei ihnen gehen die Frauen auf den Markt und treiben Handel, während die Männer zu Hause sitzen und weben. Die anderen Völker schlagen beim Weben den Einschlag von oben nach unten, die Ägypter tun es umgekehrt. Die Männer tragen die Lasten auf dem Kopf, die Frauen auf den Schultern. Den Urin lassen die Frauen im Stehen, die Männer im Sitzen. Ihre Notdurft verrichten sie in den Häusern, das Essen nehmen sie draußen auf der Straße ein. Dafür geben sie als Grund an: das Häßliche, aber Notwendige, müsse man im Verborgenen tun, das nicht Häßliche offen . . . Anderswo tragen die Priester der Götter langes Haar, aber in Ägypten scheren sie es ganz ab. Bei Trauer um die nächsten Angehörigen haben die anderen Völker die Sitte, den Kopf geschoren zu tragen. In Ägypten läßt man, wenn jemand stirbt, Haupthaar und Bart wachsen, während man sich sonst schert. Andere Völker leben getrennt von den Tieren, die Ägypter leben mit ihnen zusammen. Die anderen nähren sich von Weizen und Gerste: in Ägypten gilt es als große Schande, davon zu leben . . . Andere Völker lassen die Geschlechtsteile, wie sie sind; nur die Ägypter und, die es von ihnen gelernt haben, beschneiden sie. Die Männer tragen zwei Kleidungsstücke, die Frauen jede nur eins. Die Segelringe und Segeltaue binden die anderen von außen an die Schiffswände, die Ägypter von innen. Die Griechen schreiben

Buchstaben und rechnen mit Zählsteinchen, indem sie die Hand von links nach rechts führen, die Ägypter von rechts nach links. Dabei behaupten sie, sie schrieben nach rechts und die Griechen nach links . . . (Herodot, 3.35 f.).[58]

Die meisten Leute in Europa sind groß und haben eine stattliche Figur; die Japaner sind an Wuchs und Statur meistens kleiner als wir. – Die Frauen gehen in Europa nicht ohne die Erlaubnis ihrer Männer außer Hauses; japanische Frauen haben die Freiheit, ohne das Wissen ihrer Männer zu gehen, wohin es ihnen gefällt. – Bei uns ist es nicht üblich, daß die Frauen schreiben können; die vornehmen Damen Japans empfinden es als eine Erniedrigung, des Schreibens nicht kundig zu sein. – In Europa sind die Männer Schneider, in Japan die Frauen. – Unsere Kinder lernen zuerst lesen, dann schreiben; japanische Kinder fangen mit Schreiben an und danach mit Lesen. – Wir glauben an die zukünftige Herrlichkeit oder Bestrafung und an die Unsterblichkeit der Seele; die Zen-Bonzen verneinen das alles und behaupten, daß es über Geburt und Tod hinaus nichts gibt. – Unsere Kirchen sind hoch und eng; die japanischen Tempel sind breit und niedrig. – Wir beerdigen unsere Toten; die Japaner verbrennen sie meistens. – Die Europäer lieben gebackenen und gekochten Fisch; die Japaner ziehen ihn roh vor. – Wir besteigen die Pferde mit dem linken Fuß voran, die Japaner mit dem rechten . . . (Frois 1585).[59]

Japan ist für den Fremden zunächst eine verkehrte Welt, die das Eigene, längst Gewohnte auf den Kopf stellt. Man schreibt nicht horizontal und von links nach rechts, sondern vertikal und von rechts nach links; Handwerkszeuge werden beim Gebrauch in umgekehrter Richtung bewegt; die Geste des Heranwinkens sieht für uns aus wie eine solche des Fortschikkens; der japanische Regenschirm aus geöltem Papier wird mit der Spitze in der Hand und dem Handgriff nach unten getragen; die Trauerfarbe ist nicht schwarz, sondern weiß; der Tod eines Angehörigen wird mit einem Lächeln mitgeteilt; ein Kuß in der Öffentlichkeit – etwa beim Abschied auf dem Bahnsteig – wäre gegen allen Anstand, während andererseits niemand daran Anstoß nimmt, wenn Frauen ihren Kindern in der Öffentlichkeit die Brust reichen und in der Nähe ländlicher Shintoschreine phallische Symbole verehrt werden. – Die Höflichkeit erfordert, daß eine Frau ihren Schal abnimmt, wenn sie einen Mann begrüßt, während hier ein Mann seinen Hut abnimmt . . . Die gleichen Kontraste finden sich im Fühlen und Denken. Ein japanisches Hausmädchen, das eine kostbare Vase zerbrochen hat, lacht, wenn es dies seiner Herrin mitteilt. Diese ›Unverschämtheit‹ – so wenigstens denkt der verwirrte Ausländer – ist ein Ausdruck von tiefster Verlegenheit (Löwith 1983: 579, 541 f.).[60]

Der Gedankengang ist deutlich in den Texten von Herodot und Löwith. Von einigen auffälligen Gegensätzen geographischer Art

kommt man zu solchen in den »Sitten und Bräuchen« und von diesen zu solchen im »Fühlen und Denken«. Das eine scheint das andere nach sich zu ziehen. Zumindest verleitet es dazu, die ›feinen Unterschiede‹ in den anscheinend gleichen Strukturen, die in verschiedenen Kulturen einander entgegengesetzte Funktionen haben, und die nicht weniger feinen Gemeinsamkeiten in den anscheinend einander entgegengesetzten Strukturen, die in verschiedenen Kulturen dieselbe Funktion haben, zu übergehen.
Dazu werden Gegensätze zu *inter*kulturellen Kontrasten erhoben, wo dieselben Kontraste durchaus auch *intra*kulturell auszumachen sind. Die Trauerfarbe und das Lachen in Löwiths Aufzählung sind Beispiele. Schwarz und Weiß sind wie alle Farben ihrem Symbolgehalt nach polyvalent. So ist die klassische Farbe von Trauerblumen auch bei uns weiß, und wenigstens Kinder tragen bei Trauerfeierlichkeiten ebenfalls bei uns weiße Kleider. Umgekehrt wird schwarz auch zur Feier von freudigen Ereignissen getragen. Im übrigen sind Schwarz und Weiß beide tonfreie, nicht-bunte Farben, die sich auch in ihren Wertkonnotationen der Schlichtheit, Vornehmheit und Feierlichkeit usw. gleichen. Desgleichen kennen auch wir ein Lachen nicht nur vor Freude, sondern auch aus Verlegenheit, ›fassungslos‹ in beiden Fällen. Gleichzeitig ist das Lachen vor Freude und aus Verlegenheit wohl unterscheidbar, in Japan nicht anders als in Europa.
Eine Gefahr der Universalienforschung ist die voreilige Behauptung von Gleichem, wo eine sorgfältigere Analyse in der Feinstruktur Unterschiede freilegt. Hier ist es Löwith, der als Advokat des kulturellen Relativismus diesen Fehler begeht, außer beim Lachen auch beim Gestus des Heranwinkens. Dieser Gestus ist nicht nur in Japan üblich. Er wird ebenfalls aus Indonesien berichtet. Er ist am ehesten dem Gestus vergleichbar, mit dem wir Hunde zu uns heranlocken, indem wir bei ausgestrecktem Arm, nur wenig vor dem Knie, mit der flachen Hand zu uns hin winken. Beim japanischen und indonesischen Heranwinken sind Arm und Hand nahezu waagrecht nach vorne ausgestreckt. Wird nun die Hand bei einem emphatischen Winken sehr rasch bewegt, sieht sie der bei uns gebräuchlichen Geste des Wegschickens zum Verwechseln ähnlich. Aber daß Gesten bei einer emphatisch beschleunigten Ausführung anders als bei einem langsamen und sorgsamen Vollzug von bloßem Auge kaum mehr zu unterscheiden sind, ist bekannt, am bekanntesten bei einem anderen Gestus,

der interkulturell gleichfalls in gegensätzlicher Funktion anzutreffen ist, beim Gestus für Ja und Nein. Die Ja- und Nein-Gestik ist ein Paradebeispiel für Gleichheiten in der Feinstruktur, wo bei einer groben Skizze allein ein Gegensatz augenfällig ist, und für den Nachweis, daß eine anscheinend ausschließlich interkulturelle Variation auch intrakulturell gefunden werden kann.[61]
Wir bewegen den Kopf zum Ja nach unten und zum Nein seitwärts. In Bulgarien und einigen anderen Gegenden Südosteuropas ist es anscheinend gerade umgekehrt: Der Kopf wird bei einem Nein auf der vertikalen Achse bewegt und bei einem Ja auf der horizontalen Achse. Wiederum kommt es zu einer Verwechslung mit unserem Gebrauch am ehesten bei einem emphatischen Vollzug. Bei einer bedächtigen Ausführung ist der Unterschied unübersehbar. In der vertikalen Dimension wird beim Ja der Kopf nach vorne und unten bewegt, beim Nein hingegen nach oben und hinten geworfen. Bei intensiven, raschen und vor allem bei wiederholten Bewegungen verschwindet der Unterschied fast ganz. Ähnlich ist es mit der horizontalen Bewegung. Bei ihrer Verwertung für den Ja-Gestus wird der Kopf zur Seite gewendet, bevorzugt zuerst nach rechts, dem Partner gleichsam dargeboten, um ihm, wie es die Redewendungen zum Ausdruck bringen, ›das Ohr zu leihen‹ oder ›ganz Ohr zu sein‹. Bei der Verwendung zum Nein wird der Kopf dagegen abgewandt, an gewissen Orten auffälligerweise zuerst nach links, und der Gesichtskontakt damit verweigert. Auch hier sind bei einer emphatisch beschleunigten Ausführung das Ja und Nein verschiedener Kulturen kaum auseinanderzuhalten.
Soviel zu den Unterschieden in den Gesten, die zu entgegengesetzten Zwecken gebraucht werden. Was ist den auf den ersten Blick entgegengesetzten Gesten, die zu ein und demselben Zweck gebraucht werden, gemeinsam? Die vertikale wie die horizontale Ja-Gestik scheint aus Verhaltensformen abzustammen, die eine Kontaktbereitschaft anzeigen, die Nein-Gestik umgekehrt aus solchen, die eine Kontaktverweigerung signalisieren. Bei der Seitwärtsbewegung des Kopfes zum Ja leiht man dem Partner, wie gesagt, das Gehör. Das Kopfnicken zum Ja hängt mit der Grußhandlung zusammen, mit der man seine Unterordnung zum Ausdruck bringt. Die Verwandtschaft von Gruß und Ja ist nicht auf die Kopfbewegung beschränkt. Die Ainu, die zum Grüßen einen besonderen Handgestus pflegen, gebrauchen diesen auch

als Ja-Geste. Sie legen zuerst die Hände auf die Brust und senken sie dann, die offenen Handflächen vorzeigend, in einer schwingenden Bewegung nach vorne. Ein überaus weit verbreitetes Zeichen der Bereitschaft zur Interaktion ist das Öffnen der Augen und das Anheben der Augenbrauen. In Polynesien signalisieren sie nicht nur das Ja zum sozialen Kontakt, sondern ein Ja ganz allgemein. Das Anheben der Augenbrauen ist jedoch ambivalent. Es signalisiert in Gegenden, in denen zum Nein der Kopf nach oben und hinten geworfen wird, synekdochisch, als Teil für das Ganze, auch Nein. Diese Ambivalenz erklärt sich aus seiner ursprünglichen Bedeutung. Ursprünglich bringt es erhöhte Aufmerksamkeit zum Ausdruck, eine Voraussetzung gleicherweise zur bewußten Kontaktaufnahme und zur Kontaktverweigerung.

Beim Ausdruck des Neins mit einer Bewegung des ganzen Kopfes ist der Ursprung aus einer Verweigerungsgeste in der vertikalen wie in der horizontalen Dimension leicht erkennbar. Bei der vertikalen Bewegung ist der Verweigerungscharakter besonders deutlich, wenn zur Verstärkung mit dem Kopf auch ein oder beide Arme nach oben geschnellt werden, die offenen Handflächen dem Gegner zugewandt, ihn abhaltend. Die horizontale Nein-Bewegung des Kopfes wird von Verhaltensforschern seit Darwin aus einer Nahrungsverweigerung abgeleitet, dem Ausweichen des Säuglings vor der Mutterbrust. Vergleichbare Abschüttelungsbewegungen sollen auch bei pelztragenden Säugetieren und bei Vögeln beobachtbar sein.

Die Ja- und Nein-Gesten, mit denen sich *inter*kulturelle Gegensätze statuieren lassen, finden sich als sekundäre Gesten auch in einzelnen der so, in bezug auf die primären Gesten, einander entgegengesetzten Kulturen, *intra*kulturelle Varianten bildend. Auch wir benutzen als sekundären Nein-Gestus das Werfen des Kopfes nach oben und hinten, meistens begleitet von einer entsprechenden Abwehrbewegung mit einer oder beiden Händen und einem emphatischen Nein-Ruf. Aus Sri Lanka wird die Verwendung der vertikalen zusammen mit der horizontalen Kopfbewegung als Ja-Gestus berichtet, das Nicken mit dem Kopf als Ja auf eine Frage und das Zur-Seite-Bewegen des Kopfes als allgemeiner Ausdruck eines Einverständnisses. Dabei soll dieser zweite Ja-Gestus vom Schütteln des Kopfes als Nein-Gestus deutlich unterscheidbar sein.

Es besteht bei der Ja- und Nein-Gestik, wenn nicht eine universale, so doch eine interkulturelle Tendenz, den offenkundigen Gegensatz in der Bedeutung durch einen ebenso augenfälligen Gegensatz im Ausdruck wiederzugeben. Neben dem unterschiedlich verwendeten Gegensatz zwischen der vertikalen und der horizontalen Kopfbewegung findet man dafür in Griechenland und anderen Gegenden des Mittelmeerraumes auch noch die einander entgegengesetzten Richtungen auf der vertikalen Achse: das Anheben des Kopfes als Nein und sein Verbeugen als Ja.

Ja- und Nein-Gestik

	›deutsch‹	*›bulgarisch‹*	*›griechisch‹*	*›polynesisch‹*
Ja	vertikal	horizontal	nach unten	nach oben
Nein	horizontal	vertikal	nach oben	

Bei der unterschiedlichen Verwendung der vertikalen und der horizontalen Kopfbewegung für Ja und Nein scheint es so zu sein, daß die Festsetzung der Bedeutung der einen Bewegung die entgegengesetzte Verwendung der anderen nach sich zieht. Dies ist eine Tendenz, die auch sonst bei entgegengesetzten symbolträchtigen Phänomenen zu finden ist, bei Wasser und Feuer zum Beispiel. Die positive oder negative Wertung des einen Elementes induziert die entgegengesetzte Wertung des anderen. Beim südamerikanischen Sherente-Stamm, der in einem trockenen Tal lebt, symbolisiert Wasser Leben, bei den Bororo, die ein sumpfiges Gebiet bewohnen, dagegen Tod. Der Symbolgehalt von Feuer ist bei den beiden Stämmen gerade umgekehrt. Der maßgebende Symbolwert des Wassers ist kontingent, von den ökologischen Umständen abhängig, der Symbolwert von Feuer dagegen »relativ motiviert«, abhängig vom Symbolwert des ersten Elements (Lévi-Strauss 1964: 194).

	Symbolwert		*Symbolgehalt*	
	Wasser	*Feuer*	*Wasser*	*Feuer*
Sherente	+	–	Leben	Tod
Bororo	–	+	Tod	Leben

Lévi-Strauss spricht in solchen Fällen von einer »symétrie inversée« oder einer »transformation symétrique et inverse« zwischen verschiedenen Kulturen. Interkulturell gegeben ist ein Gegensatzpaar, wobei die Werte bzw. die Bedeutungen der einander entgegengesetzen Phänomene variieren, nicht beliebig, sondern derart, daß das Verhältnis in einer Kultur durch eine einfache Transformation, eine solche der Inversion, in das der anderen Kultur überführt werden kann. Der Gegensatz als solcher ist invariant, die Richtung des Gegensatzes dagegen variabel. Was einander beziehungslos entgegengesetzt zu sein scheint, läßt sich als Realisation ein und desselben Verhältnisses nach zwei verschiedenen Richtungen darstellen.

Das gilt auch für komplexere als die geschilderten Einführungsbeispiele. In den Totemgesellschaften sind verschiedene Tierarten ausschlaggebend für die Gesellschaftsordnung, in den Kastengesellschaften verschiedene Berufe. Das eine System stützt sich auf natürliche Gegebenheiten, das andere auf kulturelle. In bezug auf die Heiratsmöglichkeiten ist das Verhältnis gerade umgekehrt. Die Totemgesellschaften sind exogam. Die Totems werden wie kulturelle Festlegungen behandelt, die eine fruchtbare Verbindung nicht ausschließen. Die Kastengesellschaften sind endogam, als ob die Kasten natürliche Arten wären, die sich nicht verbinden können (Lévi-Strauss 1962: 144 ff.).

	Gesellschaftsordnung	*Heiratsordnung*
Totemgesellschaft	natürlich	kulturell
Kastengesellschaft	kulturell	natürlich

In der sprachwissenschaftlichen Universalienforschung spielen analoge interlinguale Inversionen nur eine untergeordnete Rolle. Greenbergs »Universale 20« (1963: 87) ist ein Beispiel: Wenn die Determinatoren (Demonstrativpronomina D, Zahlwörter Z und Adjektive A) dem Nomen N vorausgehen, ist die Reihenfolge DZA. Folgen sie dem Nomen, so ist die bevorzugte Reihenfolge gerade die umgekehrte:

DZA*N* *N*AZD

Invarianz und Variation sind hier miteinander verschränkt. Das Verhältnis der Determinatoren zum Nomen ist zugleich variabel und invariant. Die drei Determinatoren können vor oder nach dem Nomen stehen (Variation). Der Abstand zum Nomen bleibt konstant. Am nächsten beim Nomen stehen die Adjektive, an zweiter Stelle die Zahlwörter und an dritter die Demonstrativa (Invarianz). Was auffällt, Invarianz oder Variation, hängt von der Betrachtungsweise ab. Forschungshemmend ist die Versteifung auf eine Betrachtungsart. Möglich und fruchtbar sind beide Betrachtungsweisen, der flexible Wechsel zwischen ihnen und ihre Verbindung.

5. In jeder Kultur, die sich über mehrere Bevölkerungsschichten und über längere Zeitabschnitte erstreckt, lassen sich Teilkulturen (›Subkulturen‹) ausmachen, verschiedene kulturelle Richtungen, Strömungen, Dialekte, Register, Stile, Epochen, Schulen und dergleichen.

Nach dem Credo des kulturellen Relativismus gilt, in einer ansprechenden Formulierung von Habermas, aus seiner früheren relativistischen Zeit (1958: 106):

> *Den* Menschen gibt es so wenig wie *die* Sprache. Weil Menschen sich erst zu dem machen, was sie sind, und das den Umständen nach je auf eine andere Weise, gibt es sehr wohl Gesellschaften und Kulturen, über die sich, wie über Pflanzenarten oder Tiergattungen, allgemeine Aussagen machen lassen; aber nicht über *den* Menschen.

Das Gegenteil dürfte der Fall sein. Es scheint leichter zu sein, über *den* Menschen spezies-spezifisch allgemeine Aussagen zu machen als kulturspezifisch allgemeine über einzelne Gesellschaften und Kulturen, von positiven Rechtssetzungen abgesehen. Kulturelle Dynamik und innergesellschaftliche Rollenverteilungen führen unaufhaltsam zu Variantenbildungen:

> Was die Kultur . . . anbetrifft, so enthält selbstverständlich jede Kultur die verschiedensten Richtungen. Je konkreter sie wird, desto mehr verschiedene Richtungen hat sie (Nishida 1940:19).

Im alten Japan waren die aristokratische Samurai- und die bürgerlich-städtische Kultur so stilverschieden wie ihre Theaterformen Nō und Kabuki und so konfessionell geschieden wie die buddhistischen Sekten des Zen und des Nichiren. In China gab es nicht einfach nur ›die chinesische Philosophie‹, sondern innerhalb dieser taoistische, konfuzianistische und buddhistische Traditionsstränge, die sich zu verschiedenen Zeiten und an verschiedenen Orten mehr oder weniger selbständig behaupteten oder vermischten oder in Neo-Formen erneuerten und zugleich veränderten.

Keine Eigenschaft findet sich in allen Varianten einer Kultur und nur in ihnen und nicht auch in Varianten anderer Kulturen. Die Subkulturen widerstreiten sich teilweise. Sie können sich aber auch überkreuzen und Verbindungen eingehen. Jedes Individuum partizipiert an mehreren von ihnen. Die einzelnen Menschen sind so wenig homogene Erscheinungen wie die einzelnen Kulturen und ihre Epochen.

Für die Entwicklung der Sprachwissenschaften ist kennzeichnend, daß in den sechziger Jahren gleichzeitig mit dem Wiedererstarken der Universalienforschung, der Zuwendung zu dem, was *inter*lingual allen Sprachen gemeinsam ist, eine Zuwendung, in der Soziolinguistik, *intra*lingual zu den Variationen innerhalb der einzelnen Sprachen einsetzte. Dagegen fällt auf, daß sich intrakulturelle Homogenisierungen und in der Geschichtsschreibung intraepochale Verallgemeinerungen besonders häufig und kraß bei antiuniversalistischen Vertretern des kulturellen Relativismus finden.

Die Mißachtung von intrakulturellen Variationen, von der Küche bis zur Kirche, führt zu ebenso krassen wie komischen Vereinfachungen. Wegen ihrer Popularität, auch wegen der Prominenz des Kritisierten, Roland Barthes (1970), und der Kompetenz der Kritikerin, Hidé Ishiguro (1983), sei ein Beispiel ausführlicher zitiert:

Even the factual mistakes [in *L'empire des signes*] derive less from ignorance about Japan than from Barthes's decision to draw a contrast between things Japanese and things European. His claim that ›for us in France, clear soup is a poor soup‹ is as bizarre as his claim that in Japanese cuisine ›nappage‹, or coating of foodstuffs with sauce, cream or pastry, is unkown. Japanese cooks pride themselves on the ground walnut sauce, fermented soybean and citron paste or sesame cream with which they coat their vegetables, just as a French chef may boast of the transparency of his consommé.

But Barthes's ›Occident‹ is even more of a fantasy world than his Japan, being populated by autonomous Cartesians, each convinced of having privileged access to his inner self, and whose every speech act and gesture is an expression of his authentic self. . . . They do not trust manners and surfaces. It is as if the Oscar Wildes or the Robbe-Grillets whom Barthes himself championed had never existed. Barthes's Europeans aspire to informality and frankness. ›Why in the West is politeness regarded with suspicion?‹ he asks. He has obviously not witnessed a roomful of people go cold with suspicion in England when a mere acquaintance arrives and proceeds to address people by their first names, slapping them on their backs (Ishiguro 1983).

6. Interkulturelle Variationen sind intrakulturellen Variationen vergleichbar und nicht selten nicht größer als diese.

Verschiedene Sprachen bzw. Sprachen, die von ihren Sprechern als verschieden angesehen werden, Serbisch und Kroatisch in Jugoslawien, Hindi und Urdu in Indien, variieren grammatisch nicht mehr als die Oberklassen- und Unterklassenformen ein und derselben Sprache. In zwei- und mehrsprachigen Gesellschaften haben interlinguale Variationen bei ein und demselben Sprecher häufig dieselbe stilistische Funktion wie intralinguale Variationen in einer monolingualen Gesellschaft (Gumperz 1969: 435 f.).[62]
Während die prototypischen Referenten für Grundfarbwörter bei Sprechern derselben wie von verschiedenen Sprachen nahezu identisch sind, schwankt ihr Ausdehnungsbereich (bei derselben Anzahl der Grundfarbwörter) intra-ähnlich wie interlingual (Berlin und Kay 1969). Ähnlich variieren im allgemeinen Fachkenntnisse und der mit ihnen einhergehende Umfang des Wortschatzes (für Schnee, Pferdehaltung und dergleichen) interkulturell nicht stärker als intrakulturell (Clark und Clark 1977: 552).
Intrakulturelle Variationen sind besonders auffällig auf der geschichtlichen Achse. In der Sprachwissenschaft spricht man in diesem Zusammenhang von »Croces Paradox der Generationen«. Die einander nächsten Generationen verstehen sich und sind auch der Meinung, die gleiche Sprache zu sprechen. Weit auseinanderliegende Generationen, mit Zeitspannen von über tausend Jahren, könnten sich jedoch nicht mehr verständigen und wären der Ansicht, verschiedene Sprachen zu sprechen. Genetische Kontinuität verhindert nicht typologische Abwandlungen. Infolge von Konvergenzen kommt es dazu, daß genetisch nicht verwandte Sprachen in mancher Beziehung einander ähnlicher sind als genetisch zusammenhängende Sprachen. Die modernen romanischen Sprachen kennen – anders als das Latein, aus dem sie hervorgegangen sind, aber wie die griechische und die deutsche Sprache, mit denen sie weniger nah verwandt sind – Artikel. Interkultu-

relle Konvergenzen und damit einhergehend intrakulturelle Divergenzen werden durch Kontakte gefördert. Jede Kultur ist nicht nur das Endglied einer Abstammungsreihe, sondern ebenso das Ergebnis von wellenartig sich ausbreitenden interkulturellen Übertragungen. Schon aus diesem Grund verrät eine Berufung auf »2500 Jahre europäischer Geschichte« zur Verweigerung gegenüber Angeboten außereuropäischer Kulturen eine fragwürdige Einstellung.

Japanische Philosophen versuchen gerne, die Eigenart ›der japanischen Kultur‹ in Anlehnung an Formulierungen zu charakterisieren, mit denen europäische Denker (beliebt sind die Philosophen Bergson und Heidegger, die Dichter Goethe und Rilke, die Mystiker Eckhart und Johannes von Kreuz) ihre eigenen, wenn nicht Erfahrungen, so doch Ideale beschrieben haben (vgl. Sakabe 1982). Wenn sie damit zugleich die Einzigartigkeit ›der japanischen Kultur‹ zu belegen trachten, widerlegen sie diese gerade mit ihren europäischen Zitaten. In Japan vorherrschende Auffassungen haben häufig eine Affinität mit kulturellen Bewegungen, die in Europa mehr Nebenströmungen sind, von Zeit zu Zeit aber auch als Hauptströmungen in Erscheinung treten.

Von der anderen, europäischen Seite her versuchte Heidegger alle Umschreibungen für *Iki*, einer wichtigen Kategorie japanischer Philosophen, mit denen er selber Begriffe aus der europäischen Metaphysik und Ästhetik assoziierte, gleichsam im Keime zu ersticken. Es sei fraglich, »ob es für die Ostasiaten nötig und berechtigt sei, den europäischen Begriffssystemen nachzujagen« (1959: 87) – »Zumal für die ostasiatischen und die europäischen Völker das Sprach*wesen* ein durchaus anderes bleibt« (113). Graf Kukis Erläuterung von *Iki* mit einem »sinnlichen Scheinen, durch dessen lebhaftes Entzücken Übersinnliches hindurchscheint«, erinnerte Heidegger an die Unterscheidung zwischen einer sinnlichen und einer übersinnlichen Welt, auf der die abendländische Metaphysik aufruhe, und seine Wiedergabe mit »das Anmutende« an Schillers Schrift »Über Anmut und Schönheit«: »Kaum sagen Sie dies, sind wir schon mitten in der europäischen Ästhetik« (140).

Aus Heideggers vergeblicher Mühe, Kategorien aus der japanischen Philosophie in eine der europäischen Tradition unverbundene Ausdrucksweise zu übersetzen, und aus der Leichtigkeit, mit der umgekehrt japanische Philosophen ihre Anliegen in Anlehnung an europäische Philosophen formulieren, könnte der angemessenste Schluß sein, daß Max Weber mit seinem anstößigen Urteil über das Denken in Asien vielleicht recht behalten wird (1920: 365):

Es kann hier versichert werden – und angesichts der Unvollständigkeit der Darstellung muß es bei dieser nicht voll bewiesenen Versicherung freilich sein Bewenden haben: daß es auf dem Gebiet des Denkens über den ›Sinn‹ der Welt und des Lebens durchaus nichts gibt, was nicht, in irgendeiner Form, in Asien schon gedacht worden wäre.[63]

An einer späteren Stelle (375) geht Weber noch weiter mit der Beteuerung, »daß die soteriologischen Produkte der asiatischen Literatur die meisten auf diesem eigenartigen Gebiet auftauchenden Probleme weit rücksichtsloser durchgearbeitet haben, als dies der Occident getan hat«. So könnte sich auch der Hauptunterschied zwischen der europäischen und der japanischen Ästhetik darauf beschränken, daß die japanische »rücksichtsloser durchgearbeitet« ist, in der neueren Zeit vielleicht auch dank einer eingehenderen Zuwendung zu europäischen Ansätzen, als dies in umgekehrter Richtung üblich ist. Kukis berühmtes Buch *Die Struktur des Iki* (1930) ist noch nicht übersetzt. Leibniz hatte bereits 1691 die Möglichkeit in Erwägung gezogen, daß Asien infolge eines einseitigen Erkenntnisflusses Europa den Rang ablaufen könnte (vgl. Lach 1957: 30).
Große Variationen sind auch in den leichthin geographisch klassifizierten Philosophien des Westens unübersehbar. Was man früher als englische und deutsche Philosophie (die eine skeptisch, die andere apologetisch) unterschied und heute als angelsächsische und kontinentale Philosophie (die eine analytische Wissenschaft, die andere Erbauungsliteratur) gegeneinander auszuspielen liebt, sind nur die in den jeweiligen Ländern über längere Zeiträume dominierenden Richtungen. Ende des 19. Jahrhunderts waren die Verhältnisse in Deutschland und England nahezu umgekehrt. In Deutschland führten Empiristen, in England Idealisten. Husserl begann seine philosophische Laufbahn mit der Lektüre Humes, Russell die seine mit derjenigen Hegels. Konstant gibt es in allen Ländern Philosophen, die der Philosophie anderer Länder zugetan sind, ausschließlich sie pflegen und Themen und Thesen ihrer eigenen Landsleute erst annehmbar finden, nachdem sie im Notationssystem der anderen Philosophie vorgetragen worden sind.

Eine andere Gruppe verfolgt das ehrgeizige Programm einer Synthese, und eine dritte bescheidet sich mit einem Eklektizismus, im Glauben, daß keine Richtung, auch eine Synthese nicht, im Besitz der vollen Wahrheit ist. Es hat wenig Sinn, gegen solche Verhältnisse, die über Jahrhunderte beobachtbar sind, anzurennen. Ergiebiger ist die Aufklärung ihrer psychologischen und soziologischen Ursachen und ihrer geschichtlichen Rolle.

7. Kulturen, zwischen denen es (infolge geographischer Nähe oder über ausgedehnte Handelsbeziehungen) zu Kontakten kommt, beeinflussen sich unvermeidlicherweise. – Zum ersten Mal seit den Anfängen der Menschheit besteht heute wiederum die Möglichkeit einer universalen Diffusion von kulturellen Eigenschaften.

In eins mit Abgrenzungen und Abschirmungen kommt es bei einem interkulturellen Verkehr immer – wenn nicht bewußt, dann unbewußt, wenn nicht freiwillig, dann unwillkürlich – zu Entleihungen, Nachahmungen und wechselseitigen Anpassungen. In der Sprachwissenschaft wurden für Ausbreitungen von sprachlichen Strukturen über genetische Sprachgrenzen hinweg die Ausdrücke ›Sprachbund‹ und ›Sprachraum‹ (*linguistic league, linguistic area*) geprägt, zur Abhebung von ›Sprachfamilien‹, deren Gemeinsamkeiten auf einer genetischen Verwandtschaft beruhen. Während die deutsche Sprachwissenschaft im 19. Jahrhundert die Führung in der genetischen Sprachforschung innehatte, wurde die areale Sprachforschung von amerikanischen und russischen Linguisten in den Vordergrund gerückt, die sich in ihren Ländern mit Sprachen aus unterschiedlichen Familien konfrontiert fanden.[64]

Beeinflussungen gibt es auf allen Ebenen der Sprache, nicht nur auf der am ehesten bewußt werdenden des Wortschatzes, und in jeder Hinsicht, grammatisch, pragmatisch und stilistisch. Als Schwellen für die Ausbreitung von sprachlichen Eigentümlichkeiten gelten natürliche geographische Barrieren (Berge, Flüsse) und gesellschaftliche Barrieren (Klassen, Berufe). Ihre Auswirkungen sind Dia- und Soziolekte. Eine dritte Art von Barrieren, Sprachgrenzen, erweisen sich als überraschend niedrige Schwellen. Sehr viele Spracherscheinungen verbreiten sich über Sprach-

grenzen hinaus. Für phonologische und grammatische Eigenschaften scheint dabei geographische Nähe und breite Kontaktfläche eine Voraussetzung zu sein. Vokabular verbreitet sich leichter über große Distanzen auch bei einem nur schmalen Verbindungskanal, wenn eine Kultur z.B. in einem bestimmten Bereich in Führung geht.
Interlinguale Anleihen sind nicht unabhängig vom intralingualen Sprachgebrauch und der intralingualen Sprachentwicklung zu sehen. Der Sprachgebrauch hat zwei sich zueinander gegenläufig verhaltende Funktionen, intersubjektive Verständigung und Selbstidentifikation, indem man zum Ausdruck bringt, zu welcher Gruppe man gehört. Die kommunikative Funktion der Sprache hat Anpassungen an den Partner, intra- wie interlingual, zur Folge. Um sich zu verständigen, als *captatio benevolentiae* und um Mißverständnissen vorzubeugen, drückt man sich so aus wie der Gesprächspartner und paßt sich seinem Code an. Wie alles, was der Mensch äußert, dient die Sprache aber auch der Selbstdarstellung, der Absonderung, wenn nicht vom Gesprächspartner, dann von Drittpersonen. Die Entstehung von Dia- und Soziolekten und die Aufrechterhaltung von Sprachbarrieren selbst bei andauerndem Kontakt werden heute soziologisch mit dieser Funktion der Selbstdarstellung und der Dokumentation der Gruppenzugehörigkeit erklärt. Was für den Sprachbereich in vielen Einzelstudien erhärtet worden ist, dürfte weitgehend allgemeinkulturell gültig sein.
Die ersten Entleihungen sind für gewöhnlich auf bestimmte soziale Schichten oder regionale Gruppierungen beschränkt, die sich mit ihren Anleihen von ihrer Umgebung abzuheben verstehen. Ist ihr Ansehen oder das ihrer Entleihung hoch, breitet sich die Neuerung auf alle Schichten aus. Die Verbreitung von chinesischen Lampions und Petarden ist ein Schulbeispiel, die des Weihnachtsbaumes ein anderes. Was ursprünglich ein regional begrenzter Volksbrauch war, ist über eine Zwischenphase als Statussymbol einer mobilen Oberschicht wiederum zu einem Volksbrauch geworden, nunmehr von ganzen Weltteilen.
Selbst wenn das Prestige der Entleiher oder der fremden Kultur niedrig ist, kommt es bei Kontakten zu Anleihen. Das verachtete Fremde dient in solchen Fällen zur Degradation der Anpasser und von Drittpersonen. In Osteuropa wurde beobachtet, daß die Mouillierung der Aussprache, die für slavische Sprachen charak-

teristisch ist, in angrenzenden Sprachen nur für pejorative Ausdrücke übernommen wurde. Nachdem China im 19. Jahrhundert zum Symbol von Reaktion, Erstarrung und Hofschranzentum geworden war, dienten seine Zustände zur Kritik der Verhältnisse in den eigenen Staaten. Mit dem Gedicht »Der Kaiser von China« (1842) machte sich Heinrich Heine über Friedrich Wilhelm IV. und seinen »Hofweltweisen« Konfuzius/Schelling lustig. Indem die europäischen Intellektuellen die chinesischen Zustände anprangerten, konnten sie , der Zensur ausweichend, die verhaßten Verhältnisse von Preußen bis nach Oberbayern bloßlegen (vgl. Immoos 1962: 83). Ein Jahrhundert zuvor hatten sie die chinesischen Institutionen, unvererbbares Beamtentum, Eliteschulen und dergleichen zur Nachahmung empfohlen.
Interkulturellen Entleihungen förderlich sind verwandte Ansätze in der eigenen Tradition. Daran fehlt es in den großen Kulturen selten. Der fremde Einfluß dient dann als Auslöser oder auch nur als Verstärker einer Entwicklung, die schon intrakulturell angelegt ist. In der Sprachentwicklung gelten solche Anpassungen, die eigentlich Konvergenzen sind, als besonders stabil.
Die Stabilität ist jedoch keineswegs ein Vorzug der Kontinuität im bezug auf die eigene Entwicklung. Komplementarität wirkt gleichfalls stabilisierend. Eigenschaften, die als eigenwüchsig und fremd, als alt und neu einander entgegengesetzt sind, brauchen sich nicht zu hemmen und zu widerstreiten. Sie können sich ebensogut wechselseitig stützen. Statt zu einem Antagonismus kommt es in einer solchen Situation zu einer Symbiose, zu einem oft komplizierten Amalgam von traditionellen und modernen Institutionen. Die Rolle, welche die absolute Monarchie mit ihrem restaurativen, ja reaktionären ideologischen Überbau, bei der gesellschaftlichen Modernisierung Europas und ebenso, zwei Jahrhunderte später, bei derjenigen Japans gespielt hat, ist ein historisches Beispiel; die Rolle der konstitutionellen Monarchie in Spanien beim dortigen Demokratisierungsprozeß ein zeitgenössisches. Nach Ward (1963), der für diese Erscheinung den Ausdruck »mutually reinforcing dualism« gebraucht, ist das Tempo und der Erfolg der Modernisierung Japans zu einem guten Teil einem Amalgam von traditionellen japanischen und modernen westlichen Institutionen in Ökonomie und Politik zuzuschreiben.[65]
Die Sachlage ist alles andere als einfach. Praxis und Ideologie

verhalten sich oft ungereimt. Was zu Beginn der europäischen Renaissance und Reformation wie zu Beginn der japanischen Restauration auffällt, ist die Selbstverständlichkeit, mit der die eigene Geschichte in säuberlich geschiedene Perioden aufgeteilt und die unmittelbar vorangehende Epoche, in Japan die Edo- oder Tokugawa-Zeit (1605-1867), zu einem finstern Mittelalter erklärt und die Neuerungen als Wiederherstellung der Verhältnisse der Anfangszeit gerechtfertigt wird. So sehr die Erneuerung in mancher Hinsicht nur eine Entwicklung von Ansätzen ist, die aus der unmittelbar vorangehenden Epoche datieren, und »institutionell wie attitudinal« auf einem Fundament aufruht, das in dieser verschmähten Vergangenheit errichtet worden ist – in Japan eine monetäre und national integrierte Wirtschaftsform, ein ebenfalls landesweites Verkehrssystem, eine professionell ausgebildete Bürokratie, pädagogische und akademische Institutionen[66], ein Verlagswesen, eine Intellektuellenschicht, deren Achtung, der Sinn für detailliertes Wissen und die dafür erforderliche Disziplin, der Sinn für rationale Kritik und ebenso für die Abhängigkeit gesellschaftlicher Zustände von menschlichen Entscheidungen, die konfuzianische Unterscheidung zwischen Status und Verdienst: nahezu alles, was für einen erfolgreichen Modernisierungsprozeß als Infrastruktur vorausgesetzt ist (vgl. Ward 1963: 432: Sugimoto und Swain 1978: XXII f.). -, so sehr scheint der Durchsetzung von Neuerungen eine ideologische Überhöhung förderlich zu sein. So kommt es, daß der Fortschritt (nach einem Wort von Nestroy, das Wittgenstein zum Motto seiner *Philosophischen Untersuchungen* erkoren hat) an sich hat, daß er viel größer ausschaut, als er wirklich ist.

Neben dem Anreiz zur kontinuierlichen Weiterentwicklung von Ansätzen in der eigenen Kultur und der selektiven Förderung eines Teils von ihnen durch eine wechselseitig vorteilhafte Symbiose mit fremdkulturellen Elementen ist das Bedürfnis nach intrakultureller Variation ein drittes Motiv der interkulturellen Annäherung. Die innergesellschaftliche Dynamik führt, wie die sprachliche Ausgestaltung von Dia- und Soziolekten lehrt, wenn nicht konstant, so doch zyklisch, zu stilvollen Absatzbewegungen. Eines der naheliegendsten Mittel, sich von einer rivalisierenden Gruppierung innerhalb der eigenen Gesellschaft abzuheben, ist die Öffnung nach außen.

Die fremde Kultur steht nach den bisher angeführten Motiven im

Dienst der eigenen Kultur. Die Offenheit ist ethnozentrisch motiviert. Das ist ein Vorwurf, den europäische Kosmopoliten häufig von Nichteuropäern zu hören bekommen. Aber die Einsicht in die Rolle fremder Kulturen für die Dynamik der eigenen Kultur ist doch auch geeignet, die Wertschätzung der fremden Kultur an sich zu fördern.

Vier Hauptphasen fremdkultureller Einflüsse in Europa – Was bei einem Überblick über die Geschichte der interkulturellen Kontakte Europas im auslaufenden Jahrtausend besonders verwundert, ist der schematische und schemenhafte, blasse Niederschlag, den sie im allgemeinen Geschichtsbewußtsein gefunden haben. Er kontrastiert mit der Menge an Einzelheiten, die aus außereuropäischen Kulturen stammen, und kontrastiert mit der Sensibilität, mit der man in Japan die fremden Einflüsse anerkennt. Die Verdrängung in Europa macht es nicht leicht, den tatsächlichen Einfluß der fremden Anleihen zu gewichten. Wenn man sich mit dem üblichen groben Überblick begnügt, sind vier Stränge auseinanderzuhalten, ein arabischer, ein chinesischer, ein indischer und ein ›primitiver‹ Strang, die einander zugleich mehr oder weniger als Phasen der interkulturellen Anleihen ablösen.

Der arabische Einfluß, am stärksten im Mittelalter, ist der am meisten verdrängte, obwohl er vermutlich der massivste und der vielfältigste war. Manches, was heute als typisch westlich ausgegeben wird, von der sentimentalen Basis der Eheschließung bis zu ›cartesianischen‹ Prinzipien in der Philosophie, hat sich seinerzeit unter dem (spanisch-)arabischen Einfluß ausgebildet.[67]

Der chinesische Einfluß blieb bis ins 15. Jahrhundert auf die angewandten Wissenschaften beschränkt. In den reinen Wissenschaften vermochte er nur bis in den arabischen Kulturraum vorzudringen. Nachdem der Kontakt auch in ihnen hergestellt war, kam es in der Mathematik und in den physikalischen Wissenschaften verhältnismäßig rasch zu einer Fusion, bereits um die Mitte des 17. Jahrhunderts, während sie in Wissenschaften wie der Botanik erst gegen das Ende des 19. Jahrhunderts erreicht wurde und in der Pharmazeutik und Medizin noch ansteht. Die Verbindung scheint um so mehr Zeit in Anspruch zu nehmen, je biologischer die Wissenschaft und je organischer ihr Gegenstand ist. Wie weit sich diese Reihenfolge, von Needham (1977: 104 f., 122 ff.) für die Fusion von chinesischer und europäischer Wissenschaft herausgearbeitet, auf interkulturelle Einflüsse allgemein ausdehnen läßt, ist fraglich. Sie gilt jedenfalls nicht für die japanische Rezeption europäischer Wissenschaften, in der die Medizin gerade eine bahnbrechende Rolle spielte. Verallgemeinerungsfähige Reihenfolgen, die zugleich den systematischen Aufbau der Wissenschaften widerspiegeln, scheinen sich in der Kulturgeschichte nur für die Frühphasen, in denen die elementaren Kategorien erworben werden, finden zu lassen. Wenn die grundlegenden Kategorien einmal erworben sind, fallen offenbar universal gültige Schranken für die Fortentwicklung zusehends.

In den Humanwissenschaften des 17. und 18. Jahrhunderts vermochten die China-Berichte der Jesuiten im Zusammenhang der geistigen und gesellschaftlichen Umwälzungen, die sich damals abzuzeichnen begannen und zu deren Rechtfertigung sie zitiert wurden, eine beträchtliche Rolle zu spielen. Aber nachdem sich der Umbruch etabliert hatte oder auch nur auf seine Grenzen gestoßen war, verlor China als Herausforderung und als Modell an Anziehung und Einfluß, zum Teil auch, weil die idealisierten Vorstellungen durch neuere Berichte um ihre Glaubwürdigkeit gebracht worden waren.

Der China-Welle der Aufklärungszeit folgte die romantische Faszination durch Indien einerseits und die ›Naturvölker‹ andererseits. Neben der Reaktion auf die dem chinesischen Gelehrtenstaat zugewandten Aufklärung führte die Sehnsucht nach einer Wiedergeburt aus der Rückkehr zu den noch von keinen Fehlentwicklungen verfälschten Wurzeln der eigenen Kultur in die Länder des Vorderen Orients, nach Persien (mit Nietzsches *Zarathustra* als dem letzten großen Zeugnis) und bis nach Indien. Der Weg wurde gebahnt durch die sensationelle Entdeckung der indoeuropäischen Sprachfamilie und dann weiter gefördert durch die von der Geschichtswissenschaft freigelegten orientalischen Verbindungen der griechischen Kultur wie der biblischen Schriften. Auch die zur gleichen Zeit einsetzende Bewegung »Zurück zur Natur« der »edlen Wilden« gewann ihren Anhang als Alternative zum rationalistischen Menschenideal und mechanistischen Weltbild der Aufklärungsphilosophie.

Der Einfluß Indiens verengte sich rasch auf die Religionswissenschaft und auf spirituelle Randgruppen. Auch in bezug auf den chinesischen Kulturkreis kann man nur für ein eingeschränktes Gebiet, Kunst und Kunsthandwerk, von einer namhaften und als solchen anerkannten Wirkungsgeschichte sprechen. Einen schöpferischeren Einfluß als die Chinoiserien im Rokoko vermochte dabei der Japonismus in der Avantgarde der zweiten Hälfte des 19. Jahrhunderts auszuüben, mit der längsten Nachwirkung in der Architektur und mit einer jüngsten Erneuerung in der Mode.

Wegen des Gefälles zwischen der wissenschaftlichen und der ästhetischen Wirkung, die von Ostasien auf Europa ausging, wird gelegentlich die Meinung geäußert, daß wenigstens die Künste sich als »Dialekte irgendeiner universalen Sprache« erweisen könnten (Sansom 1950: 159). Angesichts solcher Vermutungen ist beachtenswert, daß die Lebensweisen und -auffassungen ›primitiver Völker‹ eine ebenso starke Anziehung auszuüben vermögen wie ihre ›primitive Kunst‹. Die Anerkennung und die Wirkung dieser Kunst setzte überdies erst beträchtliche Zeit nach der Erschließung der ›primitiven‹ Sitten und Mythologien ein. Die Zuwendung zur Kunst war bemerkenswerterweise durch den Japonismus vorbereitet worden, der den Sinn für nichtklassische und außereuropäische Kunstformen angeregt hatte.

In der Aneignung fremder Kunst sind drei Etappen auszumachen. In einer ersten Etappe kommt es zur Übernahme von auffälligen Motiven der fremdartigen Kunst. In einer zweiten Phase gelingt über die Nachahmung des Stils die Reproduktion von so etwas wie dem ›Geist‹, der ästhetischen Stimmung, die ein Kunstwerk zu erzeugen vermag. Schließlich bilden in einer dritten Etappe nicht mehr die fremden Kunstwerke die Vorlage für die eigenen, sondern andere Aspekte der fremden Kultur. Mondrian inspirierte sich für seine Malerei nicht mehr wie Van Gogh und Monet an Hiroshiges »Bildern der flüchtigen Welt« (*Ukiyo-e*), sondern an den Proportionen der japanischen Innenarchitektur (Gantner 1980).

Universale Diffusion – In der ersten Hälfte dieses Jahrhunderts behauptete die Diffusion als ein Faktor zur Erklärung von Eigenschaften, die in allen Kulturen zu finden sind, einen festen Platz in der anthropologischen Literatur (vgl. Wissler 1923: 99 ff.; Herskovits 1955: 461 ff.). Drei Gründe sind zu nennen. (a) Die wissenschaftliche Anthropologie hatte sich mit einer populärwissenschaftlichen Theorie interkultureller Invarianten auseinanderzusetzen, von der die Möglichkeit unabhängiger Erfindungen ein und desselben kulturellen Phänomens an verschiedenen Orten und zu verschiedenen Zeiten verneint und Ägypten als das Ursprungsland aller höherer Kultur angesehen worden war, von dem aus sie sich über die gesamte Alte und Neue Welt verbreitet haben soll. (b) Biologische Erklärungen von Kognition und Kultur waren infolge des vorangehenden Mißbrauchs der Darwinschen Entwicklungslehre zur Erklärung von kognitiven und kulturellen Verschiedenheiten in den Humanwissenschaften diskrediert. (c) Diffusion selber, die Ausbreitung von kulturellen Eigentümlichkeiten zwischen benachbarten Kulturen, erwies sich als ein universales Phänomen: »A trait of culture is about as contagious as the measles« (Wissler 1923: 102). In der zweiten Hälfte des Jahrhunderts ist die Diffusion der Universaliendiskussion in den Hintergrund gerückt. Im Bereich von funktionalen und biologischen Erklärungen verspricht heute der Stand der Forschung eher neue Erfolge.

Die Universalien, die sich auf interkulturelle Diffusion zurückführen lassen, verteilen sich auf zwei durch einen langen Zeitraum geschiedene Epochen. Sie können als *archaische* und als *moderne* Universalien auseinandergehalten werden. Die archaischen Diffusionsuniversalien sind solche, die sich (von einem oder mehreren Ursprungsorten aus) über die gesamte Menschheit ausbreiteten, als diese ein noch zusammenhängendes Territorium besetzt hielt. Die Diffusion vermochte so noch alle Gruppen zu erreichen, bevor diese sich über die ganze Erde verstreuten. Die Aginskys (1948: 168) nennen als Kandidaten für solche »Wiegen-Züge« der menschlichen Kultur: Feuer, Familie, Religion, Inzesttabu und Sprache. Die Liste ist gewiß nicht indiskutabel. Andere Kandidaten sind der Gebrauch von Steinwerkzeugen und gezähmte Haustiere. Der Hund ist sozusagen das Symboltier dieser archaischen Diffusionsuniversalien. Er breitete sich als Begleiter des Menschen zusammen mit diesem (annähernd universal) über die gesamte Erde aus.[69]

Die modernen Diffusionsuniversalien sind solche, die sich erst in der Neuzeit zusammen mit den Entdeckungsfahrten, Eroberungen und Handelskontakten der Europäer (annähernd) über die ganze Menschheit verbreiteten. Die Aginskys (1948: 168, 171) nennen als Beispiele den Tabakkonsum und die Begriffe für Fabrik, Radio, UNO und dergleichen. Andere Kandidaten sind der Gebrauch von Metallwerkzeugen, Papier, bestimmte Medikamente, die alphabetische Schrift mindestens als Hilfsschrift und die englische Sprache als *lingua franca*. Tabak- und Papiergebrauch sind Beispiele dafür, daß die Europäer nicht nur eigene Kulturgüter über die gesamte Erde verbreiteten, sondern auch als Vermittler von solchen zwischen verschiedenen Kulturen fungierten. Das Symboltier der modernen Diffusionsuniversalien ist das Pferd, das sich zusammen mit dem weißen Mann über die Alte Welt hinaus auf den amerikanischen Weltteil und die pazifischen Inseln verbreitete.[70]

8. Kultureller Isolationismus läßt sich, von Kleinstgruppen abgesehen, nicht durchhalten.

China und Japan sind zwei Beispiele von weltgeschichtlichem Rang für den Versuch, ein kulturelles Eigenleben unabhängig von Fremdeinflüssen zu führen. Ausschlaggebend für China war die Auffassung, wirtschaftlich und kulturell autark und den anderen Völkern gegenüber uneinholbar überlegen zu sein. Beides schien seine Gültigkeit nicht nur für Jahrhunderte, sondern für Jahrtausende gehabt zu haben. Aber beides erwies sich mit dem Aufkommen von moderner Wirtschaft und Wissenschaft als vergänglich. Das Hauptmotiv Japans, eines Landes anderer Größenordnung, war die politische Unabhängigkeit.

Für die Selbsteinschätzung Chinas ist die Antwort des Manchu-Kaisers Qian Long 1793 an den Abgesandten des englischen Königs George III. ein berühmt gewordenes Zeugnis: Das Himmlische Reich besitze alle Dinge in Überfülle und sei nicht auf die Fabrikate der ausländischen Barbaren angewiesen. Da umgekehrt die europäischen Länder jedoch Tee, Seide und Porzellan nötig hätten, werde ihnen fortan ein beschränkter Handel erlaubt. Die Zeremonien und das Rechtswesen des Himmlischen Reiches würden sich hingegen so sehr von den europäischen unterscheiden, daß sie, selbst wenn der Gesandte ihre Rudimente zu erwerben vermöchte, unmöglich auf ihren fremden Boden verpflanzt werden könnten. Die Überlegenheit war so stark und der Austausch an Erkenntnissen und materiellen Gütern für China eine solche Randerscheinung gewesen, daß sich die Kaiser in Beijing so großzügig zeigen konnten, wie es ihrer Position anstand.

Auf eine Bulle von Papst Clemens XI. 1715 reagierte Kaiser Kang Xi ähnlich indigniert, wie heute westliche Intellektuelle auf Verlautbarungen des Imam Khomeini reagieren. Die Bulle erinnerte den konfuzianischen Kaiser »an den Aberglauben der Buddhisten und Taoisten«, nur daß sie diesen nach seiner Meinung noch übertraf. Die mathematischen Fähigkeiten der Missionare entgingen ihm keineswegs, weshalb, wie er in einem früheren Edikt 1691 verlauten ließ, die Regierung sie in ihren Dienst nehme, »ein Punkt, den ihr Soldaten und Leute verstehen solltet« (vgl. Russell 1922: 49 f.; Sansom 1950: 14, 157).

Kulturelle Isolation ist keine Sache, über die der sich Abschirmende allein gebietet. Bei einem Druck von außen ist der Kontakt unvermeidbar. Japan hielt während seiner zwei Jahrhunderte (1639-1854) dauernden Abkapselung ständig einen wohl kanalisierten Handelsverkehr mit China und Holland aufrecht, zur eigenen Information über die Außenwelt und als Ventil für die zum Handel drängenden Europäer. Selbst bei einem Kriegszustand, pflegte Roman Jakobson zu lehren, ist ein Kontakt unumgänglich: Man braucht Spione, und gelegentlich muß man auch verhandeln. Die japanische Seklusion ist ein Schulbeispiel für die Undurchführbarkeit der totalen Abkapselung eines Landes und für die Risiken, zu denen ein solcher Versuch unvermeidlicherweise führt. Auch die Eigendynamik ist studierenswert, die das zugelassene Rinnsal an Informationen im Fall Japans zu entwickeln begann, und desgleichen der Fachbereich, der den Sprengstoff enthielt, die Medizin. Neben der Einsicht, daß das Land sich zum Aufbau einer hinreichenden militärischen Verteidigung dem Westen zu öffnen hatte, war das Interesse an den westlichen Wissenschaften, von denen man über die holländische Handelsmission in Nagasaki erfuhr, unter den Intellektuellen der wichtigste Grund, für die Bereitschaft zu werben, das Land wieder zu öffnen. Die Medizin, eine Wissenschaft, die dem Wohl aller zugute kommt und die zu blockieren eine Regierung am wenigsten geneigt ist, spielte dabei eine Hauptrolle. Die Shogune ließen sich bereits im 18. Jahrhundert von Ärzten behandeln, die über Kenntnisse in »holländischer Medizin« verfügten. Die Zulassung von ausländischen Medizinschriften hatte zur Konsequenz, daß sich Studenten, die sich für den Westen interessierten, für das Medizinstudium einzuschreiben begannen. Die Ärzte realisierten allmählich, daß die westliche Medizin der chinesischen in mehreren Hinsichten, vor allem in der Operationstechnik, überlegen war, und daß China auch in anderer Hinsicht nicht das Zentrum aller Kultur zu sein schien, für das man es gehalten hatte.

Ein ähnliches Schicksal widerfuhr auch Holland. Neben seiner sinkenden politischen Bedeutung und dem Verlust seiner Unabhängigkeit an Frankreich 1794 waren es nicht zuletzt die holländischen Schriften, oft mit Verweisen auf Publikationen in anderen Sprachen oder selbst Übersetzungen von solchen, die verrieten, daß Holland nicht das bedeutende Land sein konnte, das man in ihm gesehen hatte und das es zu Beginn der Isolationsperiode auch gewesen war. Über solche Entdeckungen wuchs das Interesse an zusätzlichen und breiteren Informationen (Sugimoto und Swain 1978, 316 ff.; Wilkinson 1983; 100 f.). Die Medizin, ein kulturelles Universale, ist ein ausgezeichneter und von Ideologie (in den Augen vieler) freier Kanal für interkulturelle Kontakte und, wie die Geschichte der Weltorganisationen belegt, für internationale Zusammenarbeit. [71]

In der Medizin bleibt die Auswirkung von interkulturellen Kontakten am wenigsten auf eine gesellschaftliche Schicht beschränkt. Solange ein interkultureller Kontakt, wie in den ersten Phasen fast immer, schichtenspezifisch ist, lassen sich Abwehrmaßnahmen treffen und innergesellschaftliche Abwehrkräfte mobilisieren, die Spannung zwischen den innergesellschaftlichen Gruppen ausnutzend. Sobald sich mehrere Schichten gleichzeitig mit unabhängigen Motivationen einer anderen Kultur öffnen, haben Gegenmaßnahmen wenig Aussicht auf einen durchgreifenden Erfolg. Ein charakteristischer Fall ist der amerikanische Einfluß rings um die Welt. Er wird nicht nur von Wissenschaftlern und Technologen getragen, wo staatliche Maßnahmen möglich sind, sondern über Pop und Rock, Musik und neue Lebensgewohnheiten gleichzeitig von Jugendlichen und von subkulturellen Gruppen, die anderen Gesetzen zu folgen belieben. Häufig verläuft der Einfluß auch unbemerkt. Wer nicht gleichzeitig amerikanische Magazine liest, realisiert gar nicht, wie deutsche Wochenzeitungen thematisch, in Wissenschaft und Kunst, und formal, mit graphischen Einfällen, im Abstand von ein paar Wochen ihren amerikanischen Schwesterpublikationen folgen. Hat der Einfluß einmal ein gewisses Maß erreicht, wird er gar nicht mehr so leicht als fremder erkannt. Wer bereits unter fremdem Einfluß groß geworden ist, zieht die Linien anders als eine ältere Generation.

Als Grund für die Ausbreitung einer Kultur werden häufig ihre politischen Machtmittel vermutet, aber doch nur mit stark beschränkter Gültigkeit. In der anthropologischen Literatur (vgl. Herskovits 1955: 477) gilt politische Fremdherrschaft als Auslöser der aggressivsten Abwehr einer vordringenden Kultur und der fanatischsten Versuche zur Wiederbelebung der eigenen Überlieferung. Die Diffusion des Hellenismus über den Vorderen Orient wurde zwar durch die Eroberungen Alexanders des Großen (eines gräzisierten Mazedoniers) eingeleitet. Die hellenistische Kultur vermochte sich dort aber auch nach der Ablösung der griechischen durch die römische Vorherrschaft zu halten, zu befestigen und noch weiter auszubreiten, selbst in die Hauptstadt des neuen Reiches und in dessen westliche Gebiete. Einflußreicher als politische Macht sind wirtschaftliche Beziehungen und kulturelle Leistungen. Kaufleute fungieren als wichtigste Übermittler fremder Lebensgewohnheiten. Die Renaissance und die italienische Sprache als *lingua franca* breiteten sich im 16. Jahrhundert trotz der Schwäche und dem Untertanenstatus vieler apenninischer Stadtstaaten über Europa aus.

Das Ergebnis von Abwehrmaßnahmen gegenüber Fremdeinflüssen ist häufig widersprüchlich. Im belgischen Sprachenstreit, dessen Hintergründe in der Wirtschafts- und Gesellschaftsstruktur des Landes zu suchen sind, wurde von flämischer Seite als Argument für die Trennung der beiden Landesteile unter anderem die Verunreinigung ihrer Sprache durch Gallizismen angeführt. Die Aufwertung der flämischen Volkssprache hatte jedoch eine Einebnung ihrer Dialekte und eine Stärkung der niederländischen Schriftsprache zur Folge, d.h. einer Variante der eigenen Sprache, die von einem Nachbarn gesprochen wurde, von dem man sich ein Jahrhundert zuvor gleichfalls mit viel Animosität, ebenfalls provoziert durch Vormachtsansprüche, abgesetzt hatte. Die Beseitigung von obsoleten Erbfeindschaften ist eine erfreuliche Nebenwirkung bei der Abwehr eines neuen Gegners. Nicht zu unterschlagen ist deswegen, daß die Verteidigung von sprachlicher und kultureller Vielfalt nach außen nicht selten mit ihrer Beeinträchtigung im Inneren einhergeht. Zur Wahl stehen nicht die Aufrechterhaltung einer kulturellen Vielfalt und ihre Verminderung oder die Reinerhaltung einer Kultur und ihr allmählicher Verlust, sondern Anpassungen und Angleichungen auf unterschiedlichen Ebenen.

Am belgischen Beispiel ist denn auch noch etwas anderes hervorhebenswert, die Notwendigkeit einer internationalen Sprache. Die französische Abteilung der Universität Löwen war noch nicht voll in den wallonischen Landesteil umgesiedelt, als die flämische Abteilung, in der das Argument von der Bedeutung einer Volkssprache und ihrer Reinheit besonders beliebt war, zur Aufrechterhaltung der internationalen Beziehungen englischsprachige Lehrveranstaltungen einzuführen begann. Schon vorher unterschieden sich die beiden Abteilungen nicht nur durch die Unterrichtssprache, sondern auch durch die bevorzugten Lehrbücher, französische in der francophonen und englische in der flämischen Abteilung. Die Flamen begründeten ihre Wahl zusätzlich mit der Qualität und dem neuesten Stand ihrer Bücher.

Aufgrund vergleichbarer Probleme pflegen mehrere Staaten Asiens und Afrikas von vorneherein und offiziell eine Dreisprachenpolitik mit einer Regionalsprache als Umgangssprache (und Unterrichtssprache in der unteren Volksschule und für ausgewählte Themen auch später), einer politisch geförderten Nationalsprache als landesinterne *lingua franca* und als Symbol der nationalen Identität und Einheit (im Unterricht entsprechend für Fächer wie Geschichte und Lebenskunde, Sittenlehre und ähnliches) und Englisch als internationale Sprache, die zugleich landesintern als neutrale *lingua franca* benutzt und *de facto* auch bevorzugt wird, sowie als Sprache für wissenschaftliche und technologische Angelegenheiten (im Unterricht entsprechend in den mathematischen und naturwissenschaftlichen Fächern, die – zu Recht oder zu Unrecht und naiv – als ethnisch neutral betrachtet werden). Diese Länder verhalten sich mit ihrer Politik toleranter, realistischer und aufgeschlossener als viele westliche Nationalstaaten, die sich in den vergleichbaren Phasen ihrer Geschichte einseitiger auf die Durchsetzung einer einheitlichen und homogenen Sprache verlegten, und nehmen eine Entwicklung voraus, die sich nun auch auf dem europäischen und dem südamerikanischen Kontinent abzuzeichnen beginnt.[72]

9. Bei multikulturellen Kontakten kommt es zur Ausbildung eines speziellen Subcodes des Verkehrs, sprachlich in der Gestalt einer *lingua franca*. Zum ersten Mal in der Geschichte der Menschheit besteht die Chance einer universalen *lingua franca*.

Der sprachliche Code eines jeden Menschen umfaßt mehrere Subcodes, die in Abhängigkeit vom Gesprächspartner, dem Gegenstand und der Situation des Gesprächs zur Anwendung gelangen. Für multilinguale Kontakte ist der entsprechende Subcode eine *lingua franca* und *koiné*, d.h. eine Sprache, die von verschiedensprachigen Sprechern benutzt wird, auch wenn keiner von ihnen sie als Erstsprache (Muttersprache) spricht.

Wie weit es im außersprachlichen Bereich analoge Subcodes für den multikulturellen Kontakt gibt, ist wenig bedacht und kaum erforscht. Die folgenden Ausführungen beschränken sich daher auf das für multikulturelle Verhältnisse illustrative Phänomen von interlingualen Hilfssprachen. Als außersprachliche Beispiele seien jedoch die westlichen Zweitkleidungen neben einheimischen Gewändern und der Rekurs auf internationale Maßeinheiten im Verkehr zwischen Staaten, die intern ihre eigenen Maße beibehalten, genannt. Auffallend ist bei der Kleidung, wie leicht die internationale Kleidung die einheimische auf den zweiten Platz verdrängt, und bei den Maßeinheiten die Tendenz zur Neutralisierung der internationalen Maße. Die christliche Zeitrechnung wird beispielsweise dadurch neutralisiert, daß die traditionellen Angaben A.D. (*Anno Domini*, nach Christus) und B.C. (*Before Christ*) durch Ausdrücke wie C.E. (*Common Era*; allgemeine Zeitrechnung) und B.C.E. (*Before the Common Era*) ersetzt werden.

Idealeigenschaften von interlingualen Hilfssprachen – Die Geschichte der Hilfssprachen zeigt, daß diese wie gewöhnliche Sprachen verschiedene Funktionen erfüllen. Sie ermöglichen nicht allein die Kommunikation zwischen Angehörigen unterschiedlicher Sprachen; ihr Gebrauch signalisiert auch die Zugehörigkeit ihrer Sprecher zu einer bestimmten gesellschaftlichen Schicht, zu einer bestimmten Berufsgruppe und den Zugang zu einer bestimmten Kultur. Aus diesem Grund bemühen sich manche Staaten um die Erhebung einer einheimischen Sprache zur nationalen *lingua franca*, wenn nicht anstelle, so zumindest neben einer internationalen Sprache. Wie das Sprechen einer *lingua franca*, so ist auch die Erhebung einer Sprache zur *lingua franca* mit Vorteilen und mit Ansehen verbunden. Angehörige einer im Wettbewerb unterlegenen Sprache finden ihre Benachteiligung entsprechend unfair und ziehen nicht selten eine landesfremde, internationale Sprache als neutrale Sprache vor. Ein anderes Motiv, das für eine alternative Wahl vorgebracht wird, ist die Erleichterung des Anschlusses an eine bedeutende Kultur oder an ein bestimmtes Fachwissen. Eine ideale *lingua franca* ist auch in dieser Hinsicht plurifunktional. Sie soll nicht nur als Verkehrssprache, sondern auch als Bildungssprache fungieren. Zwischen den verschiedenen Idealeigenschaften kommt es leicht zu Konflikten. Neutralität und Anschluß an eine bedeutende Kultur drohen sich wechselseitig aufzuheben. Gleiches gilt für die zusätzlichen Eigenschaften, die eine *lingua franca* auszeichnen sollten: einfache Struktur und Ausdrucksreichtum.

In der Vergangenheit suchte man die Ideale der Neutralität und der strukturalen Einfachheit durch die Schaffung einer Kunstsprache zu realisieren. Das Fiasko von Esperanto, Interlingua und anderen Kunstsprachen ist jedoch nicht nur der Vernachlässigung der zwei anderen Eigenschaften zuzuschreiben, die als vorteilhaft für Hilfssprachen genannt wurden: Anschluß an eine bedeutende Kultur und Ausdrucksmannigfaltigkeit. Auch die beiden Ansprüche, denen Kunstsprachler Priorität einräumten, Neutralität und Einfachheit, sind nicht erreicht worden. Die Kunstsprachen waren in Anlehnung an bestimmte natürliche, zumeist europäische Sprachen geschaffen worden. Sie bevorteilten also Angehörige dieser Sprachen. Ihre Struktur entsprach zudem dem Stand der sprachwissenschaftlichen Auffassungen ihrer Zeit und dem, was damals als phonologisch und grammatisch einfach angesehen wurde, und nicht unbedingt dem, was heute so angesehen wird. Wichtige Einsichten in das, was in Abhängigkeit von der physiologischen Natur und den kognitiven Anlagen des Menschen als einfach zu bezeichnen ist, sind den Entdeckungen von sprachlichen Universalien zu verdanken, die erst in den letzten Jahrzehnten gemacht wurden.

Zu den zentralen universalen Eigentümlichkeiten natürlicher Sprachen gehört die Variationsmöglichkeit, der Wechsel von einem Code zum andern und die Vermischung der Codes (*code switching* und *code mixing*) als sprecher-, adressaten- und situationsspezifisches Ausdrucksmittel. Hierauf nehmen die Kunstsprachen, mit ihrer Abrichtung auf den Gegenstand der Rede und seine möglichst explizite und unzweideutige Mitteilung, wenig Rücksicht. Wenn die Kunstsprachen nicht nur als interlinguale Hilfssprachen, sondern als ausschließliche Weltsprachen propagiert werden, bleibt auch die Rolle unberücksichtigt, die Zweitsprachen, bei vollkommener wie bei nur partieller Beherrschung, in plurilingualen Kulturen als spontan aufgegriffenes Mittel von Code-Wechsel und Code-Mischung spielen.

Kunstsprachen – Nach einem philosophischen Ideal von Universalsprachen sollte in ihnen jeder Teil eines Wortes – jeder Buchstabe oder jede Silbe – die Elemente bezeichnen, aus denen ein Gegenstand zusammengesetzt ist, oder die Kategorien, die zu seiner Klassifikation dienen. Ein Vorbild für solche Kunstsprachen waren chinesische Schriftzeichen, bei denen einzelne Bestandteile entweder die Zusammensetzung des Gegenstandes oder seine Zugehörigkeit zu einem bestimmten Sachbereich angeben. Die Schwierigkeiten, auf die eine systematische Durchführung dieses Programms stößt, lassen sich an den Teilrealisationen ablesen, die es gefunden hat. Relativ erfolgreiche Teilrealisationen sind das Notationssystem für chemische Stoffe und Bibliothekssignaturen.

Im chemischen Notationssystem gibt jeder Buchstabe bzw. jede Buchstabenverbindung die Elemente an, die ein Molekül enthält, die beigefügte Zahl ihre Menge und die Verbindungslinie die Weise ihrer Kombination. Bereits hier wird eine Schwierigkeit sichtbar. Die Kombination der Zeichen ist in natürlichen Sprachen (und herkömmlichen Schriftsystemen) vorwiegend, wenn nicht ausschließlich, linear, die der Wirklichkeit dagegen multidimensional und oft auch zirkulär.

Der zweite Typ von Universalsprachen, von Bibliothekssignaturen repräsentiert, bei denen die Gegenstände einem möglichst einheitlichen System von Kategorien zugeordnet werden, zeitigt zusätzliche Probleme. Den Dingen der realen Welt entsprechen weniger hierarchisch geordnete Klassifikationssysteme (Baumdiagramme), wie sie Philosophen vorschweben, als vielmehr heterarchisch geordnete und je nach Interessen variierende Systeme (Netzwerke und *cross-classifications*). Die Einteilung ist darüber hinaus immer abhängig vom Stand der Kenntnis der Dinge und der jeweiligen Theorieentwicklung. Natürliche Sprachen sind dem Wandel der Erkenntnis und der Bewertung der Dinge gegenüber flexibler als Kunstsprachen – dank ihrer Eigenschaft der Situationsabhängigkeit. Natürliche Sprachen sind anders als logische Sprachen nicht Systeme, die auf expliziten und konstant bleibenden Bedeutungsfestsetzungen beruhen. In ihnen entscheiden auch Kontext, Zeit und Raum über die Bedeutung eines Ausdrucks. Semantische Biegsamkeit wird der Eindeutigkeit vorgezogen, Kontextsensitivität der kontextunabhängigen Bedeutung. Die Situation des bevorzugten Gebrauchs eines Wortes färbt in natürlichen Sprachen unwillkürlich auf seine Bedeutung ab. ›Sprachwissenschaft‹ und ›Linguistik‹ z.B. galten anfänglich als gleichbedeutende Ausdrücke. Durch die bevorzugte Verwendung von ›Linguistik‹ durch solche Wissenschaftler, die den in den USA entwickelten Methoden folgen, geriet ›Linguistik‹ zusehends in einen Gegensatz zu ›Sprachwissenschaft‹. Heute werden die beiden Wörter von vielen Sprachwissenschaftlern nicht mehr als stilistische Varianten für ein und dieselbe Disziplin gebraucht, sondern als Bezeichnungen für zwei miteinander rivalisierende Wissenschaftsformationen. Entscheidend für die Bezeichnung ist nun nicht mehr allein der Gegenstand des Faches, sondern ebenso die Methode. ›Linguistik‹ wird die Wissenschaft der Sprache genannt, sofern sie den in den USA vorherrschenden Methoden folgt, ›Sprachwissenschaft‹, sofern sie der deutschen Tradition verpflichtet ist.

Wenn solche Bedeutungsverschiebungen sogar in den Wissenschaften außer Kontrolle geraten, dann ist es nicht verwunderlich, daß sie auch in außerwissenschaftlichen Bereichen an der Tagesordnung sind. ›Hegemonie‹ ist in der chinesischen Propagandasprache zu einem festen Ausdruck zur Kennzeichnung der sovietischen Politik geworden. Entsprechend wurde anläßlich des Besuchs von Deng Xiaoping in Washington 1979 im gemeinsamen Kommuniqué ›hegemony‹ durch den Zusatz ›or domination over others‹ ergänzt, angeblich, um der Verlautbarung die antisovietische Spitze zu nehmen, die der chinesische Wortgebrauch hätte insinuieren können.

Situationsabhängiger Bedeutungswandel ist ein natürlicher Vorgang, dem die Forderung einer einheitlichen Weltsprache nicht Rechnung trägt, die Pflege einer natürlichen *lingua franca* dagegen wohl. Kontextvariationen der angeführten Art können nicht immer mit wörtlichen Übersetzungen aufgefangen werden. Der chinesische Ausdruck *pinnong* bedeutet eigentlich ›armer Bauer‹. Er ist aber im Verlauf der Zeit zu einer Herkunftsbezeichnung geworden, so daß jemand zugleich ein *pinnong* und reich wie ein Großgrundbesitzer sein kann, ähnlich wie ein Schnellzug auch langsam fahren kann. Als am wenigsten mißverständliche Art, das Wort in einer anderen Sprache wiederzugeben, wird daher seine Übernahme als Fremdwort in Betracht gezogen (Cheng 1982: 132, 136).

Neben dem Kontext wirkt sich die Form sprachlicher Äußerungen, die grammatische wie die lautliche, auf ihre Bedeutung aus. Der Einfluß der Lautform auf das Verständnis eines Ausdrucks läßt sich an der Fachbezeichnung *lingua franca* illustrieren. Der heutige Gebrauch von *lingua franca* ging aus der Bezeichnung der französischen, näherhin der provenzalischen Sprache hervor, die im Mittelalter als interlinguale Hilfssprache diente. Die heute verallgemeinerte Verwendung des Ausdrucks wurde durch die Doppeldeutigkeit des lateinischen Adjektivs begünstigt, das sowohl ›französisch‹ wie ›frei‹ bedeutet. *Lingua franca* konnte so nicht einfach nur als Bezeichnung der französischen Sprache verstanden werden, sondern ganz allgemein als Bezeichnung für eine Sprache, die den Kontakt mit Anderssprachigen freigibt, in loser Analogie zum Frankieren, das den Transport eines Briefes freimacht. Eine *lingua franca* ist eine Art Freipaß, die den Austausch von Botschaften zwischen Verschiedensprachigen freigibt. In einer Sprache, in der das Adjektiv für ›französisch‹ nicht in einer vergleichbaren Weise doppelsinnig ist, liegt eine solche Bedeutungsverschiebung von ›französische Sprache‹ weniger nahe.

Unbedacht blieb bei den Schöpfern von philosophischen Universalsprachen auch die Auswirkung von Paraphrasierungen und grammatischen Transformationen auf die Bedeutung von umgangssprachlichen Ausdrücken. Keine Umschreibung, die auf eine semantische Komponentenanalyse abgestützt ist, bewahrt den Sinn eines Wortes unverändert. Das Paradebeispiel in der neueren Sprachwissenschaft für diese Einsicht ist die explizite Wiedergabe von *kill* durch *cause to die*. Liegen keine weiteren Angaben vor, wird der zweite Ausdruck im Unterschied zum ersten so verstanden, daß keine Einheit von Handlung, Zeit und Raum gegeben ist, kein physischer Kontakt zwischen dem Verursacher und dem Betroffenen, kein unvermittelter Zusammenhang zwischen der Ursache und ihrer Wirkung (vgl. Haiman 1983: 783 f.).

Natürlichsprachliche Äußerungen sind ein Gemisch von Redundanzen und Ellipsen, von anscheinend überflüssigen Zusätzen und bedenkenlosen Auslassungen. Das Beispiel ›to kill‹ und ›to cause to die‹ zeigt, daß unterschiedliche Ausführlichkeit eine semantische Funktion haben kann. Die Reduktion der Ausdrucksmöglichkeiten durch die Übersetzung aller natürlichen Sprachen in eine einheitliche Universalsprache und ihre Ablösung durch diese würde entsprechend eine Reduktion der Bedeutungsmöglichkeit zur Folge haben, eine Verminderung des Ausdruckspotentials. Die Abhängigkeit der Bedeutung sprachlicher Ausdrücke von ihrer lautlichen und grammatischen Struktur ist der Grund, weshalb eine Äußerung einer Sprache A wohl in einer anderen Sprache B mit einer *per definitionem* anderen Laut- und Grammatikstruktur analysiert, kommentiert und umschrieben, aber nicht in jeder Beziehung mit einer gleichwertigen Äußerung übersetzt werden kann.

Gewöhnlich werden Redundanzen und Ellipsen jedoch rein pragmatisch erklärt, aus der kommunikativen und der ästhetischen Funktion der Sprache. In der Tat ist es völlig überflüssig, bei der Rede über einen Hund durch die Kreation eines künstlichen Wortes, bei dem jeder Buchstabe oder jede Silbe das Bezeichnete einer bestimten Kategorie zuordnet, mitzuteilen, daß der Hund zur Familie der Caniden, zur Ordnung der Fleischfresser, zur Kohorte der Ferungulata usf. bis zum Reich der Tiere gehört, wie es die Befolgung des Ideals der Universalsprachler des siebzehnten und achtzehnten Jahrhunderts implizieren würde. Situationale Zusammenhänge sind wichtiger als systematische Klassifikationen und dank ihrer Variabilität auch stilistisch reizvoller. In einer effizienten Kommunikation wird Wissen nicht nur mitgeteilt, sondern immer auch vorausgesetzt. Diese selbstverständliche Tatsache macht Ellipsen als Stilmittel möglich.

Dem Problem der Vollständigkeit, an dem neben der Kontextsensitivität und der Abhängigkeit der Bedeutung von der Struktur des Ausdrucks die künstlichen Universalsprachen gescheitert sind, wurde bei einem dritten approximativ erfolgreichen Teilprojekt Rechnung getragen, bei der Schaffung des Internationalen phonetischen Alphabets. Man wählte von vornherein für unterschiedliche Zwecke zwei verschiedene Systeme, ein möglichst vollständiges, das alle Lautvariationen einfangen sollte (›narrow system of notation‹), und ein anderes, das nur die praktisch notwendigen Lautunterschiede jeder Sprache erfassen sollte, jene, die bedeutungsdifferenzierend fungieren (›broad system of notation‹). Aus dieser funktional begründeten Zweiteilung ist die sprachwissenschaftlich fruchtbare Unterscheidung zwischen Phonetik und Phonemik/Phonologie hervorgegangen.

Im übrigen sind die alphabetischen Schriften ein Paradebeispiel dafür, wie in effizienten Kommunikationssystemen ganz und gar unreflektiert ein Kompromiß zwischen gegenstandsbezogener Adäquatheit und intersubjektiver Standardisierung vorgenommen wird. Die einzelnen Buchstaben bezeichnen Laute, aber ohne Rücksicht auf individuelle und gruppenspezifische Variationen. Obwohl die einzelnen Laute verschieden ausgesprochen werden und die Verschiedenheit der Aussprache alles andere denn als wertfrei empfunden wird, werden sie mit den gleichen Buchstaben bezeichnet. Die Kommunikation wird damit von unterschiedlichen Artikulationsgewohnheiten und von Meinungsverschiedenheiten entlastet. Ebenso nimmt in natürlichen Sprachen anders als in den klassischen philosophischen Kunstsprachen die Komposition der einzelnen Wörter keine Rücksicht auf die Wissens- und Meinungsunterschiede der einzelnen Sprecher. In den klassischen philosophischen Universalsprachen impliziert jede Änderung einer theoretischen Ansicht, jeder Rückstand und jeder Fortschritt in der Analyse eines Gegenstandes eine andere Nomenklatur.

Die Abhängigkeit von semantisch motivierten Zeichensystemen vom jeweiligen Wissensstand und die fehlende Immunität gegenüber divergierenden Ansichten war mit ein Grund, weshalb für das chemische Notationssystem willkürliche Zeichen gefordert wurden. Der naheliegendste Stock an willkürlichen Zeichen war das lateinische Alphabet. Es ist bemerkenswert, daß sich in der Geschichte des chemischen Zeichensystems wie in derjenigen des Internationalen phonetischen Alphabets sich nach diversen Versuchen mit ikonischen (diagrammatischen) Zeichen – deren Komponenten die Konstitution des Bezeichneten zu erkennen geben sollten, so daß aus der Ähnlichkeit der Zeichen auch die Ähnlichkeit des Bezeichneten abzulesen wäre – eine Schreibweise erfolgreich durchzusetzen vermochte, die sich an ein geschichtlich vorgegebenes und auch außerwissenschaftlich gebrauchtes System anschloß. Die einzelnen Zeichen (die alphabetischen Buchstaben, Digraphe und Abkürzungen) enthalten keine ikonisch kodierte Information. Diese bleibt den leicht zu handhabenden Verbindungen der Zeichen zu komplexen Formeln vorbehalten.

Für den Siegeszug der vordem als willkürlich und uninformativ verschmähten alphabetischen Zeichen gab es auch ökonomische Gründe, neben den mnemotechnischen bei Wissenschaftlern selber ökonomische im eigentlichen Sinn des Wortes, nämlich drucktechnische bei Setzern und Verlegern. Angesichts der Notwendigkeit einer Vermehrung der Zeichen half man sich beim phonetischen Alphabet mit Umkehrungen der Buchstabentypen, Kursivschreibungen, kleingedruckten Großbuchstaben, Digraphen (Zweiergruppen) und relativ einfachen Verformungen der vorgegebenen Charaktere, bei chemischen Notationssystem mit Digraphen allein.

In den beiden Notationssystemen ist eine als approximativ geglückt zu bezeichnende Teilrealisation des klassischen Traums einer Universalsprache bzw. Universalschrift im kompromißbereiten Anschluß an ein geschichtlich vorgegebenes, weitverbreitetes und erfolgreiches System, das lateinische Alphabet, möglich geworden, nachdem andere, zu ideale (und das heißt hier: weltfremde) Versuche gescheitert waren. Eine ähnliche Entwicklung scheint sich beim Traum einer universalen Lautsprache abzuzeichnen, in der kompromißbereiten Übernahme – ebenfalls nach ergebnislosen Versuchen mit idealistischen Alternativen – der englischen Sprache als universaler *lingua franca.*

Die englische Sprache als universale Hilfssprache – Die semantische Biegsamkeit von natürlichen Sprachen und die sich spontan ergebende Anreicherung ihres Vokabulars und ihrer Grammatik sind die Hauptgründe für die Wahl einer von ihnen und nicht einer kanonisch fixierten Kunstsprache als *lingua franca.* Aber selbst die Neutralität, die als Vorzug (wenigstens im Prinzip) der Kunstsprachen ins Feld geführt wird, ist nicht etwas, das einer natürlichen *lingua franca* für immer abzugehen braucht. Sobald eine Sprache im großen Ausmaße von Menschen benutzt wird, die sie nicht als Erstsprache gelernt haben, ist sie Fremdeinflüssen ausgesetzt, über die ihre ursprünglichen Sprecher keine Macht haben. In der Soziolinguistik spricht man in diesem Zusammenhang von einem Übergang oder einer Übergabe der Kontrolle: »The ›control‹ of the language has passed to other people« (Ferguson 1982: x). Die Kontrollverschiebung und damit die Neutralität wird noch verstärkt, wenn die Ausbreitung einer *lingua franca*, wie es heute mit dem Englischen der Fall ist, dazu führt, daß sie in anderen Kulturen ebenfalls als Erstsprache oder mindestens als Schriftsprache Wurzeln faßt. Die englische Sprache erschließt nicht nur den Zugang zu einer großen westlichen Kultur, von der viele Erneuerungen ausgehen und von der Traditionen wie Innovationen aus anderen Sprachgebieten am umfangreichsten aufgenommen werden, sondern immer mehr auch den unmittelbaren Zugang zu (in englischer Sprache verfaßten) asiatischen und afrikanischen Literaturen. Die Auffassung des Englischen als eine europäische Sprache verliert damit allmählich an Boden.

Die Ausbreitung der englischen Sprache als nahezu universale *lingua franca* ist in einen *feedback*-Kreis geraten, der ihren Erfolg für die absehbare Zeit als unaufhaltsam erscheinen läßt. Dabei sind es gerade die Bereiche, die am meisten zur Abschaffung des Lateins als *lingua franca* beigetragen haben, von denen das Englisch als neue *lingua franca* am stärksten gefördert wird, die Naturwissenschaften und die Technologie. Aber auch das Bedürfnis nach einem eigenen literarischen Ausdruck, das im europäischen Mittelalter die Absatzbewegung vom Latein eingeleitet hatte, führt heute in Asien und Afrika ebenfalls zur Verwendung der englischen Sprache. Die ihr als lebendiger *lingua franca* gegebenen Gestaltungsmöglichkeiten scheinen mancherorts ein angemesseneres, natürlicheres Medium des Ausdrucks (und der Rezeption) zu bieten als die alten einheimischen Sprachen, deren Verschriftlichung ungewohnt ist.

Da das Englisch dank seiner doppelten Herkunft aus einer germanischen und einer romanischen Sprache über einen besonders reichen Wortschatz verfügt und es sich außerdem zur Zeit in einer Phase der morphologischen und syntaktischen Vereinfachung befindet, verfügt es in einem besonderen Maß über alle vier Anforderungen, die für eine *lingua franca* angeführt wurden: grammatische Einfachheit und Variabilität des Ausdrucks, Neutralität (infolge zunehmender Multikulturalität) und Anschluß an einen großen Kulturkreis. Seine Chance, die erste universale *lingua franca* in der Geschichte der Menschheit zu werden, nimmt zu.

Es ist bekannt, daß der Sprachkontakt in multilingualen Gesellschaften zur Zurückbildung und zum Untergang einzelner Sprachen wie gegenläufig zur Bildung neuer (kreolischer) Sprachen führen kann. Weniger realisiert wird, daß es auch immer wieder und anhaltend stabile multilinguale Gesellschaften gibt, in denen Menschen mit einem verschiedenen kulturellen Hintergrund und einer gesonderten sprachlichen Herkunft in engem Kontakt miteinander leben, wobei eine große Zahl von ihnen zwei oder mehrere Sprachen beherrscht. In der gesellschaftlichen Interaktion gibt es offenbar Bedürfnisse, denen die Fähigkeit zu einer flexiblen Variation des sprachlichen Codes zugute kommt und von denen entsprechend die Aufrechterhaltung der sprachlichen Vielfalt gefördert wird. Eine *lingua franca* ist in diesem Sinn ein Symbol für den Bedarf nach und den Wert von kultureller Vielfalt sowie korrelativ für den Ausdrucksreichtum und die kognitive und verhaltensmäßige Beweglichkeit des Menschen.

10. Alle heute bestehenden Hochkulturen sind Mischkulturen. Auch die Teilbereiche (Wissenschaft, Technologie, Architektur usw.), in denen sich eine Universalität abzeichnet, sind durch eine Fusion von Beiträgen aus verschiedenen Kulturen charakterisiert.

Von interkulturellen Kontakten, multikulturellen Verhältnissen und Mischkulturen wird angenommen, daß sie nahezu so alt sind wie die Verschiedenheit menschlicher Kulturen selber.[73] Sie folgen der Aufspaltung in verschiedene Kulturen mit vermutlich nur geringem Abstand. Dabei gibt es ein Kontinuum von multikulturellen Gesellschaften, Mischkulturen und neuen kulturellen Ausmusterungen. An der Verbreitung von Sprachen läßt sich diese Entwicklung verfolgen. In einem ersten Stadium wird eine prestigegeladene Fremdsprache ohne regionale Einschläge übernommen. Sich genauso auszudrücken wie die Fremden gilt als vornehm, elitär und im Umgang mit den Fremden als vorteilhaft. Je mehr Einheimische die Fremdsprache zu beherrschen beginnen, desto mehr kommt es zu gruppenspezifischen Variationen und schließlich zur Ausbildung einer regionalen Norm, die von der Standardnorm im Ursprungsland der fremden Sprache abweicht. Ein Nigerianer, der in diesem Stadium Englisch wie ein Engländer spricht und nicht wie seine eigenen Landsleute mit Akzent und einheimischen Wendungen, wird als affektiert und als Snob betrachtet, nicht anders als ein Deutschschweizer, der Hochdeutsch wie ein Hannoveraner spricht (vgl. Kachru 1982: 40, 45). Dieselbe Sprache wird in verschiedenen Regionen verschieden aufgenommen und weiterentwickelt. Die Einstellungen und die Strukturen, die in einer Kultur dominieren, bestimmen dabei, was aufgenommen und was abgedrängt wird, was nur unterschwellig oder als Randerscheinung zugelassen wird, was

und wie abgewandelt wird. Vom biblischen Namen ›Joseph‹ (bzw. seiner latinisierten Form) hat im Englischen der erste Teil Eingang in die Umgangssprache gefunden (Joe), im Italienischen und Süddeutschen der zweite (Beppo, Sepp und Abwandlungen). ›Elisabeth‹ wird sogar in drei Teilen tradiert (Elli, Lisa, Bethli/Bessy und andere Abwandlungen). Die neuen regionalen Formen können sich ihrerseits wiederum interlingual ausbreiten und dabei auch in ihr Stammland zurückkehren. Universalisierung und Partikularisierung sind zwei Phasen eines Zyklus, der grundsätzlich immer wieder von neuem durchlaufen werden kann.
Vorurteile – Obwohl man ohne starke Übertreibung von einer geschichtlichen und geographischen Omnipräsenz von multilingualen und multikulturellen Verhältnissen sprechen kann, ist die Einstellung zu ihnen mit hartnäckigen Fehlurteilen belastet. Allein schon die Tatsache ihrer weiten Verbreitung wird unterschlagen. Im allgemeinen gelten die meisten Staaten Westeuropas als monolingual. Dabei sind monolinguale Länder die Ausnahme. In der Bundesrepublik gibt es eine dänisch sprechende Minderheit, in der DDR die Sorben. Früher kamen in einer beträchtlicheren Anzahl als heute, mit einer abweichenden Kultur, die Juden und die Zigeuner dazu. Heute nehmen ihre Stelle, nicht mehr übersehbar, südeuropäische und türkische Gastarbeiter ein. Wenn von multilingualen Staaten die Rede ist, denkt man in Westeuropa gewöhnlich an die Schweiz. Aber die Schweiz ist mit ihren vier Sprachen im Vergleich zu anderen Ländern ein bescheidenes und leicht überblickbares Beispiel. Allein in Rumänien zählt man vierzehn Sprachen, von den viel bunteren Landkarten asiatischer und afrikanischer Staaten ganz zu schweigen.
Ein zweites Fehlurteil ist der Glaube, daß multikulturelle Verhältnisse den Frieden gefährden. Es sind zwar aus der Geschichte zahlreiche Fälle von interethnischen Konflikten bekannt, aber nicht weniger zahlreich sind die Fälle eines harmonischen Zusammenlebens (vgl. Herskovits 1955: 476) und solche, in denen sich interethnische Konflikte nicht von gewöhnlichen interregionalen und sozialen Spannungen unterscheiden. Das klassische westliche Beispiel eines friedlichen Zusammenlebens ist die Pax des alten Imperium Romanum. Vorteilhaft für harmonische Verhältnisse ist es, wenn verschiedene Minderheiten, in einer flexiblen Koalition, einer homogenen Mehrheit gegenüber die Waage zu halten vermögen. In der Schweiz vermag eine Verbindung der sprachli-

chen (romanischen), konfessionellen (katholischen) und ländlichen Kantone grundsätzlich die überwiegend deutschsprachige, protestantische und in ›Stadtkantonen‹ lebende Mehrheit auszustechen.[74] Ähnliches ist aus den USA für die von der Demokratischen Partei zusammengefaßten ethnischen und sozialen Minderheiten bekannt. Grundsätzlich gilt, daß Minderheiten, die sich nicht auf diese oder eine vergleichbare Weise selber durchzusetzen vermögen, institutionell zu privilegieren sind, um den faktischen Vorteil der Zahl, über den die Mehrheit verfügt, aufzuwiegen.

Ein drittes Fehlurteil bezieht sich auf den Bilingualismus, der lange Zeit, auch in wissenschaftlichen Arbeiten, als nachteilig für die geistige Entwicklung von Kindern angesehen wurde. In der älteren Bilingualismus-Forschung wurde nicht genügend zwischen den problemgeladenen gesellschaftlichen Verhältnissen, in denen viele Bilinguale aufwachsen, und der Fähigkeit der Zwei und Mehrsprachigkeit unabhängig von solchen Verhältnissen unterschieden. Neuere Untersuchungen legen nahe, daß Bilinguale in bezug auf Begriffsbildung und geistige Flexibilität ihren monolingualen Partnern gegenüber im Vorteil sind (vgl. Sridhar 1982).

Bei den vier großen, heute den eurasischen Erdteil dominierenden Kulturkreisen, dem chinesischen, dem indischen, dem arabischen und dem europäischen, ist der Mischcharakter am offensichtlichsten in den beiden westlichen Kreisen. Mindestens ein Teil ihrer Attraktivität ist ihrem Mischcharakter, ihrer Fähigkeit, in der Vergangenheit wenigstens, andere Kulturen selektiv zu integrieren, gutzuschreiben.[75] China, das in seiner langen Geschichte als ausgesprochen originell und autark erscheint, hat den Buddhismus aus Indien übernommen, nicht anders, als sich später in Indien große Teile dem Islam angeschlossen haben. Bei der fehlenden Wirkung der indischen Formen der Mathematik (mit dem operational so vorteilhaften Stellensystem der Ziffern und ausgeschriebenen Nullzeichen), der Logik und der Grammatik auf die chinesische Wissenschaft ist daran zu erinnern, daß es seltsame Lücken auch in der Rezeption der »in gewissem Sinne so viel vollständigeren Kulturen« des Vorderen Orients durch die Griechen gibt.[76] Im übrigen ist beim Eindruck der Kontinuität und Homogenität des alten China – nach Hegel (1970: 145) »das bewegungslose Eine« – an den Ausspruch des Sinologen Jacques

Gernet zu erinnern, daß der Hauptunterschied zwischen der Geschichte Chinas und derjenigen Europas im unterschiedlichen Stand der Erforschung liegt. Wie immer es sich in der Vergangenheit im einzelnen verhalten haben mag, in der Gegenwart sind in allen Kulturen, in nahezu allen Bereichen, interkulturelle Einflüsse unbestreitbar.

Eine Mischkultur-Typologie – Drei Typen von Mischkulturen sind unterscheidbar, die der Sovietunion, den USA und Japan zugeordnet werden können. Die Sovietunion ist der einzige große europäische oder europäisch dominierte Vielvölkerstaat, der sich bis in die Gegenwart zu halten vermochte. In der heutigen Sovietunion werden über 130 Sprachen (und d.h. ebenso viele ethnische Gruppen) aus sechs verschiedenen Sprachfamilien gezählt. Davon werden über 60 mit fünf verschiedenen Schriftsystemen in der Schule und in Zeitungen gebraucht. Charakteristisch für diesen Typ der Mischkultur ist, daß die überwiegende Mehrheit der einzelnen Kulturen über eine Heimatregion verfügt, in deren Eigenart sie ihre Wurzeln hat und in der sie (staatlich gefördert) besonders gepflegt wird. Dazu werden die Beherrschung der russischen Sprache und der kyrillischen Schrift als interethnische Kommunikationsorgane und als Zugangsmittel zu den transkulturellen wissenschaftlichen und technologischen Entwicklungen gefordert. Gleichzeitig kommt es durch den andauernden Kontakt zwischen den verschiedenen Gruppierungen unbewußt und unwillkürlich zur Diffusion von Eigenheiten der einzelnen Sprachen und Kulturen und damit zur Ausbildung von solchen arealen Gemeinsamkeiten, für welche die Ausdrücke ›Sprachbund‹ und ›Kulturraum‹ geprägt worden sind.[77]

Ein Beispiel desselben Typs am anderen Ende der Größenskala ist Singapore. Die verschiedenen ethnischen Gruppen haben dort ihre angestammten Stadtteile. Gebräuchlich ist ebenfalls mehr als ein Schriftsystem. Obligatorische Zweitsprache für Angehörige anderer Muttersprachen ist Englisch.

In den USA ist die Mischkultur das Ergebnis in der Vergangenheit von Einwanderern auf der Suche nach Lebensunterhalt und politischer Freiheit und in der Gegenwart immer mehr vom aufgabenspezifischen Zuzug von Fachleuten, denen eine dauernde und volle gesellschaftliche Integration angeboten wird. »Man holt sich jedes Talent und ist bereit, von allen zu lernen.«[78] Die Ideen holt man zusammen mit den Menschen, die sie haben.

Im dritten, japanischen Typ der Mischkultur versucht man dagegen, die Ideen möglichst allein, ohne die Menschen, die sie geschaffen oder vermittelt haben, aufzunehmen.[79] Man holt sich die Ideen, indem man die eigenen Leute zur Ausbildung ins Ausland schickt und Experten zu Gastaufenthalten einlädt. Japans Politik ist auf dem Hintergrund seiner besonderen Geographie und Geschichte zu sehen. Japan ist unter den Ländern einer mittleren Größenordnung wohl dasjenige mit der (relativ) homogensten Bevölkerungszusammensetzung. Die Ausländerpolitik, die es verfolgt, wurde dem Land im 19. Jahrhundert von Herbert Spencer, sozialdarwinistische Ideen im Kopf und die Kolonialherrschaft Indiens vor Augen, mit Nachdruck empfohlen.[80]

Jeder der drei Typen hat seine Chancen und seine Klippen. Erfolgreich ist jeder von ihnen am ehesten bei einer gewissen Durchlässigkeit gegenüber den beiden anderen Typen. Keiner ist denn auch in den genannten Ländern in Reinheit realisiert.[81]

Funktionale Überlegungen – Interkulturelle Beziehungen ermöglichen hauptsächlich zweierlei, die Anreicherung des Identifikations- und Ausdruckspotentials, das mit menschlichem Handeln und Wandeln untrennbar verbunden ist, und die Verwirklichung von Vorhaben, für die Anleihen in anderen Kulturen vorteilhaft oder die Zusammenarbeit aller eine Notwendigkeit ist. Das erste Anliegen führt zu fortwährenden kulturellen Aussonderungen und zur Ausbildung von immer neuen Variationen, das zweite zu Fusionen und Invariantenbildungen.

Das Selbstdarstellungspotential und -bedürfnis des Menschen ist in multikulturellen Gesellschaften besonders manifest. In ihnen übernehmen verschiedene Sprachen die Funktionen, für die monolinguale Gesellschaften Stil- und Registervariationen in ein und derselben Sprache entwickeln. Ethnische Variationen erfahren dabei eine Umwertung zu funktionalen Variationen. So werden heute z.B. in Kenya Lokalsprachen wie Kamba und Kipsigis mit ländlichem Leben und mit traditionellen Wertvorstellungen assoziiert, Swahili, die ostafrikanische *lingua franca*, mit Handel und mit Stadtleben, Englisch, das als Verwaltungssprache und als internationale *lingua franca* fungiert, mit Regierungsgeschäften und mit Prestige-Berufen.[82] Im Hindi sind Lehnwörter aus dem Persischen für juristische Texte kennzeichnend, solche aus dem

Sanskrit für literarische und philosophische Schriften und solche aus dem Englischen für technische und politische Zusammenhänge. Fremdsprachige Ausdrücke haben andere emotionale Konnotationen als das ihnen entsprechende einheimische Vokabular. Dies ist ein Grund, der in Japan für den besonders häufigen Gebrauch von erotischen Ausdrücken aus dem Englischen angeführt wird, und der anderswo Psychoanalytiker veranlaßt hat, das therapeutische Gespräch in einer Fremdsprache zu versuchen.

Die Anbahnung von internationalen Trends in Wissenschaft und Kunst führt immer wieder zu heftigen Abwehrreaktionen. Befürchtet wird eine Einebnung von Verschiedenheiten weltweiten Ausmaßes. Aber weder in der Wissenschaft noch in der Kunst bedeutet die Universalisierung nur Vereinheitlichung, sondern ebenso Erschließung von mehr Inspirationsquellen und Traditionen und eine Zunahme des Reichtums an Formen und Inhalten. Ebensowenig zeichnet sich mit ihr ein Versiegen der wissenschaftlichen und ästhetischen Revolutionen ab. Regionale Schwerpunkte in der Wissenschaft und Sezession in der Kunst sind nach wie vor möglich. Es ist nur damit zu rechnen, daß sie rascher als früher international eingeholt werden.

Von grundsätzlichen Gegnern universaler Trends wird leicht übersehen, daß nicht jede universale Reduktion von Übel ist, im Gegenteil. Es gibt Dinge, die alle Menschen anstreben und die nur in universaler Zusammenarbeit zu verwirklichen sind. Dazu gehört in erster Instanz die Bekämpfung von ›Geißeln der Menschheit‹, die so alt sind wie die Geschichte der Menschheit selber. Eine der Errungenschaften, die nur mit organisierter internationaler Anstrengung möglich geworden ist, die Pockenausrottung, sei zum Abschluß dieses Essay in der feierlichen Sprache zitiert, in der sie zu Recht verkündet worden ist:

Die 33. Weltgesundheitsversammlung am 8. Mai 1980, nach Überprüfung der Entwicklung der Resultate des Weltprogramms über die Pockenausrottung, lanciert im Jahre 1958 durch die Weltgesundheitsorganisation und verstärkt ab 1967,

1. verkündet feierlich, daß die Weltbevölkerung inskünftig von Pocken befreit sein wird, die seit frühesten Zeiten in verschiedenen Ländern als verheerende Epidemie gewütet hatten und die Bevölkerung mit Tod, Blindheit oder Entstellung schlugen, . . .;

2. erweist seine tiefe Dankbarkeit gegenüber allen Staaten und Personen,

die zu diesem rühmlichen Ereignis beitrugen, welches in die Geschichte eingehen wird;

3. weist darauf hin, daß ein derartiger Erfolg in der Volksgesundheitsgeschichte nicht seinesgleichen hat. Durch gemeinsames Streben aller Nationen konnte die Menschheit von dieser jahrhundertealten Geißel befreit werden, und es hat sich gezeigt, daß die Zusammenarbeit aller Nationen für ein gemeinsames Ziel zum Fortschritt der Menschheit beitragen kann.[83]

Anmerkungen

Der Nullpunkt der Orientierung

1 Bollnow (1963: z.B. 56). Allerdings hält Bollnow seine zutreffende Erkenntnis in seinen Raum-Meditationen nicht konsequent durch. Er unterläßt es auch, die unterschiedliche Orientierung der Räume auf ihre Motivation hin zu befragen.

2 Zur Unterscheidung zwischen assoziativer und Sinn-Motivation vgl. Holenstein 1972a: 315f.

3 Graumann führt aus, daß »es überhaupt nicht zu ›Natur‹ von Punkten gehören kann, anderen Punkten ›zuzugehören‹. Erst wenn einem Punkt eine bestimmte (funktionale) Bedeutung zukommt, sei es als Teil eines Doppelpunktes, Mittelpunkt eines Kreises oder Teil eines punktierten Blatt- oder Gesichtskonturs, kann von einer ›Zugehörigkeit‹ eben zur je übergreifenden Sinn-Gestalt die Rede sein« (1960: 101). Eine phänomenologische Analyse ergibt dagegen, daß sich ein schwarzer Punkt auf einem weißen Papier gerade dadurch konstituiert, daß er sich 1. kontrastierend von seinem Hintergrund abhebt und 2. auf tatsächliche und mögliche andere Gebilde in seiner Nähe, die ihm in irgendeiner Hinsicht ähnlich sind, intentional verweist und mit ihnen zu einer Konfiguration verschmilzt. Es gehört zum ›Wesen‹ eines Punktes, einer Umgebung ›zuzugehören‹, unabhängig davon, ob ihm in den Augen des Wahrnehmenden ein Sinn oder eine Funktion zukommt. Diese Umgebung differenziert sich 1. als Hintergrund und 2. als andere, ihm ähnliche und nahe Gebilde.

4 In der Regel erscheint das zentrierende Objekt als ruhend, das zentrierte als bewegt. Man stellte jedoch fest, daß eine einsetzende Bewegung das Zentrierungs- oder Lokalisierungsverhältnis manchmal umstürzt. Die Verteilung von Ruhe und Bewegung tritt also ihrerseits als ein Orientierungsfaktor auf. Es wäre allerdings noch zu untersuchen, ob solche Umstürze der Orientierung durch die einsetzende Bewegung nicht nur bei bereits ambivalenten, labilen Orientierungsverhältnissen auftreten, bei Verhältnissen, bei denen der zentrierende Gegenstand seine Nullpunktfunktion nur mit Mühe gegenüber einem anderen Gebilde, dem ebenfalls zentrierend wirkende Eigenschaften zukommen, aufrechtzuerhalten vermag. Von Vexierbildern wissen wir, daß es zum Umschlag der Bilder oft nur einer geringen Erschütterung der Wahrnehmung bedarf.

5 Die orientierende Funktion von Gestalten zeigt sich in ihrer ganzen Dynamik wohl am plastischsten in der Planung und Entwicklung von

historischen Städten. Nach Bacon (1968: 174ff.) vermag »eine so unbedeutende Sache wie die Form eines Gartens«, nämlich desjenigen der Tuilerien in Paris, den Plan einer so imposanten Anlage wie der Champs Elysées aus sich hervorzutreiben.

6 Zutt wertet seine grundsätzlichen Feststellungen für die Erklärung des pathologischen Phänomens der Heautoskopie aus.

7 Der ›Positivist‹ Ernst Mach hat ein solches Selbstbildnis zeichnen lassen. »*Mein* Leib unterscheidet sich von den andern menschlichen Leibern ... dadurch, daß er nur teilweise und insbesondere ohne Kopf gesehen wird« (Mach 1911: 15, mit Skizze).

8 Vgl. die Strattonschen Experimente (Merleau-Ponty 1945: 282ff.; Schilder 1950: 106ff.).

9 Die Tendenz zur optimalen Einstellung wird in der bisherigen phänomenologischen Literatur nur beiläufig vermerkt (z.B. Husserl 1966: 22ff.; Merleau-Ponty 1945: 348f.) und in ihrer prinzipiellen Bedeutung leider überhaupt nicht ausgewertet. In Graumanns Untersuchung zur Perspektivität (1960) vermißt man sie gänzlich. Vgl. dazu die sprachliche Ausrichtung auf prototypische Erfahrungen (Holenstein 1980: 71ff.).

10 Die gleiche Formel des »Mit-dabei-seins« oder »Mit-beteiligt-seins« gebraucht Husserl vom Ich im Bezug auf die sinnstiftenden und setzenden intentionalen Akte.

11 Auch die Husserl folgende existenzialistische Phänomenologie überbewertet das ichliche Engagement in der Wahrnehmung, als wäre diese nichts als ein »Kampf ums Dasein«. Vgl. De Waelhens (1951: 192): »Pour la perception réelle, *voir* équivaut à un engagement du corps tout entier et n'a rien d'un jeu.« Bei Merleau-Ponty bricht der Spielcharakter der Wahrnehmung trotz aller Akzentuierung des existenziellen Engagements in ihrer Beschreibung als Schauspiel immer wieder durch.

12 Ebenso Graumann (1960: 84): »Deskriptiv grundhaft und funktional grundgebend finden wir also bereits in der unerfülltesten (!) Stufe sinnlichen Gewahrens noch vor aller gegenständlichen Differenzierung die Grundpole aller Perspektivität: ein sinnlich empfundenes Ich-hier gegenüber einem sinnlich empfundenen Etwas-dort, eine Polarität, die – deskriptiv-psychologisch – ›alle meine Vorstellungen begleitet‹.« Angemessener wäre das voll ausgeschriebene Kant-Zitat: Sie »muß alle meine Vorstellungen begleiten können«, sie kann prinzipiell aktualisiert werden, braucht es jedoch keineswegs immer oder auch nur vorwiegend zu sein, was einen großen Unterschied ausmacht!

13 Sartre nimmt in ähnlicher Weise Abstand von der von den *Ideen* I (1913b) an vertretenen These Husserls der Präsenz des Ich als einheitlichen Poles im Vollzug der intentionalen Akte.

14 Merleau-Ponty (1945: 56, 278 usw.) insistiert wiederholt auf dieser

Dialektik. In ihrer Konsequenz läge jedoch eine noch radikalere Entichlichung der phänomenologischen Psychologie, als das bei ihm der Fall ist.

15 Vgl. Holenstein 1972a: 68ff.

16 Die intersubjektive Erfahrung könnte allerdings auch so geartet sein, daß sich unter den appräsentierten Anderen eine Person dadurch auszeichnet, daß sie alle Dinge unmittelbar in optimaler Ansicht und von ihrem objektiven Mittelpunkt aus sieht, sie also auf eine ideale Weise objektiv wahrnimmt. – Auf die grundsätzliche Problematik der Husserlschen Lehre der Intersubjektivität, die auf ihre Art ebenfalls durch eine egozentrische Orientierung – der Andere wird nur appräsentativ von mir her, nach meiner Selbsterfahrung erfahren – charakterisiert ist, kann hier nicht eingegangen werden. Es sei nur vermerkt, daß nach psychoanalytischer Theorie die intersubjektive Erfahrung gerade den umgekehrten Weg geht. Was ich an einem Anderen in einer ursprünglichen und direkten Weise wahrnehme, kann ich übernehmen und verinnerlichen. Der Grundbegriff der Fremderfahrung heißt in der Psychoanalyse nicht Appräsentation, sondern Identifikation. Mehr dazu im Essay über interkulturelle Beziehungen, Anm. 15.

Die eigenartige Grammatik des Wortes ›ich‹

1 »Getting hold of the wrong object is excluded, and that makes us think that getting hold of the right objects is guaranteed. But the reason is that there is no getting hold of an object at all« (Anscombe 1975: 59; analog Tugendhat 1979: 83). – Es wird heute gerne eine von Heidegger und Wittgenstein gleicherweise geförderte Strategie zur Lösung verwickelter philosophischer Probleme praktiziert, die darin besteht, daß man den Gordischen Knoten durchhaut und das Problem als Resultat einer unangemessenen Fragestellung deklariert. Das Rätsel der eigenartigen Referenz des Wortes ›ich‹ (der Referent scheint nicht material – physisch oder mental – bestimmt und paradoxerweise dennoch garantiert zu sein) wird mit der These gelöst, daß ›ich‹ überhaupt kein referierender Ausdruck ist. Beliebt ist diese Strategie besonders zur Überwindung des skeptizistischen Solipsismus. Man braucht den Solipsismus weder zu widerlegen noch zu bejahen, wenn man ihn als gegenstandslos erklärt, indem man den Rekurs auf Mentales bei sogenannten ›mentalen Ausdrücken‹ (z.B. Schmerzensäußerungen) als eine der Grammatik dieser Ausdrücke nicht angemessene Folgerung hinstellt. Ein anderes Beispiel ist die offensichtliche Nichtabschließbarkeit der Interpretation humanwissenschaftlicher Phänomene. Foucaults Problemlösung (1967: 189): »... wenn die Interpretation nie an ein Ende kommt, dann einfach deswegen, weil es nichts zu interpretieren

gibt«. – Ein Anliegen dieses Aufsatzes ist eine kritischere Einstellung gegenüber einer solchen Problemlösungsstrategie, indem an einem Beispiel seine Unangemessenheit und seine die Forschung hemmende Wirkung vorgeführt wird.

2 Obwohl Wittgensteinianer gerne ihren impliziten Leser in der zweiten Person ansprechen, vermißt man bei ihnen eine korrelative Untersuchung der Pronomina der ersten zwei Personen. Man bleibt (mehr an der veritativen als an der kommunikativen Struktur der Sprache orientiert) auf das symmetrische Verhältnis der ersten und der dritten Person fixiert: »Es ist notwendig, daß der, auf den ich mit ›ich‹ bezugnehme [referiere?], von andern mit ›er‹ bezeichnet werden *kann* (Tugendhat 1979: 88).

3 In der Linguistik (vgl. Ross 1970 für die Erwachsenen- und Van der Geest 1975 für die Kindersprache) hat man, wenn auch nicht in der ganzen Breite der Argumentation durchschlagend, aufzuzeigen versucht, wie elliptische Äußerungen sich nicht nur auf die objektiven Gegebenheiten der Sprechsituation abstützen (An einem Tisch mit der Blickrichtung Kuchen: ›Darf ich [noch etwas Kuchen nehmen]?‹), sondern ebenso auf die aktualiter durch den Kommunikationsakt etablierten Gesprächspartner als solche und deren Rede, auf die in elliptischen Äußerungen gelegentlich bezug genommen wird, wie wenn sie auch verbaliter, in einer performativen Äußerung, eingeführt worden wären (›[Ich behaupte, daß] Peter ging; aber niemand glaubt es mir‹). Gegen Analysen, die Ross und Van der Geest von urwüchsigen wie von sekundären ›elliptischen‹ Äußerungen (Imperativen wie ›Geh!‹ und ›Gib mir [noch einen Apfel]!‹) vorlegen, ist ein ähnlicher Einwand fällig, wie ihn Wittgenstein (1967: §424) intellektualistischen Wahrnehmungsanalysen gegenüber erhebt. In der Aussage ›Der Apfel ist rot‹ kommt im Unterschied zur viel später gelernten subjektiven Aussage ›Der Apfel scheint mir rot zu sein‹ kein wahrnehmendes Subjekt vor. Analog kommt im Imperativ ›Geh!‹ im Unterschied zur viel später beherrschten Befehlsform ›Ich befehle dir zu gehen‹ kein befehlendes Subjekt vor (vgl. Holenstein 1980: 28ff.). Hoche (1977: 31ff.) macht darauf aufmerksam, daß man explizite Aufforderungen wie ›Du sollst kommen‹ überhaupt nur sekundär äußert, nachdem man bereits einen einfachen Imperativ geäußert hat, auf dem z.B. keine Reaktion folgte, obwohl der Imperativ offensichtlich gehört worden ist. Erst nachdem ein Befehl einmal geäußert ist, können wir ihn, ohne anzustoßen, zum Gegenstand einer Behauptung machen. Ohne sprachlich anzustoßen, kann man eine Kommunikation mit dem Imperativ ›Geh!‹, nicht aber mit performativen Äußerungen wie ›Ich befehle dir zu gehen‹ eröffnen. Der Imperativ kann folglich nicht als eine kommunikativ äquivalente Kurzform von ›Ich befehle dir zu gehen‹ interpretiert werden.

4 Zugunsten eines Sonderstatus des Wortes ›ich‹ wird auch auf die ›illokutionäre Kraft‹ von Äußerungen in der ersten Person verwiesen. Während ›Er wird kommen‹ nur eine Prognose ist, ist ›Ich werde kommen‹ zugleich bzw. primär ein Versprechen. Aber die illokutionäre Kraft solcher Sprechakte ist sowenig an den Gebrauch des Wortes ›ich‹ gebunden, wie die Selbstidentifikation als Ausgangspunkt der Orientierung beim Gebrauch des Wortes ›dies‹. Entscheidend ist allein die Personalunion des Subjekts des Sprechereignisses (des lokutionären Aktes) mit dem Subjekt des besprochenen Ereignisses. Entscheidend ist, daß der Sprecher zugleich die Person ist, die als Subjekt des besprochenen Ereignisses bezeichnet wird. Nicht nur ›Ich werde kommen‹ ist ein Versprechen, sondern, von der entsprechenden Person geäußert, auch ›Der König wird kommen‹.

5 Man vergleiche neben der eben zitierten und der in Anm. 2 angeführten Passage folgende beiden Stellen:
»Mit ›ich‹ wird im Gegensatz zu ›dies‹ nicht ein bestimmter Gegenstand im Wahrnehmungsfeld hervorgehoben [!], an dem dann beobachtet, wahrgenommen, festgestellt werden könnte, daß [...]« (Tugendhat 1979: 124);
»[...] nicht weil mit ›ich‹ der Sprecher auf besondere Weise identifiziert wird, sondern weil er sich mit diesem Wort nur als den gerade Sprechenden (Ausrufenden) bezeichnet[!], ohne sich zu identifizieren, [...]« (130f.).

6 Nicht nur die Bestreitung der *veritativen* Symmetrie, die Tugendhat (1979: 132) herausarbeitet.

Intersubjektive Verantwortung

1 »Ein Sachverhalt ist ein wirklicher Sachverhalt genau dann, wenn eine Aussage, die ihn vergegenwärtigt, wahr ist« (Kamlah 1962: 120).

2 Gruppen vertreten keineswegs nur partikulare Interessen, sondern sehr oft (vgl. Abtreibungsgegner, Kriegsdienstverweigerer) Anliegen, die wenigstens sie selber für allgemeinverpflichtend halten.

3 »Nach [Murray] Edelmann geht im Konflikt zwischen Interessen häufig ›die Rhetorik zugunsten der einen Seite und der Entscheid zugunsten der andern‹. Die eine Gruppierung gewänne handfeste Resultate in der Auseinandersetzung, während die Gegenseite mit Symbolen beschwichtigt würde. Deshalb sei es von größter Wichtigkeit, bei politischen Aktivitäten jeweils genau zu untersuchen, ob deren Hauptfunktion symbolisch oder wirklich sei« (Germann 1975: 116).

1 Russells Ansicht ist auf dem Hintergrund der Auswirkung zu sehen, die der japanisch-russische Krieg von 1904 auf die asiatischen Befreiungsbewegungen hatte. Noch 1932 schrieb Pandit Nehru an seine Tochter Indira Gandhi: »The victory of Japan, an Asiatic country, had a far-reaching effect on all the countries of Asia. I have told you how, as a boy, I used to get excited over is ... A great European Power [Russia] had been defeated ...« (Nehru 1949: 462ff.).

2 *Der Spiegel*, 4.1.1982; Zitate S.75, 79, 76.

3 *Die Zeit*, 25.2.1983, S.16.

4 Zu den kompetentesten (und beherztesten) gehören Gebhard Hielscher, Korrespondent der *Süddeutschen Zeitung* (und des Zürcher *Tages-Anzeiger*), seit bald 20 Jahren in Japan, und die Schriftstellerin Hirako Matsubara, seit über 20 Jahren in der Bundesrepublik lebend. Siehe auch das Japan-Heft der *Zeitschrift für Kulturaustausch* (Stuttgart) 30/2, 1980.

5 Am 14. Mai 1984 (S.83-96) vollzog *Der Spiegel* die fällige Wende um zwei rechte Winkel. In einem Bericht über die japanische Umweltpolitik wählte er den Titel »Saurer Regen: Von Japan lernen«: »Am Beispiel Japan ist zu lernen, daß umweltpolitische Fortschritte vor allem dann erreicht und gesichert werden können, wenn Bürgergruppen und umweltpolitisch engagierte Kommunalpolitiker beständigen Druck auf die Umweltverschmutzer und ihre Lobby in Politik und Verwaltung ausüben.« Dem Hinweis, daß in Japan der Einbau von Entschwefelungsanlagen schon Gesetz war, als in der Bundesrepublik höhere Kamine noch als hinreichend angesehen wurden, wäre hinzuzufügen gewesen, daß er es auch schon war, als *Der Spiegel* noch die Ansicht vertrat, daß es von Japan nichts zu lernen gebe.

6 *Stern*, 24.9.1981, Sonderteil »Mythos Japan«, S.28.

7 *Time*, 1.8.1983, »Special Issue: Japan«, S.6.

8 Das ist ein Eindruck, den man auch von Japanern hören kann, und der sie irritiert. In Japan gibt es eine alte Tradition der Hochachtung vor dem unterlegenen (innen- und außenpolitischen) Gegner. Siehe Morris 1975 sowie Benedict 1946: 307f.

9 Mit einer solchen Erwartung scheinen auch die Reporter des britischen Wissenschaftsmagazins *Nature* nach Japan gefahren zu sein und sich dort bestätigt gefunden zu haben. Siehe vor allem die Anfangs- und die Schlußseite ihres Berichts »Science in Japan«, 5.10.1983, S.355-382. Z.B. »Briefly, the most vivid impression of basic science in Japan is what everybody would expect: some is exciting, some worthy and some downright pedestrian. This was the case ten years ago, as it always has been elsewhere. Nobody should be surprised at that. – Technology is different. ...«

10 In *The Japan Times* (1983) zitiertes Memorandum der »Höheren Kommission für Handel und Industrie« (*Kōtō Shōkō Shingikai*), eines Vorläufers des MITI (Ministry of International Trade and Industry). (Genauere Angaben nicht möglich.)

11 Zitiert nach Sansom (1950: 174). In einem anderen Missionarsbericht aus derselben Zeit, zitiert nach Mae (1981: 11), heißt es: »Das Beste in Japan ist die Kindererziehung. Ausländer können es darin mit den Japanern nicht aufnehmen.«

12 In der japanischen Verfassung gibt es eine zu Suarez' Überlegungen komplementäre Aussage: »Wir glauben, daß keine Nation sich nur ihren eigenen Angelegenheiten widmen und die anderen Nationen unbeachtet lassen darf.« In der englischsprachigen Vorlage heißt die Stelle: »We believe that no nation is responsible to itself alone« (zitiert nach Llompart 1983: 295). – Einer der völkerrechtlichen Vorläufer von Suarez, Francisco de Vitoria (1539: § 1.3.2), begründet die Ablehnung von Handelsverboten mit dem anthropologischen Argument: »Contra ius naturale est ut homo hominem sine aliqua causa adversetur. *Non* enim *homo homini lupus* est, ut ait Comicus, *sed homo*.« – »Es ist wider das Naturgesetz, daß ein Mensch sich einem Menschen ohne irgendeinen Grund [mit Handelsbarrieren und dergleichen] widersetzt. Denn der Mensch ist dem Menschen nicht ein Wolf, wie der Komiker sagte, sondern ein Mensch.« Mit »der Komiker« ist zu jener Zeit natürlich nicht Hobbes gemeint, sondern Plautus.

13 Zur Einstellung von Leibniz, die mit derjenigen der beiden Jesuiten Organtino und Suarez verwandt ist, siehe Anm. 21 und 32.

14 Siehe zur Einführung in die sprachliche Universalienforschung Greenberg (Hg.) 1963 und 1978; zur Einführung in die außersprachliche anthropologische und biologische Universalienforschung (von einem psychologischen Standpunkt) Keil 1981; (von einem verhaltenstheoretischen Standpunkt) Eibl-Eibesfeldt 1979 und (von einem soziobiologischen Standpunkt) Lumsden und Wilson 1981, Kapitel 1 und 2; ferner Holenstein 1976: 125 ff. und 1980: 53 ff. sowie unten die Thesen 1 und 2.

15 Siehe Asoh 1980 und 1981; eine der bei Gadamer kritisierten Stellen lautet: »Die Antizipation von Sinn, die unser Verständnis eines Textes leitet, ... bestimmt sich aus der Gemeinsamkeit, die uns mit der Überlieferung verbindet« (Gadamer 1960: 277). Nach Asoh (1980: 46) bewegt sich das herkömmliche hermeneutische Denken »nicht in einer weltliterarischen Weite, sondern in einer in sich abgeschlossenen, sozusagen innereuropäischen Perspektive«. Dem ist zuzustimmen, wenn man den allgemeinen Titel ›Hermeneutik‹ (für ›Theorie der Interpretation‹) den Schulen vorbehält, die ihn für sich in Anspruch nehmen, und die interlingual und interkulturell ausgerichteten Theorien des Verstehens, wie sie vom sogenannten Strukturalismus entwickelt wurden, außer acht läßt. Siehe dazu Holenstein 1976: 176 ff.

Im Anschluß an die Gadamersche Hermeneutik interessieren sich Literaturwissenschaftler hauptsächlich für die Umdeutungen, die ein literarisches Werk im Verlauf der Zeit und in verschiedenen Umgebungen erfährt. Das dazu gegenläufige psychologische und soziologische Interesse bezieht sich auf die Auswirkung, die ein historisches Werk auf die Mentalität und Kreativität seiner Rezipienten in anderen Zeiten und Kulturen hat. Jeder kulturelle Kontakt hat immer eine Wirkungsgeschichte in zwei Richtungen. Nach der einen Seite erfährt, was in einem Werk als Potential angelegt ist, eine Entfaltung, die dem Autor selber oft ungeahnt blieb oder fremd vorgekommen wäre. (Das gilt nicht nur für einzelne literarische Werke, sondern auch für ganze Sprachen. Vgl. das Zitat von Kachru 1982: 341 im folgenden Paragraphen des Haupttextes.) Nach der anderen Seite erfährt das mentale Potential des Rezipienten eine Entfaltungsmöglichkeit, die ihm sonst häufig versagt bliebe. Für diese zweite Richtung der Wirkung, die von den Sprachwissenschaften stärker in den Vordergrund gerückt werden, sind jene Stellen in Gadamers Schriften einschlägig, in denen er im Anschluß an Heidegger proklamiert, daß beides ursprünglich und wesenhaft zur geschichtlichen Endlichkeit des menschlichen Daseins gehöre, die »Zugehörigkeit zu Traditionen« *und* »sein Entworfensein auf zukünftige Möglichkeiten«, die allerdings nach Gadamer »nicht immer schon« gegeben sind, nämlich durch die biologische Geschichte, an welcher der Mensch auch teilhat (vgl. Gadamer 1960: 248 und 277).

Hinter den beiden wechselseitig ergänzungsbedürftigen hermeneutischen Positionen, der ›existenzialistischen‹ (deren Ausgangspunkt die jeweilige geschichtliche Situation des Interpreten ist, an die er, nach extremen Versionen, aufgrund seiner ontologischen Verfassung unablösbar zurückgebunden bleibt, und die alle seine Interpretationen leitet) und der ›strukturalistischen‹ (deren Ausgangspunkt ein universaler Code ist, über den jeder potentiell verfügt und dessen Teile in Abhängigkeit von den Erfahrungen, denen man ausgesetzt ist, entwikkelt werden), stecken *zwei unterschiedliche Konzeptionen der intersubjektiven Erfahrung*, die zur schematischen (und historischen) Vereinfachung Husserl und Freud *respective* zugeordnet werden können. Husserls Schlüsselbegriffe der Fremderfahrung sind ›Appräsentation‹ und ›apperzeptive Übertragung‹. Freuds Schlüsselbegriff ist ›Identifikation‹. (Wenn Freud von ›Übertragung‹ spricht, geht es nicht um eine Übertragung von der ersten auf eine zweite Person, vom Erfahrenden auf den Erfahrenen, sondern von einer zweiten auf eine dritte Person, von einer Kontaktperson auf eine andere, vom Vater z.B. auf einen Lehrer.)

Nach dem Erfahrungsmodell, von dem Husserl ausgeht, übertragen wir Erlebnisse, die wir in uns unmittelbar vorfinden, auf andere

Personen, die sich ähnlich wie wir selber verhalten. Nach diesem Modell scheinen wir von anderen nichts lernen zu können, das wir nicht schon in uns selbst entwickelt haben. Nach dem Erfahrungsmodell, das Freud ins Spiel bringt, erfahren wir an einem anderen Eigenschaften, die wir uns dann nach seinem Vorbild aneignen. Der andere erscheint als ein Ideal, mit dem wir uns identifizieren, und das wir über diesen Prozeß der Identifikation in uns selbst verwirklichen. Was wir nach diesem Modell von einem anderen lernen, ist die Realisierung von Eigenschaften, die wir nur der Anlage nach besitzen.
Das erste Modell liegt der Meinung Diltheys in seiner *Einleitung in die Geisteswissenschaften* (1883: 138) zugrunde, nach der uns als Europäern die Möglichkeit des historischen Verstehens eines religionslosen Zustandes in der Vergangenheit der Menschheit versagt bliebe, da für uns das religiöse Leben der dauernde Untergrund der intellektuellen Entwicklung sei. »Denn wir verstehen nur vermittels der Übertragung unserer inneren Erfahrung auf eine an sich tote äußere Tatsächlichkeit. Wo nun unableitbare Bestandteile der inneren Erfahrung, durch welche der Zusammenhang dieser Erfahrung in unserem Bewußtsein erst möglich ist, in einem historischen Zustande als abwesend aufgefaßt werden sollen, da sind wir eben an der Grenze des historischen Auffassens selber angelangt.«
Vicos Formulierungen zeigen dagegen eine größere Nähe zum zweiten Modell. Da die geschichtliche Welt von den Menschen geschaffen worden ist, kann man ihre Prinzipien finden, weil man sie finden muß, »in den *Modifikationen* unseres eigenen menschlichen Geistes« (zitiert nach Löwith 1968: 157).
Für das zweite Modell gibt es ein biologisches Analogon in der Unterscheidung zwischen Regulatorgenen und Strukturgenen, mit denen Metamorphosen erklärt werden. Mehr als ein Satz von Strukturgenen, die für die Gestalt des Organismus (Raupe oder Schmetterling) bestimmend sind, ist vorgegeben. Die Aktivität von Regulatorgenen entscheidet darüber, welcher Satz von Strukturgenen ein- und welcher ausgeschaltet wird. Der Vergleich ist selbstverständlich nicht zu strapazieren. Von einer früheren historischen Situation geprägte Erfahrungen sind in einer anderen, deren Verständnis sie beeinträchtigen, nicht leichthin auszuschalten.
Ein Eindruck Löwiths aus Japan, dem er freilich nichts Positives abzugewinnen vermochte, ist an dieser Stelle einzuschieben. Was davon läßt sich nicht auch von Europäern sagen?
»Der in den Großstädten lebende Japaner atmet, wie gewisse Amphibien, mit Lungen und Kiemen, weil ihm beide Möglichkeiten offenstehen. Sie tragen zweierlei Kleider, sie essen je nach Umständen zweierlei Speisen, sie wohnen teils westlich und teils japanisch, sie sehen sich heldische Samuraifilme und ›Der schönste Tag meines Lebens‹ an, sie

malen traditionell auf Japanisch und modern auf Europäisch, und sie glauben in jedem Fall an die Möglichkeit, beides in einer Person vereinen zu können« (Löwith 1983: 594).

Die hier Freud zugeordnete Konzeption des intersubjektiven Verstehens setzt eine eigentümliche synästhetische Erfahrung voraus. Bei den vertrauten synästhetischen Erfahrungen ist die Erfahrung einer Sinnesmodalität mit der Erfahrung einer anderen Sinnesmodalität verbunden. Eine visuelle Erfahrung löst z. B. eine auditive Parallelerfahrung aus, obwohl dieser ›in der Außenwelt‹ kein eigener Reiz entspricht. Bei einer intersubjektiven Erfahrung ist auf eine analoge Weise die Erfahrung eines anderen mit der Erfahrung von mir selber verknüpft, z. B. die visuelle Wahrnehmung des Mundes eines anderen mit der propriozeptischen Erfahrung meines Mundes. Belege für diesen Typ der intersubjektiv synästhetischen Erfahrung gibt es zuhauf. Sie ist nicht auf die Leiberfahrung im engeren Sinn beschränkt. Ausdrucksformen und Verhaltensweisen von anderen kombinieren wir unwillkürlich mit den Gefühlen und Einstellungen, die in uns mit ihnen einhergehen, wenn wir sie selber realisieren. Es ist nun möglich, daß gewisse dieser psychischen Prozesse und Strukturen uns von unserer eigenen inneren Erfahrung her noch gar nicht vertraut sind, sondern daß sie uns erstmals an anderen ›aufgehen‹ und daß wir sie erst nachträglich, im Anschluß an solche Fremderfahrungen, in uns selber zu realisieren vermögen.

Eine zusätzliche Voraussetzung für diese Konzeption der intersubjektiven Erfahrung ist, daß es über die sekundären Sinnesqualitäten (Farben, Töne usw.) hinaus eine Art tertiärer Sinnesqualitäten gibt (Qualitäten psychischer oder personaler Art wie ›kindlich‹, ›freundlich‹, ›wohl-‹ und ›übelwollend‹ und dergleichen). So wie bestimmte Anordnungen von primären physikalischen Eigenschaften naturnotwendig zur Erfahrung von sekundären Sinnesqualitäten führen, so auch bestimmte Anordnungen von physikalischen Stimuli zur unwillkürlichen Erfahrung von tertiären Eigenschaften. In beiden Fällen sind Täuschungen möglich. Die Kenntnis der Reizanordnung, die einen bestimmten Eindruck auslöst, kann gebraucht werden, um diesen Eindruck künstlich zu simulieren. Die Reizanordnung garantiert also nicht die Realität der ihr unterschobenen psychischen Prozesse und Strukturen.

16 Als universaler Code wird dieses Potential deshalb bezeichnet, weil es die Schlüsselbegriffe, -regeln, und -prinzipien für alle Sprachen enthält. Statt instrumental von einem ›Code‹ zu sprechen, wie es in der Informationstheorie und in der strukturalen Sprachwissenschaft üblich ist, kann man auch mit Chomsky, an alte ›Vermögenslehren‹ anschließend, mit einem dynamischeren Begriff von ›Kompetenz‹ reden. Mit beiden Ausdrücken ist dasselbe gemeint, ein Satz von Kategorien, Regeln und Prinzipien.

17 *Code-switching*. Die bekanntesten Subcodes sind Hoch- oder Stan-

dardsprache, Dialekt, Soziolekt, *baby talk* (die Sprache, die man mit Kleinkindern spricht, auch *motherese* geheißen) und *foreigner talk* (die Sprache, die man mit Anderssprachigen spricht), jeder mit oft stark abweichenden phonologischen, grammatischen und – am bewußtesten – vokabularischen Eigentümlichkeiten.

18 Der Vergleich mit dem Schachspiel sollte nicht dazu verleiten, in Kreativität nur eine Sache der rechnerischen Kombinatorik zu sehen, für die man am besten einen Digitalcomputer heranzieht. Die Versuche, Spiele wie Schach und Gō maschinell zu gewinnen, haben ergeben, daß menschliche Spieler sich nicht nur rechnerisch auf die Beziehungen zwischen den Figuren stützen, sondern ebenfalls intuitiv auf die Gestaltqualitäten (*patterns*) der einzelnen Kombinationen. Im Aufbau eines Spiels kommt es zu diesen neuartigen ›Figuren‹ (Figuren zweiter Ordnung, die ein Mensch anders als eine Rechenmaschine intuitiv, d.h. unmittelbar, als solche erfaßt), zwischen denen es einen anderen Typ von Beziehungen gibt als den rechnerischen zwischen den Primärfiguren. In dieser Hinsicht ist nicht nur die Kombination in jedem Schachspiel und so auch in jedem ›Sprachspiel‹ und in jeder Kultur eine andere (nach Pascals Wort: »Sagt nicht, es gebe nichts Neues; die Kombination ist neu«), sondern sozusagen auch die (jeweils sekundäre) Ausgangsbasis, die Gestaltqualitäten, die neue Typen von Kombinationen gestatten. Dabei werden die Kombinationen zwischen den primären Daten in Abhängigkeit von den höherstufigen Kombinationen gewählt und mit ihr auch am angemessensten erklärbar.

19 »Verum et factum convertuntur.« – »Wahres (Erkennbares) und Gemachtes sind austauschbar.«

20 Beyer 1868: 47f.; zitiert nach Immoos 1962: 84.

21 Siehe die eindrücklichen Belege in bezug auf Rückert in Immoos 1962: 84ff. – Nicht selten reicht die Lernfähigkeit auch nur so weit, wie eine andere Kultur zur Bestätigung von eigenen Ideen und Idealen als willkommener Beleg für ihre Allgemeingültigkeit in Anspruch genommen werden kann. Das Interesse an der fremden Kultur entspringt dabei nicht dem Bedürfnis, Lücken in der eigenen Kultur zu schließen, sondern der Bestätigungsmöglichkeit der eigenen Ansichten in der Auseinandersetzung mit intrakulturellen Gegnern. Mungello (1980: 577f.) erhebt diesen Vorwurf (nicht gerecht; vgl. Anm. 32) gegenüber Leibniz und gebraucht dafür den Ausdruck »kosmopolitischer Eurozentrismus«.

22 Dazu unten die Thesen 7-10.

23 *Der Spiegel*, 4.1.1982, S.78.

24 Japanische Neonationalisten scheinen anderer Meinung zu sein. Nach dem Politologen Nakagawa (1979: 12, 34, 39) ist Japan »ein Lehrbuch-Beispiel einer sozialistischen Gesellschaft«, »eine Gesellschaft mit

einem ›hohen Egalitarismus‹«, »ein Arbeiter-Paradies«, das mit »niedrigen Lasten« seinen Bürgern »der Welt größtes Wohlfahrtssystem und die weltbesten medizinischen Einrichtungen« bietet. Aber auch bei Politologen, die mit mehr Abstand und weniger Pathos schreiben, kann man lesen: »By the middle of the 1970s, the Japanese government provided substantially the same social welfare programs as most other industrial countries« (Pempel 1982: 147).

25 *Keisatsu Hakusho* (1982: 229), Weißbuch der japanischen Polizei, zitiert nach Llompart 1983: 290.

26 »To the Japanese the law is not a norm, but a framework for discussion. The good Japanese judge is the man who can arrange and settle the most compromises out of court. When an American calls his lawyer, he is confident and happy to rely on the strength of his whole social system, the rule of law. When a Japanese calls his lawyer, he is sadly admitting that, in this case, his social system has broken down« (Gibney 1975: 82). – Llompart (1982, 1983) berichtet von einem deutschen Rechtsgelehrten, der, vergleichendes Recht studierend, sich über die ›Faulheit‹ eines japanischen Richters ereiferte, der in zwei Jahren zu einem einzigen Urteil gekommen ist. In Wirklichkeit dürfte dieser Richter ein ausgezeichneter ›japanischer Richter‹ gewesen sein. Sein einziges Urteil fällte er, weil eine der Parteien nicht anwesend war. Llompart fügt hinzu, daß »in Japan auch die Richter wie alle Japaner fleißig sind und mehr Stunden als ihre westlichen Kollegen arbeiten« (1983: 291).

27 Wie immer sind solche Urteile nur punktuell gültig und nicht zu verallgemeinern. Es gibt in der japanischen Rechtspraxis auch weniger rühmliche Aspekte, so die mangelhafte politische Unabhängigkeit.

28 In Japan wird diese Entwicklung etwas (aber wohl doch nur etwas) gebremst durch die zitierte Institution der Adoption des Schwiegersohns bei der Verheiratung der ältesten Tochter in Familien ohne männlichen Nachfolger. Bezeichnenderweise übernimmt ein solcher Schwiegersohn nicht ›den Namen seiner Frau‹, sondern ›den Namen seines Schwiegervaters‹. – Nachzutragen ist in diesem Zusammenhang, daß die untergeordnete Stellung der japanischen Frau in der Öffentlichkeit in der dominierenden Rolle im Hause bis zu einem gewissen Grad (der von Feministinnen natürlich als ungenügend betrachtet wird) ein Gegengewicht hat. Ähnliches gilt für die meisten Gesellschaften mit einem öffentlich zur Schau gestellten *machismo*, so stark, daß man als Laienpsychologe auf den Verdacht kommen kann, die Rolle der Frau in der Familie sei nicht eine Kompensation für den *machismo*, sondern umgekehrt dieser für jene.

29 Vgl. Immoos 1962: 84. Nach beiden Seiten wird die englische Sprache immer mehr zum führenden Vermittler. Wenn man in japanischen Bibliotheken eine Übersetzung griechischer oder lateinischer Klassiker

sucht, dann ist die Wahrscheinlichkeit am größten, daß man eine englische Ausgabe findet. Wer sich zum Erwerb der japanischen Sprache an deutschsprachige Lehr- und Wörterbücher halten möchte, findet kaum solche neueren Datums, für die sich nicht englischsprachige Vorlagen ausmachen lassen.

30 Um 1920 weilten die beiden bedeutendsten angelsächsischen Philosophen in China und Japan, John Dewey zwei Jahre, Bertrand Russell ein Jahr. Dewey in einem Brief: »intellectually the most profitable thing I have ever done«. Vergleichbare Erfahrungen fehlen den Koryphäen der deutschen Philosophie dieses Jahrhunderts (Husserl, Heidegger). Deutsche Gelehrte ziehen, wenn sie über Außereuropäisches schreiben, den Gang in die Bibliothek der Reise in die Fremde vor (Max Weber, Jaspers). Ähnliches gilt für die Schriftsteller. Vor dem Zweiten Weltkrieg hatten mehrere französische, englische und amerikanische Schriftsteller mehrjährige Drittwelterfahrungen (Malraux, Orwell, Hemingway). Nach dem Zweiten Weltkrieg scheinen längere Aufenthalte (über kurze Vortragsbesuche hinaus) in Asien und Afrika unter den europäischen Intellektuellen allgemein zurückgegangen zu sein. Eine gewisse Anziehung geht heute dagegen von Lateinamerika aus.

Deutsche Philosophen mit Asienerfahrungen sind neben dem »weltreisenden Tagesphilosophen Graf Keyserling« (Löwith) unter anderen Misch, Spranger, Bollnow und, der Not gehorchend, Löwith. Was sie von ihren Reisen berichten, liest sich nicht mit dem gleichen Gewinn wie die Zeugnisse von Dewey und Russell. Anders als die beiden Angelsachsen scheint die deutschen Philosophen, den Ruf bestätigend, die Vergangenheit mehr zu interessieren als die Gegenwart, Religion und Ästhetik mehr als Politik und Soziologie. Joachim Ritters Bericht (1956) von seinem Aufenthalt in der Türkei ist eine Ausnahme. »Ich brauche kaum zu betonen, daß es das alte Japan war, das mich anzog, nicht das moderne, weitgehend amerikanisierte« (Bollnow 1983: 88). Überrascht werden Werte registriert, die man ausschließlich mit Europa assoziiert hatte: »Man hat das Gefühl voller Sicherheit und Ordnung; ... – und dies alles ohne den Hintergrund Hellas« (Spranger in einem Brief aus Japan 1936, 1978: 172f.) »Wer von Europa kommt und aus Schulbüchern weiß, daß es in Rom und Griechenland eine heidnische Religion gab, die das gesamte öffentliche Leben prägte, wird mit Erstaunen feststellen, daß dasselbe urwüchsige Heidentum und seine Heiligung der alltäglichen und natürlichen Dinge in Japan so präsent und lebendig ist, als habe es ein Christentum gar nie gegeben« (Löwith 1983: 579f.). Die Modernisierung erscheint auf einem anderen als dem vertrauten Hintergrund als etwas Fremdes, Äußerliches, weil anscheinend »nur in Europa auch die technische Zivilisation einen geschichtlichen und geistigen Boden hat, aus dem sie innerlich hervorgehen konnte« (Löwith 1983: 535). Es fehlt die Reflexion (a) auf die Anregungen und Beiträge, die ihr europäisches Aufkommen den asiatischen Kulturen verdankt, (b) auf die kulturinternen Vorgaben, die ihre rasche Entfaltung in Japan ermöglichten, und (c) auf die Ressourcen, die außereuropäische Traditionen zur Bewältigung der weltweit anstehenden Probleme anzubieten haben.

31 »Nur kraft der schärfsten, aber schöpferischen Auseinandersetzung mit dem ihm Fremdesten und Schwierigsten – dem Asiatischen – wuchs dieses Volk hinauf in die kurze Bahn seiner geschichtlichen Einmaligkeit und Größe.« Für diese Meinung Heideggers aus dem Jahre 1937 (121) lassen sich leicht philosophische Vor- und Nachläufer finden. Löwith schrieb 1940 in Japan in einer japanischen Zeitschrift und »an den japanischen Leser«: »Hegels Charakteristik des griechischen Geistes bezeichnet zugleich das Wesen Europas. Er ist ein wesentlich gegenasiatischer Geist . . .« (1983: 539). Der Antagonismus Europa–Asien, häufig verbunden mit einer Erinnerung an die griechischen Perserkriege, ist eine alte Klischeevorstellung (siehe auch Wilkinson 1983: 58): »Roßschweife, Drachen, rote Sonnen, Sterne, Sicheln und Halbmonde – es bleibt immer der gleiche Schrecken« (Jünger 1953: 6). Man kann das Verhältnis, das vergangene wie das anzustrebende, auch anders und differenzierter sehen, so wie Jaspers (1955: 73: »Asien ist unsere unerläßliche Ergänzung«). Die Blütezeit der griechischen Kultur, insbesondere der Philosophie, ist direkter »der schärfsten, aber schöpferischen Auseinandersetzung« mit den eigenen Traditionen als mit den vorderasiatischen Kulturen zu verdanken. Durch deren Rezeption sind frühere und dann wiederum spätere Phasen der griechischen Geschichte stärker gekennzeichnet. Was fremde Kulturen zu bieten haben, ist im übrigen nicht nur ihnen »je Eigenes« und für andere Befremdendes, sondern häufig so allgemein Menschenmögliches und menschlich Erstrebenswertes, daß Prädikate wie ›abendländisch‹ und ›asiatisch‹ und die Einstimmung auf eine kämpferische Auseinandersetzung etwas provinziell anmuten. Auch dazu ließe sich das Volk der Griechen zitieren und wurde von Popper für seine *Offene Gesellschaft* (1945: 279) auch zitiert; so Sokrates, der sich schlicht als »Weltbürger« auszugeben pflegte, und der weitgereiste Demokrit. Ihm wird das Fragment (247) zugeordnet: »Einem weisen Mann steht jedes Land offen; denn die Heimat einer guten Seele ist die ganze Welt.« – Nach Burckhardt hatten die Griechen »panoramatische Augen«, und der ebenfalls weitgereiste Historiker Herodot hatte »an Hellenen und Barbaren Freude . . ., sobald er an ihnen das Konstante, das Lebendige erkennt; wo ihm das Verständnis fremder Religionen und vollends die Anschauung eines zeitlichen Entstehens, Wachsens und Änderns der Religionen aufgeht, ist er für uns der Stifter der vergleichenden Religionsgeschichte . . .« (Burckhardt 1881: 256, 259). Vergleichende Studien haben es auf Alternativen abgesehen.

32 Im zitierten Aufsatz (1937: 118, 120), die »den geschichtebildenden abendländischen Völkern in der jetzigen Weltstunde« vorgezeichneten Sendung, »die Rettung des Abendlandes« im Auge, führt Heidegger auch Leibniz als Vorbild an: »einer der deutschesten Denker unter den Deutschen«, »in seiner denkerischen Arbeit ständig geleitet von einer Auseinandersetzung mit Descartes«. Auch hier wäre nachzutragen, daß Leibniz für diese Auseinandersetzung an eine innerfranzösische Descartes-Kritik anknüpfen konnte und sich zudem (neben der lateinischen) der französischen Sprache bediente. Leibniz pflegte mit der Anerkennung solcher Vorgaben nicht zurückzuhalten. Seinem ökumenischen Geist entsprechend sah er bei verschiedenen Kulturen mehr die Ergänzungs- als die Konfliktmöglichkeiten (siehe das Zitat im folgenden Paragraphen des Haupttextes). So dachte er (1697: X) an einen Austausch von Missionaren zwischen China und Europa. Chinesische Missionare sollten den Europäern die natürliche Theologie beibringen, wie umgekehrt christliche Missionare in China bereits die geoffenbarte Theologie unterrichteten.

(Günther Busse, der den zitierten Heidegger-Text von 1937 neu herausgegeben hat, gibt zu bedenken, daß in jenen Jahren ein Einsatz für die Verständigung nur bei Anpassung an »den pathetischen Jargon der braunen Funktionäre« möglich war, seitens Heidegger denkbarerweise mit »verschmitzter Absicht«. Für eine nicht einseitige Darstellung Heideggers genügt vielleicht die Anmerkung, daß seine faktische Einstellung zu den alten chinesischen Philosophen und zu seinen japanischen Besuchern eine andere als die 1937 publik gemachte war.)

33 Da in diesem Aufsatz wiederholt ›der kulturelle Relativismus‹ kritisiert wird, ist eine Anmerkung angebracht. Dieser Ausdruck war in der wissenschaftlichen Anthropologie ursprünglich als eine methodologische Maxime und nicht als eine inhaltliche These gedacht. In Anbetracht der unvermeidlichen Tendenz zur ethnozentrischen Bewertung fremder Kulturen sollte methodologisch reflektiert versucht werden, jede Kultur primär im Rahmen ihres eigenen Wertsystems zu beurteilen. Die mögliche Entdeckung von Universalien sollte damit keineswegs vorentschieden sein. Eine der vorbildlichsten interkulturellen Studien in diesem Geiste ist Benedicts Japan-Buch (1946), geschrieben während des Zweiten Weltkrieges im Auftrag des »U.S. Office of War Information«, mit unmittelbaren Auswirkungen auf die amerikanische Besatzungspolitik in Japan. Man kann nur allen Regierungen (und nicht weniger den Gewerkschaften und Industrieverbänden, die ihre Gutachter zum Studium des ›japanischen Modells‹ nach Japan schicken) Anthropologen von der Kompetenz und dem Format Ruth Benedicts wünschen. – Bei einem inhaltlichen Verständnis des Ausdrucks ›kultureller Relativismus‹ sind radikale und gemäßigte Formen auseinanderzuhalten. Nach den radikalen Formen gibt es keine

kognitiven Leistungen und keine Verhaltensweisen, die nicht von Kultur zu Kultur variieren, oder allein solche, die als ›triviale Allgemeinheiten‹ eingestuft werden können. Gemäßigte Relativisten nehmen einen beschränkten Einfluß der jeweiligen Kultur auf menschliches Wahrnehmen, Denken und Handeln an. In diesem Aufsatz stehen nur die radikalen Varianten des kulturellen Relativismus zur Debatte.

34 »It is highly doubtful whether any specific element of behavior has ever attained genuinely universal distribution. The true universals of culture . . . are similarities in classification, not in content. . . . What cultures are found to have in common is a uniform system of classification, not a fund of identical elements« (Murdock 1945: 125). – Eine Variation der Annahme, daß nur ›formale‹, nicht aber ›inhaltliche‹ Phänomene universal sind, ist die folgende These von Kluckhohn (1959: 274): »The logic (i. e. the fundamental processes of reasoning) of all peoples is the same, but the premises and basic categories are somewhat different.« – Die klassischen Empiristen neigten zur Annahme, daß die Sinnesgegebenheiten bei allen Menschen dieselben sind, ihre Verbindung aber eine Sache des freien Geistes und daher variabel. Ihre Nachfolger, die logischen Empiristen, neigten zur Annahme, daß die Sinnesdaten variieren, die logischen Gesetze ihrer Verbindung aber überall die gleichen seien. Siehe Anm. 47.

35 Siehe die Literaturangaben in Anm. 14.

36 Greenberg fungierte (nach Lévi-Strauss) als Vermittler zwischen Sprachwissenschaft und Anthropologie. Chomsky wurde erst seit 1965 zur Kristallisationsfigur der linguistischen Universalienforschung.

37 Die Singularform ist doppelsinnig. Ihrem allgemeinen Gebrauch nach fungiert sie als neutrale Zahlkategorie und nur ihrem spezifischen Gebrauch nach zur Angabe, daß es sich um eine Einzelheit handelt.

38 In gewissen Schweizer Dialekten wird die Pluralform ›Eier‹ auch für den Singular gebraucht: ›ein Eier‹ statt ›ein Ei‹. Analoge Erscheinungen gibt es in vielen Sprachen bei Dingen, die hauptsächlich in Gruppen auftreten (vgl. Tiersma 1982). Ein doppelter Gebrauch derselben Form ist bei polaren Adjektiven ein vertrautes Phänomen. ›Tief‹ kann neutral (wie in ›Der See ist 12 m tief‹) und spezifisch (wie in ›Der See ist aber tief‹) gebraucht werden. Das entgegengesetzte Adjektiv fehlt in manchen Sprachen und ist mit dem neutralen Adjektiv zu umschreiben (im Französischen z. B. mit *peu profond*).

39 Vgl. die ausführlichere Darstellung in Holenstein 1980: 58ff.

40 Nach Platons *Kratylos* (389e-390a) ist der Sprachschöpfer »hier wie bei den Barbaren, solange er jedem [Ding] die ihm entsprechende Form des Wortes [*tò toũ onómatos eĩdos*] gibt, kein schlechter Gesetzgeber«. Es sei nicht anders als bei einem Schmied, der zu einem bestimmten Zweck ein Werkzeug herstellt: »Solange er dieselbe Form

[*idéa*] wiedergibt, wenn auch in je anderem Eisen, ist das Werkzeug gleich und richtig gemacht, hier wie bei den Barbaren.«

41 Boethius Dacus, *Questiones*: 2.61 und 6.47; Leibniz 1765: § 3.4.17: »Je crois que l'arbitraire se trouve seulement dans les mots et nullement dans les idées«; Husserl 1913a: § 4.14. – Neuere Variationen desselben philosophischen Denkschemas sind die Annahme, daß sich die variierenden Umgangssprachen alle in ein und dieselbe logische Sprache übersetzen und durch eine solche ersetzen lassen, sowie die Annahme, daß die variablen ›Oberflächenstrukturen‹ der Sprachen alle aus einer universalen ›Tiefenstruktur‹ abgeleitet werden können. Chomsky teilt diese Lesart seiner Transformationsgrammatik nicht, aber auch nach ihm sind universal vor allem sehr abstrakte und theorieabhängige Prinzipien und nicht die empirisch beobachtbaren konkreten Oberflächenstrukturen der natürlichen Sprachen. – Das Denkschema findet sich auch in zwei neueren Büchern, die im Unterschied zur großen Mehrheit der *Nihonjinron*-Literatur [›Japanerkunde‹ – vgl. ›Menschenkunde‹, nicht ›Japankunde‹] über das Besondere der Japaner hinaus dasjenige, was ihnen mit anderen Völkern gemeinsam ist, hervorheben: »The same amount of energy is given to all men, though the way the energy is discharged varies from people to people« (Llompart 1982; zitiert nach der in der Bibliographie angeführten Rezension]; »*ikei dōshitsubutsu* – Ding derselben Qualität in verschiedenen Formen« (Sugimoto und Mouer 1984; zitiert nach der in der Bibliographie angeführten Rezension). – Das Denkschema ist alt und auch in anderen Kontexten anzutreffen. In der katholischen Theologie gibt es die Losung »una religio in rituum varietate – eine Glaubenslehre in verschiedenen liturgischen Riten«.

42 Vgl. Leibniz 1765: 1.2.18: »Tous conviennent assez de *la notion* de la vertu en général, quoiqu'ils diffèrent dans *l'application*.« 2.18.10: »Ne vaut-il pas mieux à tous égards dire que les hommes entendent par la vertu comme par la vérité ce qui est conforme à la nature, mais qu'ils se trompent souvent dans l'application, outre qu'ils se trompent moins qu'on ne pense. . . .«

43 Siehe den Literaturbericht in Lumsden und Wilson 1981: 79ff.

44 Siehe die klassische Untersuchung von Ekman 1971.

45 Vgl. die parallelen Schranken bei der Bildung von metaphorischen Ausdrücken für die Sinnesqualitäten im Englischen und im Japanischen (Williams 1976).

46 Vgl. den Abschlußbericht zu einem jahrzehntelangen Forschungsprojekt mit dem Ziel, die kulturelle Abhängigkeit der sinnlichen Wahrnehmung empirisch zu substantivieren: »That human perception is culturally influenced has long been a proposition entertained by many social scientists. The plausibility of this proposition is high, based as it is upon certain contemporary philosophical and social scientific con-

cepts, such as that of cultural relativism. . . . But however plausible and however widespread its acceptance, the proposition cannot be considered to be unequivocally demonstrated by very many empirical data.« (Segall et al. 1966: 209).

47 Cassirer 1929: 82, in einer zustimmenden Zusammenfassung von Lockes Lehre: »Dieselbe Freiheit, die Adam besaß, als er die ersten Benennungen komplexer Vorstellungen nach keinem anderen Musterbild, als dem seiner eigenen Gedanken erschuf, – dieselbe Freiheit bestand und besteht weiterhin für alle Menschen«. – Kluckhohn 1959: 274: »Human nature is in some sense the same throughout space and time. This does not signify, however, as common sense tends to assume, that similar stimuli will regularly produce similar responses.«

48 Zwei Beispiele: Universale 9. »Of the four fundamental arithmetical operations – addition and its inverse, subtraction, and multiplication and its inverse, division – the existence of either inverse operation implies the existence of both direct operations.« – Universale 12. »When a number is expressed by subtraction, or when a subtraction occurs as a constituent of a complex expression, the subtrahend is never larger than the remainder.«

49 Sie wurde als Faustregel für den Bereich der Sprachen von Kenneth L. Pike bei einer Tagung über sprachliche Universalien in Gummersbach bei Köln 1976 empfohlen.

50 Doi 1982: »The Japanese experience of dependency [*amae*], in addition to being an expression of Japanese culture, may claim universal validity. – But only in Japanese is there a vocabulary manifesting the affective nature of dependency need. – It is interesting to note that only in recent years [Western] psychoanalysis came to grips conceptually with these problems.«

51 Wer die individuelle Autonomie im japanischen Alltag nicht zu beobachten vermag, sei an die Literatur verwiesen, etwa die Romane von Sōzeki Natsume um die Jahrhundertwende oder an den Bestseller *Totto-Chan* (1981) von Kuroyanagi Tetsuko über ein Mädchen, das sich dem allgemeinen Schuldrill verweigert und das die Chance hat, von der Mutter in eine Art Waldorf-Schule gebracht zu werden.

52 1969, einige Zeit, nachdem die ersten Menschen auf dem Mond gelandet waren, wurden mir in Zürich von einer Frau, Ende Sechzigerin, vertraulich zwei gut vorbereitete Fragen gestellt: 1. ob die Mondfahrer »im Himmel oben« waren, da man doch sage, der Mond sei »im Himmel oben«; 2. ob sie auf dem Mond überhaupt hätten abstehen können, da er doch so klein aussehe. Die Frau war in einer ländlichen Gegend aufgewachsen (in der gleichen wie der arme Mann im Toggenburg), hatte aber ein Vierteljahrhundert in Zürich verbracht, als Haushälterin mitten in der Stadt, hatte einen Bruder, der in einem multinationalen Konzern eine leitende Funktion erworben hatte, und verfügte

selber über einen respektablen praktischen Verstand, der ihrem Alter wohl anstand. Erst nach diesen Fragen ging mir auf, daß die Meldung sovietischer Astronauten, sie seien auf ihren wiederholten Weltraumfahrten nirgendwo Gott begegnet, nicht die rührende Atheismus-Propaganda gewesen sein könnte, für die man sie hielt, sondern für vielleicht gar nicht so wenige, nicht nur jenseits, sondern auch diesseits des Urals, eine instruktive Mitteilung, auf die sie insgeheim gewartet hatten. Über das zweite Problem, die Nichtberücksichtigung des Abstandes bei der Einschätzung der Größe des Mondes, hatte sich bereits Lichtenberg in seinen *Sudelbüchern* 1769 Gedanken gemacht:
»Der Bauer, welcher glaubt, der Mond sei nicht größer als ein Pflug-Rad, denkt niemals daran, daß in einer Entfernung von einigen Meilen eine ganze Kirche nur wie ein weißer Fleck aussieht, und daß der Mond hingegen immer gleich groß scheint, was hemmt bei ihm diese Verbindung von Ideen, die er einzeln alle hat?« (1968: 37f.).
Von C. G. Jung wird die Äußerung überliefert, daß er nicht hätte nach Indien fahren müssen, um noch lebendige mythologische Vorstellungen zu finden. In den Schweizer Bergtälern hätte er die gleichen Funde machen können. Heute ist es ein Gemeinplatz, daß mythologische Ansichten mit einem Leben in einer verwissenschaftlichten Welt vereinbar sind, ja, daß eine Reihe von wissenschaftlichen Annahmen auch keinen anderen Status als Mythen haben. Die umgekehrte Unterstellung, daß es in außereuropäischen Kulturen an Rationalität (›Logos‹) fehle, hat jedoch noch immer ihre Gemeinde, selbst unter Philosophen:
»Der Schritt vom ›Mythos‹ zum ›Logos‹, in dem alles Seiende aus seiner zuvor mythisch-überwältigenden und magisch-abzuwehrenden Nähe in jene freie Distanz rückte, die es nicht mehr als Verkörperung übermächtiger anderer Wesen, sondern rein als es selbst erscheinen läßt, erfolgte zwar in analoger Weise auch in anderen Hochkulturen, in China und Indien. Während jedoch dort die Distanzierung sich wesentlich in die Abwendung vom Seienden auflöste (mit der in der Kürze unvermeidlichen Vereinfachung gesagt: etwa in der Übersteigerung bis zur Wunschlosigkeit des Eingehens in das Tao oder des Aufgehens im Nirwana) oder aber sich immer wieder schloß unter der Wiederherstellung der mythisch-magischen Identifizierung, hielt sie sich in Griechenland und seither [im Abendland] als geschichtlich bestimmende durch« (Halder 1957: 16).
Menschliche Kulturen, und nicht nur Hochkulturen, sind überall eine Mischung von mythologischen und rationalen Elementen. Werkzeugherstellung, Agrikultur, Architektur, das Auffinden von natürlichen Heilmitteln, pädagogische und politische Institutionen verweisen alle auf ein gerütteltes Maß an Rationalität, Beobachtungsgabe, Objektivierungsvermögen und Erkennen von kausalen Zusammenhängen.

53 Maruyama 1978: »Die Kinder Japans werden dazu erzogen, daß der einzelne sich der Harmonie der Gruppe unterwirft. Es gibt das Sprichwort: ›Der höhere Pfahl wird notwendigerweise geschlagen.‹ Das besagt, wer sich vordrängt, wird notwendigerweise kleinlaut gemacht.« – Das Bild vom Pfahl, der aus einer Reihe hervorragt und deswegen zur Anpassung an die anderen geschlagen wird, ist mir aus meiner eigenen (schweizerischen) Volksschulzeit in Erinnerung. Auf diese Parallele angesprochen, wenden japanische Intellektuelle ein, daß Gleichheitstendenzen in Japan, wenn überhaupt, dann nur gruppenintern zum Zuge kommen, mit dem japanischen Volk als der umfassendsten Gruppe. Aber in der Geschichte Japans fehlt es keineswegs an Zeugnissen, nach denen, der hochgespielten Gruppenideologie nicht konform, Fremde als ebenbürtig oder (die Chinesen im Mittelalter, die Weißen in der Meiji-Zeit) überlegen respektiert wurden.
Einer der ersten japanischen Kundschafter in den USA, Katsu Awa, der von einem Ratsherrn der alten Shogunatsregierung gefragt wurde, was ihm dort an Besonderem aufgefallen sei, gab zur Antwort: Was die Menschen treiben, sei ziemlich dasselbe in der Vergangenheit und in der Gegenwart, im Osten und im Westen, und er habe in Amerika nichts Besonderes bemerkt. Als ihm der Magistrat dies nicht abnehmen wollte, fuhr er fort: Wenn er eine Beobachtung gemacht habe, dann die, daß in Amerika die Menschen in höheren Stellungen alle sehr gescheit seien und daß sie sich darin von den Japanern unterschieden. Ob dieser Unverschämtheit soll der Ratsherr seine Fassung verloren haben (Ben-Dasan 1970: 121).
Für die Neigung zu einem partikularistischen Stammesdenken fallen in Japan zwei äußere Gründe ins Gewicht, das Inseldasein (das die Abgrenzung nach außen geographisch verstärkt) und das Zusammenfallen der rassischen, nationalen, kulturellen und sprachlichen Grenzen. Erst seit wenigen Generationen gibt es (Amerika-)Japaner, die einer anderen Kultur anhängen und weder japanisch lesen noch schreiben. Für die Beteuerung der japanischen Eigenart unter Intellektuellen kommt die dauernde Konfrontation mit europäischen Sprachen als zusätzlicher Grund hinzu. Die Kontraste, die sich bei den ständig anstehenden Übersetzungen bis in alle Nuancen hinein aufdrängen, sind unter den europäischen Sprachen von anderem Ausmaß als zwischen diesen und dem Japanischen. Eine Beschäftigung mit Sprachen aus mehreren verschiedenen Sprachfamilien würde vermutlich den Eindruck der Exklusivität vermindern. Viele Kontraste des Japanischen mit indoeuropäischen Sprachen finden sich als typologische Eigenschaften in wechselnden Büschelungen auch in anderen Sprachfamilien, die mit dem Japanischen genetisch so wenig verwandt sind wie die indoeuropäische Sprachfamilie.
54 Zitiert nach Sansom 1950: 258. – Universalistische Ideen werden

gelegentlich übersehen, weil sie sich in einzelnen Kulturen nicht auf der Ebene der Menschheit, sondern eine Stufe früher, auf der des Lebens finden.

55 *Der Spiegel*, 4.1.1982, S.74. – Spranger schrieb 1937 von »Wohnschächtelchen« (1978: 173), Löwith 1942/43 von »henhouses« (1983: 553).

56 *Time*, 1.8.1983, S.40.

57 In einem Werbetext der Schweizer Gaststättenkette ›Mövenpick‹, aufgelegt in ihren Tokyoter Restaurants, werden nach dem Hinweis auf vergleichbare landschaftliche Schönheiten, Fujiyama hier, Matterhorn dort, kulturelle Parallelen zwischen der Schweiz und Japan gezogen. Die Anbiederung geht weit, so weit wie es sich nur Werbetexter gestatten mögen; die propagierte Sichtweise aber bleibt bedenkenswert: »There are [in Switzerland] – in spite of a very modern way of life – strong roots in traditions and customs which find there expression in celebrations, dances, folk music and arts and crafts. Just as your splendid hand-dyed fabrics and the subjects you depict are linked with the past, the same is true also of our hand-sewn traditional costumes. . . . In no other country in the whole world do people work so much and so long as in Japan and Switzerland. Like a great number of Japanese, many Swiss are also ›married‹ to their firm, devoting themselves to it with great dedication and all their energy. It is said of us Swiss that we live to work. That may be true, but we like to work; and whoever likes to work accomplishes something, too.«

58 Zum letzten Satz: Wir denken, daß bei uns die Bücher von vorn nach hinten gedruckt werden, in Japan hingegen von hinten nach vorn. Den Japanern scheint es gerade umgekehrt zu sein. Für jede Partei ist, dem Wortgebrauch gemäß, ›vorne‹ dort, wo man mit dem Schreiben und Lesen anfängt. Möglicherweise hatten die ägyptischen Ausdrücke für ›rechts‹ und ›links‹ eine vergleichbare Implikation.

59 Zitiert nach Wilkinson 1983: 33.

60 Die Liste findet sich bei Löwith in zwei Fassungen, die hier kombiniert sind, die eine (der nachgestellte Teil) in englischer Sprache von 1942/43, die andere in deutscher Sprache von 1960.

61 Die nachfolgende Analyse stützt sich auf Jakobson 1970 und Eibl-Eibesfeldt 1972.

62 Siehe unten, These 9.

63 Heidegger scheint Ähnliches nicht auszuschließen, wenn er es für möglich hält, »daß europäisch-abendländisches und ostasiatisches Sagen auf eine Weise ins Gespräch kämen, in der Solches singt, das einer einzigen Quelle entströmt« (1959: 94).

64 Siehe Emeneau 1956, Jakobson 1971: 137ff.; Trudgill 1974: 157ff.

65 »The history of the modernization of Japan . . . demonstrates in many ways not only the ability of ›modern‹ institutions and practices to

coexist with ›traditional‹ ones for very substantial periods of time, but also the manner in which ›traditional‹ attitudes and practices can be of great positive value to the modernization process« (Ward 1963: 434). In Europa ist es nicht wesentlich anders. Die Ideale der Aufklärungszeit, von den Kirchen anfänglich bekämpft, vermochten sich in mehreren Ländern erst stabil zu etablieren, nachdem man zu realisieren begann, daß sie mit den überkommenen christlichen Vorstellungen nicht nur verträglich, sondern zum Teil auch identisch sind oder zu deren Vorteil eingesetzt werden können. In Kunst- und Wissenschaftsgeschichte ist die wechselseitige Unterstützung von alt und neu mittlerweile sprichwörtlich geworden: »A renewal is fruitful only if it goes hand in hand with tradition« (Stravinsky). »Renewal and tradition develop and abet each other in a simultaneous process« (Jakobson).

66 Bei der Rezeption europäischer Philosophie und Literatur konnten die japanischen Geisteswissenschaftler an eine Philologie anknüpfen, die bei der phonologischen Transkription, Übersetzung und Kommentierung buddhistischer Schriften aus China und Indien einen hohen Stand erklommen hatte. In der gleichen Zeit, in der William Jones mit seiner Entdeckung der Verwandtschaft des Sanskrit mit den europäischen Sprachen im Westen den Indienkult einleitete, kompilierte in Japan Jiun (1718-1804), ein buddhistischer Heiliger, eine ganze Bibliothek buddhistischer Schriften, darunter indische Sutren in der Originalsprache, die er, ohne Kontaktmöglichkeiten mit Indien, sich selber aus den alten Dokumenten erschlossen hatte. – Eine Folge der jahrhundertealten japanischen Übersetzungs- und Annotationstätigkeit ist, daß man heute geschichtliche Buddhismusforschung ebensowenig ohne Japanischkenntnisse treiben kann wie Aristotelesforschung ohne Lateinkenntnisse und daß Chinesen und Inder in Japan den Buddhismus studieren, den die Japaner von deren eigenen Vorfahren übernommen haben, nicht anders als Griechen ihre klassische Literatur in Deutschland, England oder den USA studieren.

67 Für eine leicht lesbare Einführung in die Materialfülle (mit weiterführenden Literaturangaben) siehe Hunke 1965.

68 Siehe unten, These 8.

69 »The copartnership of man and dog began in the heart of the Asiatic continent and was carried to the very ends of the earth by the expansion of the human race« (Wissler 1923: 111).

70 »The taming of the horse also has a respectable antiquity, but its wide distribution over the earth is largely a matter of late European expansion« (Wissler 1923: 111). – Ein besonderer Reiz der Pferdeausbreitung besteht darin, daß sie zwar dem weißen Mann zu verdanken ist, sich jedoch rascher als seine Ausbreitung vollzog. Auf dem nordamerikanischen Kontinent fingen Indianer versprengte Pferde ein, mit denen

sie dann den nachfolgenden weißen Eroberern entgegenritten. Vereinzelt ist die raschere Ausbreitung auch darauf zurückzuführen, daß die Eingeborenen die fremden Vordringlinge umbrachten und nur ihre Pferde zurückbehielten. – Mit dem Pferd beruht die Pferdekultur auf Diffusion. In einer ersten Phase der Bekanntschaft wurde es so gebraucht, wie man es mit anderen Tieren gewohnt war, im Vorderen Orient und in Griechenland als Zugtier (wie der Ochse), in Nordamerika als Lasttier (wie der Hund). Die ersten, die das Pferd als Reittier benutzten, waren entweder nomadische Steppenvölker Innerasiens oder Süd- und Ostasiaten, die ihre Gewohnheit, Elephanten und Kamele zu besteigen, auf das Pferd ausdehnten (vgl. Wissler 1923: 114). Die Übernahme des Fremden geht besonders in den Anfangsphasen mit einer starken Anpassung an das Eigene einher – auf allen Ebenen: Der Buddhismus wurde in China zuerst für eine taoistische Sekte gehalten, das Christentum in Japan für eine buddhistische. – Eine literarische Würdigung als (Diffusions-)Universale hat japanischerseits der Tee erfahren: »Strangely enough humanity has so far met in the tea-cup. It is the only Asiatic ceremonial which commands universal esteem. The white man has scoffed at our religion and our morals, but has accepted the brown beverage without hesitation« (Okakura 1906: 11).

71 »Just as medicine constituted the primary agency [in Japan] for the exploration and eventual assimilation of Confucianism two centuries earlier, so also was medicine the primary stimulus and route for the reintroduction and assimilation of Western learning and science in the late eighteenth and early nineteenth centuries« (Sugimoto und Swain 1978: 278).

72 In der Schweiz war in der Vergangenheit Französisch, eine der Landessprachen, zugleich als internationale Sprache gebräuchlich, auch landesintern, z.B. im Gastgewerbe. Daneben vermochte das Latein, die alte *lingua franca*, als neutrale Sprache einige Nischen zu behaupten (auf den Briefmarken, als Bezeichnung von nationalen Organisationen: ›Pro Helvetia‹, ›Pro Juventute‹ usw.). Heute gewinnt Englisch als neutrale *lingua franca* an Boden. Schweizer Auslandvereinigungen in Ländern, in denen keine der eigenen Landessprachen gesprochen wird, benutzen Englisch als neutrale Kommunikationssprache. Diese Wahl erspart die Mitteilung desselben Sachverhalts in mehreren Sprachen und ermöglicht zugleich das Verständnis für assoziierte Mitglieder des Gastlandes. Wer jedoch, wie Werbeleute, jemand möglichst erfolgreich ansprechen will, benutzt nach wie vor eine mehrsprachige Mitteilungsform. Divergierende Interessen fördern so immer zugleich eine Einheitssprache und die Aufrechterhaltung der sprachlichen Vielfalt.

73 Ausgedehnte Handelsverbindungen sind kein Privileg von Hochkul-

turen. Den Stein, den die nordaustralischen Ureinwohner Yir Yoront für ihre Äxte benutzen, beziehen sie über eine Kette von Handelspartnern aus Steinbrüchen 400 Meilen weiter südlich (vgl. Bourguignon 1979: 37).

74 Den nicht etablierten Minderheiten, ›den Fahrenden‹ und den Gastarbeitern, kommt diese glückliche Konstellation freilich nicht zugute.

75 V.S. Naipaul in einem Interview mit *Newsweek*, August 18, 1980, 8: »I feel there's a great universal civilization at the moment which people would say is Western. But this has been fed by innumerable sources. It's a very eclectic civilization . . . What disheartens me is that there are certain cultures where people are saying, ›Cut yourselves off. Go back to what you were.‹ There is nothing to replace the universal civilization they are rejecting. The Arabs, the Muslims, some Africans are doing this. I think it's a disaster. The great Arab civilization of the seventh to twelfth centuries was the world's most eclectic civilization. It wasn't closed to outside influences. It was endlessly incorporating the art of Persia, the mathematics of India, what remained of the philosophy of Greece.«

76 Die Griechen »müssen sich nachsagen lassen, sie hätten nicht einmal rechnen gelernt, und ihre Jahresberechnung, ihr Kalenderwesen sei unvollkommener gewesen nicht nur als das dieser [vorderasiatischen] Völker, sondern sogar als das der mexikanischen Tolteken« (Burckhardt 1881: 252).

77 Siehe oben, These 7.

78 Fordmanager Robert A. Lutz, selber ein Zugezogener, in einem Gespräch mit dem *Spiegel*, 11. April 1983.

79 Restaurants mit ausländischer Küche werden in den USA in der Regel von Ausländern geführt, in Japan dagegen meistens von Japanern selber.

80 »The Japanese policy should . . . be of keeping Americans and Europeans as much as possible at arm's length. In presence of the more powerful races your position is one of chronic danger, and you should take every precaution to give as little foothold as possible to foreigners. It seems to me that the only forms of intercourse which you may with advantage permit are those which are indispensable for the exchange of commodities – importation and exportation of physical and mental products. – . . . study the history of India! – There should be, not only a prohibition of foreign persons to hold property in land, but also a refusal to give them leases, and a permission only to reside as annual tenants. – . . . the intermarriage of foreigners and Japanese . . . should be positively forbidden« (Spencers geheimes Gutachten 1892, zitiert nach Wilkinson 1983: 60, 160f.).

81 Vgl. in den USA den Sonderstatus der Indianer, die Zulassung von ethnischen Quartierbildungen und die Lockerung der Integrations-

und Sprachenpolitik gegenüber den hispanischen Zuwanderern aus Mexiko und der Karibik. In Japan vgl. das Bestehen einer blühenden (und gern besuchten) Chinatown in Yokohama, der vermehrte Schutz der Ureinwohner, der Ainu, und die langsam zunehmenden zeitlich unbefristeten Angebote an ausländische Wissenschaftler.

82 Siehe für dieses und die folgenden Beispiele Kachru 1982 (143, 173, 180, 184).

83 Zitiert nach einem Bulletin des Schweizerischen Bundesamtes für Gesundheitswesen, 5. März 1981.

Bibliographie

Aginsky, Burt W., und Ethel G., 1948, »The Importance of Language Universals«, *Word* 4, 168-172.

Anderson, Alun, und John Maddox, 1983, »Science in Japan«, *Nature* 305, 29. September 1983, 355-382.

Anscombe, G.E.M., 1975, »The First Person«, *Mind and Language*, hg. von Samuel Guttenplan, Oxford: Clarendon, 45-66.

Apel, Karl-Otto, 1963, »Die Idee der Sprache in der Tradition des Humanismus«, *Archiv für Begriffsgeschichte* 8.

–, 1976, »Sprechakttheorie und transzendentale Sprachpragmatik zur Frage ethischer Normen«, *Sprachpragmatik und Philosophie*, hg. von K.-O. Apel, Frankfurt: Suhrkamp, 10-173.

Aristoteles, »Perì hermeneías/On Interpretation«, *Aristotle in Twenty-Three Volumes* I: The Loeb Classical Library 325, Cambridge MA: Harvard University Press 1973.

Asoh, Ken, 1980, »Notwendigkeit der interkulturellen Hermeneutik«, *Doitsugogaku bungaku ronbunshū/Beiträge zur Germanistik* 28, 39-56.

– , 1981, »Möglichkeit des interkulturellen Vergleichs«, *›Sozialisation‹ und ›Literatur‹*, hg. von Shigeru Yoshijima, Tokyo: Sanshusha, 1-8.

Bacon, Edmund N., 1968, *Stadtplanung*, Zürich: Artemis.

Barthes, Roland, 1970, *L'empire des signes*, Paris: Seuil; dt. *Das Reich der Zeichen*, Frankfurt: Suhrkamp 1981.

Befu, Harumi, 1980, »The Group Model of Japanese Society and an Alternative«, *Rice University Studies* 66, 169-187.

Beyer, C., 1868, *Friedrich Rückert*, Frankfurt.

Ben-Dasan, Isaiah, 1970, *Nihonjin to Yudayajin*, Tokyo: Yamamoto Shōten; zitiert nach der englischen Fassung: *The Japanese and the Jews*, New York: Weatherhill 1972.

Benedict, Ruth, 1946, *The Chrysanthemum and the Sword*, Tokyo: Tuttle 1954.

Berkeley, George, 1710, *Principles of Human Knowledge: Philosophical Writings*, New York: Collins 1965, 41-128.

Berlin, Brent, und Paul Kay, 1969, *Basic Color Terms*, Berkeley CA: University of California Press.

Binswanger, Ludwig, 1932, »Das Raumproblem in der Psychopathologie«, *Ausgewählte Vorträge und Aufsätze*, Bern: Francke 1955, 174-223.

Bischof, Norbert, 1966, »Psychophysik der Raumwahrnehmung«, *Handbuch der Psychologie* 171, hg. von W. Metzger und H. Erke, Göttingen: Verlag für Psychologie, 307-408.

Boethius Dacus, um 1270, *Questiones super Priscianum maiorem*, hg. von Jan Pinborg und H. Roos, Kopenhagen: Gad 1969.
Bollnow, Otto Friedrich, 1963, *Mensch und Raum*, Stuttgart: Kohlhammer.
– , 1983, ... *im Gespräch*, hg. von H.-P. Göbbeler und H.-U. Lessing, Freiburg: Alber.
Bourguignon, Erika, 1979, *Psychological Anthropology*, New York: Holl.
Bucerius, Gerd, 1983, »Wieder besucht Japan – Wie standhalten im Wettbewerb mit einer wesensfremden Gesellschaft?«, *Die Zeit*, 25. Februar 1983, 16.
Bühler, Karl, 1934, *Sprachtheorie*, Stuttgart: Fischer 1965.
Burckhardt, Jacob, 1881, »Über das wissenschaftliche Verdienst der Griechen«, *Gesamtausgabe* 14, Stuttgart: DVA 1933, 244-260.

Cassirer, Ernst, 1929, *Philosophie der symbolischen Formen* I und III, Darmstadt: Wissenschaftliche Buchgesellschaft 1964.
Cheng, Chin-Chuan, 1982, »Chinese Varieties of English«, Kachru 1982, 125-140.
Clark, Herbert H., und Eve V. Clark, 1977, *Psychology and Language*, New York: Harcourt.

De Waelhens, Alphonse, 1951, *Une philosophie de l'ambiguité*, Leuven: Nauwelaerts 1967.
Dewey, John, 1918-22, *The Middle Works* 11 (1918/19), 12 (1920), 13 (1921/22), Carbondale: Southern Illinois University Press 1982.
Dilthey, Wilhelm, 1883, *Einführung in die Geisteswissenschaften. Gesammelte Schriften* I, Stuttgart: Teubner 1973.
Doi, Takeo, 1971, *Amae no kōzō*, Tokyo: Kōbundō; dt. *Amae – Freiheit in Geborgenheit*, Frankfurt: Suhrkamp 1982.
– , 1982, »Psychotherapy and Culture: A Japanese View« (Ms.).

Eibl-Eibesfeldt, Irenäus, 1972, »Similarities and Differences between Cultures in Expressive Movements«, *Non-Verbal Communication*, hg. von Robert A. Hinde, Cambridge: Cambridge University Press, 297-314.
–, 1979, »Human Ethology«, *The Behavioral and Brain Sciences* 2, 1-57.
Ekman, Paul, 1971, »Universals and Cultural Differences in Facial Expressions of Emotion«, *Nebraska Symposium on Motivation 1971*, hg. von James K. Cole, Lincoln: University of Nebraska Press, 207-283.
Eliade, Mircea, 1957, *Das Heilige und das Profane*, Hamburg: Rowohlt.
Emeneau, Murray B., 1956, »India as a linguistic area«, *Language* 32, 3-16.
Ezawa, Kennosuke, 1980, »Von den spezifischen Eigenschaften der Deutschen«, *Zeitschrift für Kulturaustausch* 30/2, 209-212; Auszug aus *Doitsugo to doitsujin ni tsuite*, Tokyo: Daisan-Shobō, 1978, 109-122.

Ferguson, Charles A., 1982, »Foreword«, in: Kachru 1982, VII-XII.
Foucault, Michel, 1967, »Nietzsche, Freud, Marx«, *Cahiers de Royaumont, Philosophie No. 6: Nietzsche*, Paris.

Gadamer, Hans-Georg, 1960, *Wahrheit und Methode*, Tübingen: Mohr.
Gantner, Joseph, 1980, »Ex oriente lux? Zu Klaus Bergers Monographie über den ›Japonismus‹«, *Neue Zürcher Zeitung*, 3. Oktober 1980 (Fernausgabe), 35.
Germann, Raimund E., 1975, *Politische Innovation und Verfassungsreform*, Bern: Haupt.
Gibney, Frank, 1975, *Japan: The Fragile Superpower*, Tokyo: Tuttle.
Graumann, Carl Friedrich, 1960, *Grundlagen einer Phänomenologie und Psychologie der Perspektivität*, Berlin: de Gruyter.
Greenberg, Joseph H., Hg., 1963, *Universals of Language*, Cambridge MA: MIT Press.
– , Hg., 1978, *Universals of Human Language*, 4 Bde., Stanford CA: Stanford University Press.
Gumperz, John J., 1969, »Communication in Multilingual Societies«, *Cognitive Anthropology*, hg. von Stephen A. Tyler, New York: Holt, 435-449.

Habermas, Jürgen, 1958, »Philosophische Anthropologie, *Kultur und Kritik*, Frankfurt: Suhrkamp 1973, 89-111.
– , 1971, »Vorbereitende Bemerkungen zu einer Theorie der kommunikativen Kompetenz«, in: J. Habermas und N. Luhmann, *Theorie der Gesellschaft oder Sozialtechnologie*, Frankfurt: Suhrkamp, 101-141.
Haiman, John, 1983, »Iconic and Economic Motivation«, *Language* 59, 781-819.
Halder, Alois, 1957, »Abendland«, *Lexikon für Theologie und Kirche* 1, 15-18.
Hegel, G.W.F., 1970, *Vorlesungen über die Philosophie der Geschichte: Werke in zwanzig Bänden* 12, Frankfurt: Suhrkamp.
Heidegger, Martin, 1927, *Sein und Zeit*, Tübingen: Niemeyer 1957.
– , 1937, »Wege zur Aussprache«, mit Bemerkungen neu hg. von Günther Busse, *Zeitschrift für philosophische Forschung* 34, 1980, 117-127.
– , 1959, »Aus einem Gespräch von der Sprache – Zwischen einem Japaner und einem Fragenden«, *Unterwegs zur Sprache*, Pfullingen: Neske, 83-155.
Herskovits, Melville J., 1955, *Cultural Anthropology*, New York: Knopf.
Herodotos, *Historía, Herodotus in Four Volumes* II: The Loeb Classical Library 118, Cambridge MA: Harvard University Press 1971; mit deutscher Übersetzung: *Historien*, München: Heimeran 1963.
Hoche, Hans-Ulrich, 1977, *Elemente einer Anatomie der Verpflichtung* (Ms.).

Holenstein, Elmar, 1972a, *Phänomenologie der Assoziation*, Den Haag: Nijhoff.
–, 1972b, »Der Nullpunkt der Orientierung«, *Tijdschrift voor Filosofie* 34, 28-78; wiederabgedruckt in diesem Band.
–, 1976, *Linguistik – Semiotik – Hermeneutik*, Frankfurt: Suhrkamp.
–, 1979, »Von der Poesie und der Plurifunktionalität der Sprache«, Einführung zu: Roman Jakobson, *Poetik*, Frankfurt: Suhrkamp, 7-60.
–, 1980, *Von der Hintergehbarkeit der Sprache*, Frankfurt: Suhrkamp.
–, 1985, *Sprachliche Universalien*, Bochum: Brockmeyer.
Howard, I.P., und W.B. Templeton, 1966, *Human Spatial Orientation*, London: Wiley.
Hunke, Sigrid, 1965, *Allahs Sonne über dem Abendland*, Frankfurt: Fischer.
Husserl, Edmund, 1913a, *Logische Untersuchungen* II/1, Halle: Niemeyer, 2. Auflage.
–, 1913b, *Ideen zu einer reinen Phänomenologie und phänomenologischen Philosophie* I: *Husserliana* III, Den Haag: Nijhoff 1976.
–, 1929, *Formale und transzendentale Logik: Husserliana* XVII, Den Haag: Nijhoff 1974.
–, 1952, *Ideen zu einer reinen Phänomenologie und phänomenologischen Philosophie* II: *Husserliana* IV, Den Haag: Nijhoff.
–, 1966, *Analysen zur passiven Synthesis (1918-1926): Husserliana* XI, Den Haag: Nijhoff.
Immoos, Thomas, 1962, *Friedrich Rückerts Aneignung des Schi-King*, Ingenbohl: Theodosius.
Ishiguro, Hidé, 1983, »The Idea of the Orient« (Rezension der englischen Übersetzung von Barthes 1970), *The Times Literary Supplement*, August 12, 1983, 853.

Jakobson, Roman, 1957, »Shifters, Verbal Categories, and the Russian Verb«, *Selected Writings* II, The Hague: Mouton 1971, 130-147.
–, 1970, »Motor Signs for ›Yes‹ and ›No‹, *Language in Society*, 91-96.
–, 1971, *Selected Writings* I, The Hague: Mouton.
–, 1976, *Hölderlin – Klee – Brecht*, Frankfurt: Suhrkamp.
–, C.G.M. Fant und Morris Halle, 1952, *Preliminaries to Speech Analysis*, Cambridge MA: M.I.T. Press.
Jaspers, Karl, 1955, *Vom Ursprung und Ziel der Geschichte*, Frankfurt: Fischer.
Jensen, Ad. E., 1947, »Wettkampf-Parteien, Zweiklassen-Systeme und geographische Orientierung«, *Studium Generale* 1, 38-48.
Jünger, Ernst, 1953, *Der gordische Knoten*, Frankfurt: Klostermann.

Kachru, Braj B., ed., 1982, *The Other Tongue: English Across Cultures*, Oxford: Pergamon.

Kamlah, Wilhelm, 1962, »Der moderne Wahrheitsbegriff«, *Einsichten: Gerhard Krüger zum 60. Geburtstag*, Frankfurt: Klostermann, 107-130.
Kant, Immanuel, 1785, *Grundlegung der Metaphysik der Sitten: Werke* (Akademie-Textausgabe) IV, Berlin: de Gruyter 1968, 385-464.
– , 1786, Was heißt: Sich im Denken orientieren?«, *Werke* (Akademie-Textausgabe) VIII, Berlin: de Gruyter 1968, 131-148.
– , 1798, *Anthropologie in pragmatischer Hinsicht: Werke* (Akademie-Textausgabe) VII, Berlin: de Gruyter 1968, 117-334.
Keil, Frank C., 1981, »Constraints on Knowledge and Cognitive Development«, *Psychological Review* 88, 1981, 197-227.
Kenny, Anthony, 1979, »The First Person«, *Intention and Intentionality: Essays in Honour of G.E.M. Anscombe*, Brighton: Harvester, 3-15. (Die Anscombe-Festschrift enthält zur ersten Person vier weitere Aufsätze von N. Malcolm, J.E.J. Altham, R.M. Chisholm und H. Noonan.)
Keyserling, Hermann, 1919, *Das Reisetagebuch eines Philosophen*, Darmstadt: Reichl.
Kleint, Herbert, 1936-40, *Versuche über die Wahrnehmung*, Leipzig: Barth (Sonderdruck einer siebenteiligen Artikelserie aus der *Zeitschrift für Psychologie* 138 (1936) – 149 (1940).
Kluckhohn, Clyde, 1953, »Universal Categories of Culture«, *Anthropology Today*, hg. von Alfred L. Kroeber, Chicago: Chicago University Press, 507-523.
– , 1959, »Common Humanity and Diverse Cultures«, *The Human Meaning of the Social Sciences*, ed. by Daniel Lerner, New York: Meridian, 245-284.
Kohlberg, Lawrence, 1969, »State and Sequence: A Cognitive-Development Approach to Socialization«, *Handbook of Sozialisation Theory and Research*, hg. von D. Goslin, New York: Rand McNally, 347-480.
– , 1971, »From *Is* to *Ought*«, *Cognitive Development and Epistemology*, hg. von Theodore Mischel, New York: Academic Press, 151-235.
Köhler, Wolfgang, 1917, *Intelligenzprüfungen an Menschenaffen*, Berlin: Springer 1921.
Kuki, Shūzō, 1930, *Iki no kōzō* [Die Struktur des Iki]: *Zenshū* I [Gesammelte Werke I], Tokyo: Iwanami 1981.
Kuroyanagi, Tetsuko, 1981, *Madogiwa no Totto-chan*, Tokyo: Kōdansha; englische Fassung: *Totto-Chan – The Little Girl at the Window*, Tokyo: Kōdansha 1982.
Küster, Wulf (Redakteur), 1982, »Von den Japanern lernen? Nein!«, *Der Spiegel*, 4. Januar 1982, 72-81.

Labov, William, 1975, »Empirical Foundations of Linguistic Theory«, *The Scope of American Linguistics*, hg. von Robert Austerlitz, Lisse: de Ridder, 77-113.
Lach, Donald F., 1957, *The Preface to Leibniz' Novissima Sinica*, Honolulu: University of Hawaii Press.

Leibniz, Gottfried Wilhelm, 1697, Vorwort zu *Novissima Sinica*, mit englischer Übersetzung: Lach 1957, 68-97.

–, 1765, *Nouveaux Essais sur l'enendement humain*, Paris: Garnier-Flammarion 1966.

Lévi-Strauss, Claude, 1962, *La pensée sauvage*, Paris: Plon; dt. *Das wilde Denken*, Frankfurt: Suhrkamp 1968.

–, 1964, *Mythologiques* I: *Le cru et le cuit*, Paris: Plon; dt. *Mythologica* I. *Das Rohe und das Gekochte*, Frankfurt: Suhrkamp 1971.

Lichtenberg, Georg Christoph, 1968, *Schriften und Briefe* I, München: Hanser.

Liedke, Klaus (Redakteur), 1981, »Mythos Japan«, *Stern*, 24. September 1981, Sonderteil.

Linschoten, J., 1952, »Experimentelle Untersuchung der sog. induzierten Bewegung«, *Psychologische Forschung* 24, 34-92.

Llompart, José, 1982, *Ningen kenkyū Nipponjin*, Tokyo: Shinchōsha; zitiert nach der anonymen Rezension »The Signature and the Seal«, *The East* (Tokyo) 19, 1983, 64-65, und nach Llompart 1983.

–, 1983, »Rechtsbewußtsein und Verantwortungsgefühl im Japan der Gegenwart«, *Rechtstheorie* 14, 285-303.

Löwith, Karl, 1968, »Vicos Grundsatz: verum et factum convertuntur«, *Aufsätze und Vorträge*, Stuttgart: Kohlhammer, 1971, 157-188.

–, 1983, *Sämtliche Schriften* 2, Stuttgart: Metzlersche Verlagsbuchhandlung, 532-606.

Lumsden, Charles J., und Edward O. Wilson, 1981, *Genes, Mind, and Culture*, Cambridge MA: Harvard University Press.

–, 1983, *Promethean Fire*, Cambridge MA: Harvard University Press.

Mach, Ernst, 1906, *Die Analyse der Empfindungen*, Jena: Fischer 1911.

Mae, Michiko, 1981, »Japanische Familienstruktur und Sozialisation«, *›Sozialisation‹ und ›Literatur‹*, hg. von Shigeru Yoshijima, Tokyo: Sanshūsha 9-25.

Maruyama, Tokuji, 1978, »Die japanische Kultur und ihr Nationalcharakter« (Ms.).

Menninger-Lerchenthal, E., 1946, *Der eigene Doppelgänger:* Beiheft zur *Schweizerischen Zeitschrift für Psychologie* 11, Bern: Huber.

Merleau-Ponty, Maurice, 1945, *Phénoménologie de la perception*, Paris: Gallimard; dt. *Phänomenologie der Wahrnehmung*, Berlin: de Gruyter 1966.

Moore, George Edward, 1959, *Philosophical Papers*, London: Allen & Unwin.

Morris, Ivan, 1975, *The Nobility of Failure*, Tokyo: Tuttle.

Mungello, David E., 1980, »Malebranche and Chinese Philosophy«, *Journal of the History of Ideas* 41, 1980, 551-570.

Murdock, George P., 1945, »The Common Denominator of Cultures«,

The Science of Man, hg. von Ralph Linton, New York: Columbia University Press, 123-142.

Nakagawa, Yatsuhiro, 1979, »Japan, the Welfare Super-Power«, *Journal of Japanese Studies* 5/1, 5-51; Auszug aus *Chō Senshinkoku Nippon*, Tokyo: Kōdansha.

Needham, Joseph, 1977, *Wissenschaftlicher Universalismus*, Frankfurt: Suhrkamp.

Nehru, Pandit J., 1949, *Glimpses of World History*, London, 4. Auflage.

Nishida, Kitaro, 1940, »Die morgenländischen und abendländischen Kulturformen in alter Zeit vom metaphysischen Standpunkte aus gesehen«, *Abhandlungen der Preußischen Akademie der Wissenschaften*, 1939, *Philosophisch-historische Klasse*, Nr. 19, Berlin: de Gruyter 1940.

Okakura, Kakuzo, 1906, *The Book of Tea*, Tokyo: Tuttle 1956.

Pempel, T.J., 1982, *Policy and Politics in Japan*, Philadelphia: Temple University Press.

Piaget, Jean, 1925, *Le jugement et le raisonnement chez l'enfant*, Neuchâtel: Delachaux et Niestlé 1963.

Platon, »Kratylos«, *Plato in Twelve Volumes* IV: The Loeb Classical Library 167, Cambridge MA: Harvard University Press 1977.

Popper, Karl R., 1945, *The Open Society and Its Enemies* I, London: Routledge & Kegan 1966. Revised Edition.

Ritter, Joachim, 1956, »Europäisierung als europäisches Problem«, *Metaphysik und Politik*, Frankfurt: Suhrkamp 1969, 321-340.

Rosenblatt, Roger (Redakteur), , »Japan – A Nation in Search of Itself«, *Time*, August 1, 1983, Special Issue.

Ross, John R., 1970, »On Declarative Sentences«, *Readings in English Transformational Grammar*, ed. by Roderick A. Jacobs and Peter S. Rosenbaum, Waltham MA: Ginn, 222-272.

Russell, Bertrand, 1922, *The Problem of China*, London: Allen & Unwin.

Sakabe, Megumi, 1982, »Le masque et l'ombre dans la culture japonaise«, *Revue de Métaphysique et de Morale*, 335-343.

Sansom, George B., 1950, *The Western World and Japan*, Tokyo: Tuttle 1977.

Sartre, Jean-Paul, 1943, *L'être et le néant*, Paris: Gallimard; dt. *Das Sein und das Nichts*, Hamburg: Rowohlt 1962.

Schilder, Paul, 1950, *The Image and Appearance of the Human Body*, New York: International Universities Press.

Schweizer, Peter Alexander, 1984, »Popularisierungskampagne für die

indonesische Staatspartei, *Neue Zürcher Zeitung*, 23. Juni 1984 (Fernausgabe), 5.
Segall, Marshall H., u.a., 1966, *The Influence of Culture on Visual Perception*, New York: Bobbs-Merrill.
Spranger, Eduard, 1978, *Briefe. Gesammelte Schriften* VII, Tübingen: Niemeyer (Briefe aus Japan, 172-181).
Sridhar, Kamal K., 1982, »English in a South Indian Urban Context«, in: Kachru, Hg., 1982, 141-153.
Straus, Erwin, 1930, »Die Formen des Räumlichen«, *Psychologie der menschlichen Welt. Ges. Schriften*, Berlin: Springer 1960, 141-178.
–, 1935, *Vom Sinn der Sinne*, Berlin: Springer 1956.
Sugimoto, Masayoshi, und David L. Swain, 1978, *Science and Culture in Traditional Japan; A.D. 600-1854*, Cambridge MA: M.I.T. Press.
Sugimoto, Yoshio, und Ross E. Mouer, 1982, *Nihonjin-wa ›Nihonteki‹, Tokyo: Tōyō Keizai Shinpōsha; englische Fassung: Images of Japan: A Study in the Social Construction of Reality*, London: Routledge & Kegan 1984; zitiert nach der Rezension von Magorah Maruyama, gefolgt von einer »Reply by the Authors«, *Current Anthropology* 24, 1983, 658-660.
Suarez, Francisco, 1612, *Tractatus de legibus*, Coimbra; photomechanische Reproduktion und spanische Übersetzung, Madrid 1967; vgl. *Ausgewählte Texte zum Völkerrecht*, hg. von J. de Vries, Tübingen: Mohr 1965.

Tiersma, Peter M., 1982, »Local and General Markedness«, *Language* 58, 832-849.
Trudgill, Peter, 1974, *Sociolinguistics*, Harmondsworth: Penguin.
Tugendhat, Ernst, 1976, *Vorlesungen zur Einführung in die sprachanalytische Philosophie*, Frankfurt: Suhrkamp.
–, 1979, *Selbstbewußtsein und Selbstbestimmung*, Frankfurt: Suhrkamp.

Van der Geest, Ton, 1975, *Some Aspects of Communicative Competence and their Implications for Language Acquisition*, Assen: Van Gorcum.
Vitoria, Francisco de, 1539, *Relectio de Indis*, Madrid: Consejo Superior de Investigaciones Cientificas 1967.

Ward, Robert E., 1963, »Modernization and Democracy in Japan«, *Comparative Politics*, hg. von Roy C. Macridis und Bernard E. Brown, Homewood IL: Dorsey, 1972, 427-442.
Wattenwyl, André von, und Heinrich Zollinger, »Color-Term Salience and Neurophysiology of Color Vision«, *American Anthropologist* 81, 1979, 279-288.
Weber, Max, 1920, *Gesammelte Aufsätze zur Religionssoziologie* II, Tübingen: Mohr 1966.
Weisgerber, Leo, 1929, *Muttersprache und Geistesbildung*, Göttingen: Vandenhoeck & Ruprecht.

Weisshaupt, Kurt, 1974, »Von der Verantwortungslosigkeit des Wissenschaftlers«, *Wissenschaftskrise und Wissenschaftskritik*, hg. von Walther Ch. Zimmerli, Basel: Schwabe, 91-106.

Wilkinson, Endymion, 1983, *Japan versus Europe: A History of Misunderstanding*, Harmondsworth: Penguin. Revised Edition.

Williams, Joseph M., 1976, »Synaesthetic Adjectives«, *Language* 52, 461-478.

Wissler, Clark, 1923, *Man and Culture*, New York: Crowell.

Wittgenstein, Ludwig, 1953, *Philosophische Untersuchungen/Philosophical Investigations*, Oxford: Blackwell.

– , 1958, *The Blue and Brown Books*, Oxford: Blackwell.

– , 1967, *Zettel*, Oxford: Blackwell.

Wundt, Wilhelm, 1912, *Elemente der Völkerpsychologie*, Leipzig: Körner.

Zeltner, Gerda, 1980, *Das Ich ohne Gewähr: Gegenwartsautoren aus der Schweiz*, Zürich: Suhrkamp.

Zutt, J., 1953, »›Außersichsein‹ und ›auf sich selbst Zurückblicken‹ als Ausnahmezustand: Zur Psychopathologie des Raumerlebens«, *Gesammelte Aufsätze*, Berlin: Springer 1963, 342-352.

Quellennachweis

Die bereits veröffentlichten Aufsätze wurden für diese Ausgabe überarbeitet, teils leicht gekürzt, teils leicht erweitert. Ihre Wiederveröffentlichung erfolgt mit der freundlichen Erlaubnis der Zeitschriften und Verlage.

1. »Die Richtung der phänomenologischen Bewegung«
   Erstveröffentlichung unter dem Titel »Von der reinen Logik zur Menschlichkeit: Edmund Husserls *Logische Untersuchungen*« in einer Kulturbeilage über sechs philosophische Werke des zwanzigsten Jahrhunderts in der *Neuen Zürcher Zeitung*, 10./11. November 1979; wiederabgedruckt in: *Querschnitt – Kulturelle Erscheinungen unserer Zeit*, hg. von Hanno Helbling und Martin Meyer, Zürich: NZZ 1982, 250-253.
2. »Der Nullpunkt der Orientierung«
   Tijdschrift voor Filosofie 34, 1972, 28-78.
3. »Die eigenartige Grammatik des Wortes ›ich‹«
   Zeitschrift für philosophische Forschung 36, 1982, 327-343.
4. »Gewissen und rationale Verantwortung«
   Gewissen?, hg. von H. Holzhey, Basel: Schwabe 1975, 108-118.
5. »Intersubjektive Verantwortung«
   Studia Philosophica 37, 1977, 109-124.
6. »Interkulturelle Beziehungen – Multikulturelle Verhältnisse«
   Erstveröffentlichung. Geschrieben während einer *Fellowship*, gewährt von der *Japan Foundation*, am *Institute for the Studies of Languages and Cultures of Asia and Africa* in Tokyo 1983/84.

Namenregister

Alphabetisches Verzeichnis der suhrkamp taschenbücher wissenschaft

Adorno, Ästhetische Theorie 2
– Drei Studien zu Hegel 110
– Einleitung in die Musiksoziologie 142
– Kierkegaard 74
– Negative Dialektik 113
– Noten zur Literatur 355
– Philosophie der neuen Musik 239
– Philosophische Terminologie Bd. 1 23
– Philosophische Terminologie Bd. 2 50
– Prismen 178
– Soziologische Schriften I 306
Materialien zur ästhetischen Theorie Th. W. Adornos 122
Alexy, Theorie der juristischen Argumentation 436
Apel, Der Denkweg von Charles S. Peirce 141
– (Hg.), Sprachpragmatik und Philosophie 375
– Transformation der Philosophie, Bd. 1 164
– Transformation der Philosophie, Bd. 2 165
Arnaszus, Spieltheorie und Nutzenbegriff 51
Ashby, Einführung in die Kybernetik 34
Avineri, Hegels Theorie des modernen Staates 146
Bachelard, Die Philosophie des Nein 325
Bachofen, Das Mutterrecht 135
Barth, Wahrheit und Ideologie 68
Batscha/Garber (Hg.), Von der ständischen zur bürgerlichen Gesellschaft 363
Bauriedl, Beziehungsanalyse 474
Baxandall, Die Wirklichkeit der Bilder 442
Becker, Grundlagen der Mathematik 114
Bendix, Freiheit und historisches Schicksal 390
– Könige oder Volk. 2 Bde. 338
Benjamin, Charles Baudelaire 47
– Der Begriff der Kunstkritik 4
– Ursprung des deutschen Trauerspiels 225
Materialien zu Benjamins Thesen ›Über den Begriff der Geschichte‹ (hg. v. Bulthaup) 121
Bernfeld, Sisyphos 37
Bilz, Studien über Angst und Schmerz 44
– Wie frei ist der Mensch? 17
Bloch, Das Prinzip Hoffnung. 3 Bde. 3
– Geist der Utopie 35
– Naturrecht 250
– Philosophie d. Renaissance 252
– Subjekt/Objekt 251
– Tübinger Einleitung 253
– Atheismus im Christentum 254
– Spuren 459
Materialien zu Blochs ›Prinzip Hoffnung‹ 111
Blumenberg, Die Legitimität der Neuzeit. Erweiterte und überarbeitete Neuausgabe. 24/79/174 in Kassette
– Säkularisierung und Selbstbehauptung (1. u. 2. Teil von »Legitimität«) 79
– Der Prozeß der theoretischen Neugierde (3. Teil von »Legitimität«) 24
– Aspekte der Epochenschwelle (4. Teil von »Legitimität«) 174
– Die Genesis der kopernikanischen Welt. 3 Bde. 352
– Schiffbruch mit Zuschauer 289
Böckenförde, Staat, Gesellschaft, Freiheit 163
Böhme, Alternativen der Wissenschaft 334
Böhme/van den Daele/Krohn, Experimentelle Philosophie 205
Böhme/v. Engelhardt (Hg.), Entfremdete Wissenschaft 278
Bonß/Honneth (Hg.), Sozialforschung als Kritik 400
Bourdieu, Entwurf einer Theorie der Praxis 291
– Zur Soziologie der symbolischen Formen 107
Bourdieu u. a., Eine illegitime Kunst 441
Broué/Témime, Revolution und Krieg in Spanien. 2 Bde. 118
Bruder, Psychologie ohne Bewußtsein 415
Bubner, Handlung, Sprache und Vernunft 382
– Geschichtsprozesse und Handlungsnormen 463
Bucharin/Deborin, Kontroversen 64
Bürger, Vermittlung – Rezeption – Funktion 288
– Tradition und Subjektivität 326
– Zur Kritik der idealistischen Ästhetik 419
Canguilhem, Wissenschaftsgeschichte 286
Castel, Die psychiatrische Ordnung 451
Castoriadis, Durchs Labyrinth 435
Cerquiglini/Gumbrecht (Hg.), Der Diskurs der Literatur- und Sprachhistorie 411
Childe, Soziale Evolution 115
Chomsky, Aspekte der Syntax-Theorie 42
– Reflexionen über die Sprache 185
– Regeln und Repräsentationen 351
– Sprache und Geist 19
Cicourel, Methode und Messung in der Soziologie 99
Claessens, Kapitalismus als Kultur 275
Condorcet, Entwurf einer historischen Darstellung der Fortschritte des menschlichen Geistes 175
Coulmas, Über Schrift 378
Cremerius, Psychosomat. Medizin 255
– (Hg.), Rezeption der Psychoanalyse 296
van den Daele, Krohn, Weingart (Hg.), Geplante Forschung 229
Dahme/Rammstedt (Hg.), Georg Simmel und die Moderne 469
Dahmer, Libido und Gesellschaft 345
Danto, Analytische Geschichtsphilosophie 328
Deborin/Bucharin, Kontroversen 64
Deleuze/Guattari, Anti-Ödipus 224
Denninger (Hg.), Freiheitliche demokratische Grundordnung. 2 Bde. 150
Denninger/Lüderssen, Polizei und Strafprozeß 228
Derrida, Die Schrift und die Differenz 177
– Grammatologie 417
Descombes, Das Selbe und das Andere 346
Devereux, Normal und anormal 395
– Angst und Methode in den Verhaltenswissenschaften 461
Dilthey, Der Aufbau der geschichtlichen Welt in den Geisteswissenschaften 354
Douglas, Ritual, Tabu und Körpersymbolik 353
Dreeben, Was wir in der Schule lernen 294
Dreier, Recht–Moral–Ideologie 344
Drews/Brecht, Psychoanalytische Ich-Psychologie 381
Dubiel, Wissenschaftsorganisation 258
Duby, Krieger und Bauern 454
Duby/Lardreau, Geschichte und Geschichtswissenschaft 409
Durkheim, Der Selbstmord 431
– Soziologie und Philosophie 176
– Die Regeln der soziologischen Methode 464
Dux, Die Logik der Weltbilder 370
Eckstaedt/Klüwer (Hg.), Zeit allein heilt keine Wunden 308
Eco, Das offene Kunstwerk 222
Edelstein/Habermas (Hg.), Soziale Interaktion und soziales Verstehen 446